明远教育基金
MING YUAN EDUCATION FOUNDATION

「四有」好老师系列丛书

顾明远 总主编

做有理想信念的好老师

# 理想信念是教书育人的指路明灯

石中英

周凌仪

等 著

北京师范大学出版集团
BEIJING NORMAL UNIVERSITY PUBLISHING GROUP
北京师范大学出版社

特别感谢顾明远教育研究发展基金

对丛书的大力支持!

# 总序："四有"好老师引领教师成长

2024 年是习近平总书记提出"四有"好老师 10 周年。10 年前的教师节前夕，习近平总书记来到北京师范大学考察，与师生代表座谈。会上，他勉励师生从事教师这一崇高的职业，论述了教师的作用："教师是人类历史上最古老的职业之一，也是最伟大、最神圣的职业之一。"①习近平总书记引用人们常说的一句话："教师是太阳底下最崇高的职业。"并提到，自古以来，中华民族就有尊师重教、崇智尚学的优良传统，"国将兴，必贵师而重傅；贵师而重傅，则法度存"。中华民族 5000 多年文明发展史上，英雄辈出，大师荟萃，是与一代又一代教师的辛勤耕耘分不开的。教师之所以重要，是因为教师的工作是塑造灵魂、塑造生命、塑造人的工作。习近平总书记说："一个人遇到好老师是人生的幸运，一个学校拥有好老师是学校的光荣，一个民族源源不断涌现出一批又一批好老师则是民族的希望。"继而，他希望教师在科技进步日新月异、国际竞争日趋激烈的形势下，认

---

① 习近平：《做党和人民满意的好老师——同北京师范大学师生代表座谈时的讲话》，载《人民日报》，2014 年 9 月 10 日。

1

清肩负实现"两个一百年"奋斗目标、中华民族伟大复兴中国梦的使命和责任，努力为发展具有中国特色、世界水平的现代教育，培养社会主义事业建设者和接班人作出更大的贡献。

怎样才能成为好老师呢？习近平总书记提出了四条标准。

第一，做好老师，要有理想信念。习近平总书记从我国历史上对教师的理解一直谈到今天对教师的要求，提出教师应是"经师"和"人师"的统一。他说，正确的理想信念是教书育人、播种未来的指路明灯。教师要始终同党和人民站在一起，自觉做中国特色社会主义的坚定信仰者和忠实实践者，忠诚于党和人民的教育事业，自觉把党的教育方针贯彻到教学管理工作全过程，严肃认真地对待自己的职责。

第二，做好老师，要有道德情操。习近平总书记说："老师的人格力量和人格魅力是成功教育的重要条件。"合格的老师首先应该是道德上的合格者，好老师首先应该是以德施教、以德立身的楷模。他希望老师把正确的道德观传授给学生。好老师的道德情操还包括师德。习近平总书记说，师德是深厚的知识修养和文化品位的体现，师德需要教育培养，更需要老师自我修养。习近平总书记非常关心教师，他说："现在，很多地方做老师还比较清苦，特别是农村基层小学老师很辛苦，收入不高，物质生活不是很宽裕，有些家庭负担较重的老师生活还比较困难。"他要求各级党委和政府都要关心广大老师的生活。同时，教师要有"衣带渐宽终不悔，为伊消得人憔悴"的精神，兢兢业业做好工作。做老师最好的回报是学生成人成才，桃李满天下。

第三，做好老师，要有扎实学识。习近平总书记说，扎实的知识功底、过硬的教学能力、勤勉的教学态度、科学的教学方法是老师的基本素质，其中知识是根本基础。所谓学识，不仅要有学问，还要有见识。习近平总书记认为，在信息时代做好老师，不仅要有胜任教学的专业知识，还要有广博的通用知识和宽阔的胸怀视野。他要求老师始终处于学习状态，站在知识发展前沿，刻苦钻研、严谨笃学，不断充实、扩展、提高自己。

第四，做好老师，要有仁爱之心。习近平总书记说："教育是一门'仁而爱人'的事业，爱是教育的灵魂，没有爱就没有教育。"他说，教育风格可以各显身手，但爱是永恒的主题。爱心是学生打开知识之门、启迪心智的开始，爱心能够滋润浇开学生美丽的心灵之花。他特别强调，老师要有尊重学生、理解学生、宽容学生的品质。老师要热爱每个学生，不能因为有的学生不讨自己喜欢、不对自己胃口就冷淡、排斥，更不能把学生分为三六九等。他说，老师在学生心目中具有重要地位，老师无意间的一句话，可能造就一个天才，也可能毁灭一个天才。这些讲话都具有很强的针对性，值得老师们认真思考。

习近平总书记所述好老师的标准，既有理论的论述、历史经验的解释，又有对现状的分析和具体的要求，具有很强的针对性和现实性。"四有"好老师一直引领着我国教师队伍的建设。

这十年来，习近平总书记到学校考察时，都要提到教师，提出对教师的要求。2016 年 9 月 9 日，习近平总书记在与北京市八一学校师生座谈时，再一次提到教师的重要，他鼓励教师做学生锤炼品格的引路人、学习知识的引路人、创新思维的引路人、奉献祖国的引路人。① 同年 12 月，习

---

① 《全面贯彻落实党的教育方针　努力把我国基础教育越办越好》，载《人民日报》，2016 年 9 月 10 日。

近平总书记在全国高校思想政治工作会议上强调，教师是人类灵魂的工程师，承担着神圣使命。[①] 2021 年，习近平总书记在视察清华大学时提出教师要做"大先生"。在党的二十大报告中，习近平总书记进一步强调："加强师德师风建设，培养高素质教师队伍，弘扬尊师重教社会风尚。"上述讲话为教师的培养和专业成长指明了方向。2022 年 9 月 8 日，习近平总书记给北京师范大学"优师计划"师范生回信，希望他们努力学习，毕业以后到祖国和人民最需要的地方去，努力成为党和人民满意的"四有"好老师。2023 年 9 月 9 日，在第三十九个教师节到来之际，习近平总书记致信教师代表时又提出了"教育家精神"。

从"四有"好老师、"四个引路人"、大先生，再到教育家精神，习近平总书记关于教师的一系列论述，形成了对广大教师思想、道德、学识、能力、作风、纪律等方面全方位的系统要求，赋予了人民教师崇高的地位和神圣的职责使命，是新时代进一步打造高素质教师队伍，推进教育高质量发展的行动指南。学习好、领会好、贯彻好、落实好习近平总书记关于教师队伍建设的重要论述精神，对于全面提升教师队伍质量和水平、加快推进教育现代化、建设教育强国具有重大而深远的现实意义。

顾明远

2024 年 6 月

---

① 《把思想政治工作贯穿教育教学全过程　开创我国高等教育事业发展新局面》，载《人民日报》，2016 年 12 月 9 日。

# 目　录

# 第一章

## 教师理想信念的内涵

教师的理想信念是教师核心素养的重要组成部分，对教师的专业发展具有提供动力、指引方向、保持其韧性等作用，同时也是激发和培养学生理想信念的关键因素。2014年教师节前夕，习近平总书记在北京师范大学考察时，明确提出了"做好老师，要有理想信念"的要求，并且对教师理想信念的时代内涵进行了深刻的阐释，为新时代教师理想信念的建设指明了方向。之后，习近平总书记又多次在不同场合就教师的理想信念发表重要论述，进一步丰富了我们对新时代教师理想信念的认识，为建设一支理想信念坚定的新时代高素质教师队伍提供了思想指引。科学理解教师理想信念的一般内涵、准确把握新时代教师理想信念的主要内容、深刻理解教师理想信念与教师专业发展之间的内在关系，是贯彻落实习近平总书记有关教师理想信念重要论述精神与要求、筑牢教育强国建设之基的应有之义。

# 第一节　教师理想信念的一般内涵

谈到教师的理想信念，我们的头脑中总是会浮现一些著名的教育家，如孔子、孟子、王阳明、徐特立、吴玉章、陶行知、蒋南翔以及当代的于漪、李吉林、张桂梅等人。他们克服了重重困难，把教育作为自己的终身使命，坚定教育的理想信念，为社会培养了大批的优秀人才，为文化传承、社会进步、国家建设和民族复兴做出了卓越的贡献。可以说，伟大的教育家，无不是有着坚定的理想信念的人，他们的理想信念为他们的教育生涯提供了强大的精神动力。

这里以吴玉章先生为例。吴玉章在少年时期就立志要"做点有益于人有益于国的事情"[①]。他后来选择了教育道路，一生从事教育工作，先后与蔡元培等人筹建了留法勤工俭学会和华法教育会，应邀担任成都高等师范学校校长、延安大学校长、华北大学校长、中国人民大学校长等职务，为党的教育事业奉献终生。他信奉马克思主义，拥护中国共产党，在面对国民党拉拢时，他坚定地回答："我加入共产党是相信马克思列宁主义的科学真理，深知只有共产主义才是社会发展的唯一正确道路，对于这一点，

---

① 程斯辉、刘立德：《新中国著名大学校长评传》上卷，146 页，北京，人民教育出版社，2023。

我是不动摇的，决不会二三其德，毫无气节的。"①毛泽东曾经评价吴玉章先生，"一辈子做好事，不做坏事，一贯地有益于广大群众，一贯地有益于青年，一贯地有益于革命"②。

教师理想信念的一般内涵主要从学理上来定义。之前，对于教师理想信念的概念分析并不是很多。研究者在研究一些比较著名的教育家或优秀教师的教育思想与实践时，会提一提他们的政治态度、社会理想或教育信念等，但一般不会做专题性的论述。西方学者对于"教师信念"的研究局限于教师的专业信念，并不包含教师在政治、文化、历史、人性等方面的信念。厘清教师理想信念的一般内涵，不仅有助于深入理解习近平总书记关于教师理想信念的重要论述，而且有助于丰富新时代教师的教育理论，加强教师理想信念建设。

## 一、理想信念的基本内涵

理想、信念是两个有密切联系的词语。在日常生活中，人们对于理想、信念以及理想信念都有自己的理解，能够把握理想的未来指向性、信念的方向性和动力性以及理想信念在人生中的极端重要性。

从概念本身来说，理想指的是个体或组织对于未来发展状态或意欲实现的根本目标的合理想象，能够统整其他各种眼前的行为目标，与幻想、

---

① 康井泉：《吴玉章的革命风范》，载《学习时报》，2016-05-16。
② 《毛泽东文集》第二卷，261页，北京，人民出版社，1993。

空想等相区别，带有比较明显的行动指向性和整合性。基于这种理解，一种关于未来的设想，如果仅仅停留在观念领域，不能产生或指导相应的行动，也不能整合个体或组织的行为，那么它就算不上是个体的或组织的理想。

信念属于观念的一种，从性质上说是个体或组织相信的、用于指导自身行动的某种观念或观念体系。人的行动不是一种本能的行为，而是一种以观念为指导的行为。观念是行动的先导，为行动提供思想的力量。人的观念非常多样和复杂，人所拥有的各种观念对于人的行为的影响程度是不一样的，有的观念影响大一些，有的观念影响小一些，有的观念则可能根本没有什么影响。观念影响行为的一个中介因素是作为行动主体的人要从心理上认同自己所持有的观念，认同这种观念的科学性与价值性。信念作为一种观念，主要表达了个体或组织在情感上对该观念的科学性、价值性的认同达到了一种毋庸置疑的程度，对个体或组织行为具有稳定的和长期的指导作用。科学的、强大的信念是指引个体或组织开展某种行动，并最终实现行动目标的重要的认知、情感与精神。

对于理想信念是一个词还是两个词，学术界存在不同的看法。有的人认为，理想信念是一个词，属于信念的一种，指与未来理想目标实现有关的信念。有的人认为，理想信念是两个词，是理想与信念的合集，既包含着理想的内涵，也包含着信念的内涵，两者之间有内在关联，但也不完全一样。理想总是与某种未来发展的目标有关系，如个体的理想总是意味着个体对未来发展要达到的水平或状态的憧憬，学校的理想总是指向学校未来发展意欲达到的水平或状态，而信念作为一种观念系统总是与人们的行为状态有关，是对该种观念与行为价值关系强度的一种反映。我们认为，理想、信念、行为三者存在内在的联系，理想是对行为的根本性目标的表征，信念则是驱动人的行为的观念力量，两者都是指导、支配人的行为的关键因素。基于以上分析，理想、信念、理想信念这三个概念是高度相关的，统一于个体或组织的行为体系当中。从一般意义上来说，我们既可以将理想信念理解为理想与信念，也可以将其理解为理想的信念和关于理想的信念。至于应如何理解和使用理想信念这个概念，我们需要结合具体的语境来把握。

## 二、理想信念的基本特征

理想信念作为指导和支配个体或组织行为的根本性目标、观念，既具有一般性目标、观念的共同特征，又具有根本性目标、观念的独有特征。综合起来说，理想信念的基本特征包括如下几个方面。

第一，理想信念具有根本性。理想信念不管是作为个体或组织所追求的总体性目标，还是作为指导个体或组织行为的根本性观念，都具有根本性的特征。这是理想信念区别于行动主体所持有的一般性目标、观念的关键所在。理想信念在行动主体所具有的各种目标、观念体系中居于中心位置，是行动主体在行动过程中整合各种目标、观念的关键因素。如果一个人、一个组织缺少理想信念，或者说其理想信念总是变来变去，那么他们的行为就会不断地被各种变化了的环境条件左右，从而失去明确的方向，失去应对各种困难与挑战的定力，最终不可能实现预期的目标。

第二，理想信念具有方向性。理想是关于未来的目标，信念是实现理想的观念力量。一个人、一个组织，一旦形成了某种理想信念，就明确了自己奋斗的方向，就可以将全部的时间和精力投入实现理想的伟大事业中去。反之，如果一个人、一个组织缺少某种理想信念，或者说，众多的组织成员缺乏共同的理想信念，那么在实现目标的过程中就注定会犹豫彷徨，缺乏统一的方向和共同的行动。在此意义上，我们可以说，理想信念可以照亮人生前进的方向或组织发展的方向，是引领个体与组织不断自我超越、走向未来、创造奇迹的思想力量。黄济先生在回忆自己一生从事教育工作的经历时说："读了北师大之后，就定了作教师的终身志愿。深知作'经师'不易，作'人师'更难，希望能在这两方面加强修养，'学为人师，行为世范'是我永远追求的目标。"[①]

第三，理想信念具有动力性。理想是行动的目标，目标本身可以转化为动力。没有目标的人生会缺乏动力。一个人、一个组织，在发展过程中难免会遇到一些艰难险阻，遭遇一些大家常说的至暗时刻。要想跨过那些艰难险阻，度过那些至暗时刻，就必须有理想信念的支撑和牵引。缺乏理想信念的人或组织，不管处于什么时代，拥有多么好的发展条件，最终都是走不远的。西方社会20世纪五六十年代出现的"垮掉的一代"（Beat Generation），究其根源，不是物质的匮乏，而是理想信念的丧失。

第四，理想信念具有社会性。理想信念作为一种目标与观念体系，不是凭空产生的，而是有其现实社会基础的，是对一定时代社会发展客观需

---

① 黄济：《黄济口述史》，135页，北京，北京师范大学出版社，2010。

要的主观反映，具有鲜明的社会性。在不同的文化传统、社会制度和时代中，人们所向往、所持有、所倡导的理想信念并不相同，具有多样性、历史性等特点。从性质上说，人们的理想信念有正确的，也有错误的。有的理想信念是对一定时代社会发展客观需要的正确反映，因而能够引领时代发展，为社会成员赋能，使之走向正确的发展道路，实现预期的发展目标。有的理想信念则是对一定时代社会发展客观需要的歪曲反映，甚至从根本上说是违背一定时代社会发展客观需要的，不仅不能指导持有这种理想信念的人实现预期的发展目标，反而还会将他们以及他们为之奋斗的价值实体，如国家、民族带入灾难之中。把握理想信念的社会性特征不仅有助于我们理解理想信念的多样性，而且有助于我们理解理想信念的现实性，防止在理想信念问题上犯唯心主义、教条主义和拿来主义的错误。

第五，理想信念具有教育性。对一个人或一个组织的发展来说至关重要的理想信念是从哪里来的？毫无疑问，它们并非来自人的生物学遗传，不是先验的、自然产生的，而是从后天的社会环境中得来的，尤其是来自后天的教育——既包括家庭教育，也包括学校教育、社会教育，还包括一些政治、经济、军事等组织内部的教育培训活动。在此意义上，开展理想信念教育，帮助学生形成正确的、崇高的和坚定的理想信念，是家庭、学校、社会以及各种社会组织的重要任务和不可推卸的责任。理想信念的教育性，还有另外一层含义，那就是理想信念会对行动主体的认知、情感、态度、行为乃至人格等产生激励、引导、统合等作用，具有强烈的教育意义。站在教育的立场上看，教育者或成年人的理想信念会对学生或未成年人的理想信念产生直接的教育作用。让有理想信念的教育者培养学生的理想信念，是对理想信念的教育性特征的生动体现。

党的十八大以来，习近平总书记站在治国理政和实现"两个一百年"奋斗目标的战略高度，多次就党员干部的理想信念问题发表重要讲话，要求党员干部"必须坚定共产主义远大理想，真诚信仰马克思主义，矢志不渝为中国特色社会主义而奋斗，坚持党的基本理论、基本路线、基本纲领、基本经验、基本要求不动摇"①。他指出："理想信念就是人的志向。……志存高远的人，再遥远的地方也能达到，再坚固的东西也能突破。"②他还指出："理想信念是共产党人精神上的'钙'，理想信念坚定，骨头就硬；没有理想信念，或理想信念不坚定，精神上就会'缺钙'，就会得'软骨病'。"③他反复告诫全党，理想信念动摇是最危险的动摇，理想信念滑坡是最危险的滑坡。习近平总书记有关理想信念的这些重要论述，是对理想信念一般内涵的时代阐释与升华，有助于我们进一步理解理想信念的一般内涵与树立正确理想信念的重大意义。

### 三、教师理想信念的内涵与外延

在分析和讨论了理想信念的基本内涵和基本特征之后，我们再来看看如何理解教师的理想信念。在习近平总书记提出"四有"好老师的要求之前，教育学界有关教师理想信念的学理性研究是比较罕见的。但是，一些

---

① 《习近平谈治国理政》第一卷，412～413 页，北京，外文出版社，2018。
② 《习近平谈治国理政》第一卷，413～414 页，北京，外文出版社，2018。
③ 《习近平谈治国理政》第一卷，414 页，北京，外文出版社，2018。

关于教师理想信念的叙述还是存在的。例如，1937 年，毛泽东在给自己的老师徐特立写信庆贺他六十大寿时，曾经提到徐老是革命信念坚定的老师，在革命最艰难的时候，坚定共产主义信念，加入中国共产党。"当革命失败的时候，许多共产党员离开了共产党，有些甚至跑到敌人那边去了，你却在一九二七年秋天加入共产党，而且取的态度是十分积极的。"①在习近平总书记提出"做好老师，要有理想信念"之后，教育学界关于教师理想信念的讨论才逐渐多了起来，教师的理想信念也开始进入教育者的视野，被认为是教师核心素养的重要组成部分。

什么是教师的理想信念？要回答这个问题，首先要理解教师这一职业。教师是一种自古以来就有的职业，在现代经历了一个专业化的过程。教师需要接受专门的培训，需要具备专门的知识与技能，需要获得专门的资格。教师这一职业的根本任务是为社会培育人才，从而推动社会的进步、民族的繁荣和国家的强盛。人们喜欢把教师称为"春蚕"（比喻教师的无私奉献精神）、"人类灵魂的工程师"（比喻教师对学生成长和成才的巨大影响力）、"园丁"（比喻教师对学生的无限爱护和照料）等，这些称号既是对教师形象的高度概括，也是对教师这一职业的高度评价。因此，对教师理想信念的理解肯定是围绕着人才培养来展开的，既涉及对培养什么人的回答，也涉及对怎样培养人、为谁培养人的回答。培养什么人是教育目的问题，怎样培养人是教育内容、途径和方法问题，为谁培养人是教育的价值取向问题。对这三个问题的回答，既要结合特定的时代和社会背景，又

---

① 《毛泽东论教育》（第三版），16 页，北京，人民教育出版社，2008。

要考虑教育所处的文化传统。在新民主主义革命时期，马克思主义教育家杨贤江曾说："教育者对于一般民众也有应尽的责任，革命要靠民众力量才会成功，这是大家所知道的。中国革命尚未成功，有待于民众的运动者非常迫切。教育者于此，就不要拘于现在所见所处的那样狭小的天地，要自认自己是通文化与民众之间的一条大路。教育者决不该以幽禁在校门之内，研究研究学理，教教书本，以维持个人的生活，满足个人的欲望算已尽职。……教育者负有社会的使命，他们应从讲坛上解放，向着社会民众走去，参加甚或领导社会民众运动。"[①]新民主主义革命时期的教育者如此，社会主义革命和建设时期的教育者更应如此。新时代教师如果对所处的时代背景、社会制度、文化传统等知之甚少，那么很难回答好培养什么人、怎样培养人、为谁培养人的问题。

　　教师的理想信念是教师在履行教书育人职责的过程中所产生、所秉持和所追求的根本性目标以及所信奉的用以指导自己专业实践的根本性观念。教师的理想信念对教师的专业性工作起到定向、激励、赋能和统合等多方面的作用，是教师在职业生涯中的目标导向、精神支柱与动力源泉。有理想信念的教师能够克服在教书育人过程中所遇到的各种困难和障碍，助力一代又一代学生健康成长，实现教育的理想和使命。反之，缺乏理想信念的教师，在实际工作中就会缺乏明确的方向和饱满的热情，在遇到困难和障碍时容易怨天尤人，敷衍塞责。

　　教师的理想信念是一种专业理想信念，即教育理想信念。教师要弄清

---

① 金立人、贺世友：《杨贤江传记》，215 页，北京，光明日报出版社，2005。

楚教育是什么、教育的价值是什么、教育要培养什么样的人、应采用什么样的教育方法、应构建什么样的师生关系等。除此之外，教师还应对什么是理想的国家、理想的社会、理想的文化有清晰的认识。如果教师对这些方面缺乏思考，就无法形成有关儿童发展、教育教学、学校管理等方面的理想信念。因此，教师的理想信念，既包括教师的专业理想信念，也包括教师的政治理想信念、社会理想信念和文化理想信念，还包括教师对于人本身的理想信念。

在这里，我们以人民教育家陶行知先生的理想信念为例，来说明教师的专业理想信念与政治的、社会的、文化的乃至人生的理想信念之间的关系。1926 年，陶行知先生在《我们的信条》中表达了他和中华教育改进社特约乡村学校的老师们的教育理想信念，一共 18 条，既涉及教育价值的理想信念，如第一条"我们深信教育是国家万年根本大计"，又涉及教育的基础、教育方法、师生关系，如第二条"我们深信生活是教育的中心"（教育的基础）、第六条"我们深信教法学法做法合一"（教育方法）、第七条"我们深信师生共生活、共甘苦，为最好的教育"（师生关系），还涉及教育的使命和愿景等，如第十八条"我们深信如果全国教师对于儿童教育都有鞠躬尽瘁死而后已的决心，必能为我们民族创造一个伟大的新生命"。① 从表面来看，陶行知先生表达的这些理想信念主要是教育理想信念或专业理想信念，但实际上，这些理想信念的背后暗含着陶行知先生的政治信念、社会信念、文化信念和人生信念等。在政治上，陶行知先生是一个积极追求进

---

① 陶行知：《中国教育改造》，73～74 页，北京，东方出版社，1996。

步的人，他从国家独立、民族解放的高度来认识教育的伟大意义。"教育是国家万年根本大计""教育是民族解放、大众解放、人类解放之武器"的信念就简明地表达了他的教育价值理想。在社会上，陶行知先生对当时中国农村的教育问题特别关注，因此他开展了科学下乡，创办了晓庄试验乡村师范学校。在文化上，他一方面强调对中国优秀传统哲学思想和文化遗产的继承，另一方面强调教育事业的发展要多从中国的国情和人民的需要出发。在人性假设上，陶行知先生相信每一个孩子都有巨大的潜能，都愿意在老师的引导下成长为对社会有贡献的人。陶行知先生提出的18条信条，植根于其政治观、社会观、文化观和人生观，是这些观念在专业实践领域中的特殊体现。

# 第二节　教师理想信念的时代内涵

我们对教师理想信念的时代内涵有两种理解，一种是一般理解，另一种是特定理解。

对教师理想信念的时代内涵的一般理解主要是说教师的理想信念有时代性，不同的时代对于教师理想信念的具体理解是不一样的。比如，在国家遭遇民族危机的时代，很多教师的理想信念就是"教育救国"，表达了那个时代的教育家的特定的政治理想与教育理想。张伯苓在谈到自己创办南开学校的初衷时就表示，创办南开学校，就是想通过教育救国于水火之中，培养能够于危难之际挽救国家、民族的青年。张伯苓在回忆南开学校成立四十周年时说："南开学校系受外侮刺激而产生，故教育目的，旨在雪耻图存；训练方法，重在读书救国。……学生在求学时代，必须充分准备救国能力，在服务时期，必须真切实行救国志愿，有爱国之心，兼有救国之力，然后始可实现救国之宏愿。"①

对教师理想信念的时代内涵的特定理解主要限定在"新时代"这个时间范围内，也就是说，是对新时代我国教师应该具备什么样的理想信念的特定理解。具体一点说，新时代就是中国特色社会主义新时代，再具体一点说，就是2012年中国共产党第十八次全国代表大会召开以来这段时间。对教师理想信念的时代内涵的特定理解是对其一般理解的一个阶段、一个组成部分。

## 一、对教师理想信念的时代内涵的重要论述

党的十九大报告指出，中国特色社会主义进入新时代，我国社会主要矛盾已经转化为人民日益增长的美好生活需要和不平衡不充分的发展之间的矛盾。推动各项社会事业高质量发展、实现"两个一百年"奋斗目标、全面建成社会主义现代化强国、全面推进中华民族伟大复兴，是新时代党和国家的战略任务。新时代对教育事业发展也提出了新的更高的要求。牢记为党育人、为国育才的初心和使命，贯彻落实党的教育方针和立德树人根

---

① 张伯苓：《张伯苓谈教育》，152页，沈阳，辽宁人民出版社，2015。

本任务，弘扬和践行社会主义核心价值观，培养和造就德智体美劳全面发展的社会主义建设者和接班人，是新时代教育事业的根本任务和价值使命。正是基于这种时代背景的变化，党的十八大以来，习近平总书记对教师的理想信念进行了丰富的论述，为我们从整体上把握和理解新时代教师的理想信念提供了思想遵循。

2014年教师节前夕，习近平总书记到北京师范大学考察，发表了《做党和人民满意的好老师》的重要讲话，集中阐述了好老师对于个人、学校和民族的重要意义，明确提出了新时代"四有"好老师的标准，即有理想信念、有道德情操、有扎实学识、有仁爱之心，并将它们看作好老师"一些共同的、必不可少的特质"。有理想信念主要是从教师的思想意识、社会理想和政治品格方面来说的，而有道德情操、有扎实学识和有仁爱之心主要是从教师的道德、学识和师生关系等角度来说的。在阐释有理想信念的内涵时，习近平总书记引述了韩愈的"师者，所以传道授业解惑也"一句，强调"传道"的重要意义，勉励广大教师要以"传道"为责任和使命，并对"传道"的"道"做了新的阐释："好老师心中要有国家和民族，要明确意识到肩负的国家使命和社会责任"，"广大教师要始终同党和人民站在一起，自觉做中国特色社会主义的坚定信仰者和忠实实践者，忠诚于党和人民的教育事业，自觉把党的教育方针贯彻到教学管理工作全过程，严肃认真对待自己的职责"。[①] 这就鲜明地指出了好老师的理想信念，不是从个人的立

① 习近平：《做党和人民满意的好老师——同北京师范大学师生代表座谈时的讲话》，载《人民日报》，2014-09-10。

场出发的，而是从党和国家的立场出发的，有着鲜明的政治内涵和要求。在阐释"有道德情操"的内涵时，习近平总书记指出："教师的职业特性决定了教师必须是道德高尚的人群。合格的老师首先应该是道德上的合格者，好老师首先应该是以德施教、以德立身的楷模。"①习近平总书记在这里所说的"有道德情操"，不仅是指教师要有职业道德，而且是指教师要努力弘扬社会主义道德和中华传统美德，以自己的模范行为影响和带动学生。在阐释"有扎实学识"时，习近平总书记勉励广大教师要"始终处于学习状态，站在知识发展前沿，刻苦钻研、严谨笃学，不断充实、拓展、提高自己"②。在阐释"有仁爱之心"时，习近平总书记特别强调指出："教育是一门'仁而爱人'的事业，爱是教育的灵魂，没有爱就没有教育。"③这要求广大教师尊重、理解、信任和平等地对待每一个学生，让所有学生都成长为有用之才。习近平总书记的这些论述，有的是站在党和国家事业的全局角度来论述的，有的是站在教育工作者的立场上来论述的，有的是站在教育对象的立场上来论述的，表达了他对新时代教师理想信念的系统认识和深刻理解。

2016 年，习近平总书记到自己的母校北京市八一学校考察，明确指出基础教育在国民教育体系中处于基础性、先导性地位，鼓励校长和教师必

---

① 习近平：《做党和人民满意的好老师——同北京师范大学师生代表座谈时的讲话》，载《人民日报》，2014-09-10。

② 习近平：《做党和人民满意的好老师——同北京师范大学师生代表座谈时的讲话》，载《人民日报》，2014-09-10。

③ 习近平：《做党和人民满意的好老师——同北京师范大学师生代表座谈时的讲话》，载《人民日报》，2014-09-10。

须把握好定位，全面贯彻落实党的教育方针，从多方面采取措施，努力把我国基础教育越办越好。在着眼于师生关系这个教育工作最基本、最核心的关系时，习近平总书记对教师提出了"四个引路人"的要求，希望广大教师在自己的工作中要做学生锤炼品格的引路人，做学生学习知识的引路人，做学生创新思维的引路人，做学生奉献祖国的引路人。"四个引路人"的要求一方面丰富了广大教师对履行立德树人根本任务的具体职责的认识；另一方面强调了广大教师在促进学生发展方面的引领和示范作用，从一个侧面丰富了教师对新时代教师理想信念的认识。在这次考察中，习近平总书记"希望广大教师认清肩负的使命和责任，教育和引导学生热爱祖国、热爱人民、热爱中国共产党，教育和引导学生心中要有国家和民族、意识到肩负的责任，牢固树立为祖国服务、为人民服务的意识，立志成为党和人民需要的人才"①。

除了"四有"好老师、"四个引路人"之外，习近平总书记还提出了"大先生"这一新的教师形象，为广大教师的理想自我认同提供了一个原型和模板。如果说"四有"好老师、"四个引路人"是对教师关键核心素养的论述的话，那么"大先生"则是对具有这些素养的教师的总体称谓，是对这些素养高度人格化的提炼。关于"大先生"的具体内涵，习近平总书记前后有两个不同但是思想内涵又高度一致的表述。一个是习近平总书记于 2016 年在全国高校思想政治工作会议中强调的："教师做的是传播知识、传播思

---

① 《习近平在北京市八一学校考察时强调 全面贯彻落实党的教育方针 努力把我国基础教育越办越好》，载《人民日报》，2016-09-10。

想、传播真理的工作，是塑造灵魂、塑造生命、塑造人的工作。教师不能只做传授书本知识的教书匠，而要成为塑造学生品格、品行、品味的'大先生'。"这里，习近平总书记从教师职业的根本任务出发，将"大先生"与"教书匠"相区别，强调"大先生"要超越知识的传授，努力塑造学生的品格、品行、品味。另一个是习近平总书记于 2021 年在清华大学考察时提出的，"教师要成为大先生，做学生为学、为事、为人的示范，促进学生成长为全面发展的人"①，强调"大先生"之"大"在于在各个方面为学生做示范，成为学生的楷模，以促进学生的全面发展。概括起来看，一名教师要想成为"大先生"，关键在于忠实地履行党和人民交给他的职责与使命，以自身的理想、信念、思想、学问、人品之"大"为学生提供为学、为事、为人的示范，塑造学生良好的品格、品行、品味，最终使他们成为能够担当民族复兴大任的时代新人，成为社会主义建设者和接班人。

在上述论述的基础上，习近平总书记在 2023 年教师节前夕概括提炼了中国特有的教育家精神，即具有"心有大我、至诚报国的理想信念"、"言为士则、行为世范的道德情操"、"启智润心、因材施教的育人智慧"、"勤学笃行、求是创新的躬耕态度"、"乐教爱生、甘于奉献的仁爱之心"和"胸怀天下、以文化人的弘道追求"。这六个维度的教育家精神，既与习近平总书记提出的"四有"好老师、"四个引路人"、"大先生"等重要论述一脉相承，又是对上述论述的进一步概括和升华。

---

① 《习近平在清华大学考察时强调 坚持中国特色世界一流大学建设目标方向 为服务国家富强民族复兴人民幸福贡献力量》，载《人民日报》，2021-04-20。

具体而言，"心有大我、至诚报国的理想信念"涉及教师与国家、与民族的关系，明确要求广大教师为国而教，为实现中华民族伟大复兴而教，规定了教师职业的价值立场，回答了为谁培养人的问题，体现了教师工作的根本价值；"言为士则、行为世范的道德情操"涉及教师与社会、与人民的关系，反映了中国深厚的教师文化传统，彰显了教师的社会责任；"启智润心、因材施教的育人智慧"、"勤学笃行、求是创新的躬耕态度"和"乐教爱生、甘于奉献的仁爱之心"都是从教师的教育教学工作本位出发来说的，反映了教师要遵循学生的身心发展规律、教育教学规律和教育工作的基本价值原则；"胸怀天下、以文化人的弘道追求"则是从历史和世界的宏大角度出发对教师工作意义的论述。

## 二、对教师理想信念的时代内涵的具体阐释

从习近平总书记上述有关教师理想信念的重要论述来看，教师理想信念的时代内涵至少包括教师的政治理想信念、教师的文化理想信念、教师的专业理想信念三个方面。它们彼此支撑、相互联系，构成了新时代教师理想信念的完整体系。

首先是教师的政治理想信念。教师的政治理想信念主要回答教师为谁而教，教师的工作在国家政治生活中居于什么地位、有什么作用等问题。众所周知，教育与政治的关系由来已久，西方从古希腊开始，我国从西周开始，就对教育与政治的关系，或者说对教育的政治性、政治功能或政治价值有比较清楚的认识。教育的政治性主要是回答为谁办教育、为谁培养

人的问题。走进新时代，我们需要回答的问题是：教师在政治方面的理想信念是什么？应该为谁而教？应该培养出具有什么思想意识、价值观念和道德品质的未来一代？

对于上述问题，习近平总书记在同北京师范大学师生代表座谈时就已讲得非常清楚了。他说："好老师心中要有国家和民族，要明确意识到肩负的国家使命和社会责任。"①这很明确地提出好老师首先要树立为国家而教、为民族而教的远大理想和价值信念，不能只局限于为自己的生计而教或者为学校的利益而教。习近平总书记还指出："我们的教育是为人民服务、为中国特色社会主义服务、为改革开放和社会主义现代化建设服务的，党和人民需要培养的是社会主义事业建设者和接班人。好老师的理想信念应该以这一要求为基准。"②在这里，他明确提出了好老师的理想信念的基准问题，即教育的性质和功能是提出好老师的理想信念的现实基础和客观依据。也就是说，好老师的理想信念应当基于广大人民群众对美好教育的期盼，应当与中国特色社会主义制度以及改革开放和社会主义现代化建设的客观需要相一致。在这些论述的基础上，习近平总书记概括了好老师的政治理想信念的具体内涵："广大教师要始终同党和人民站在一起，自觉做中国特色社会主义的坚定信仰者和忠实实践者，忠诚于党和人民的教育事业，自觉把党的教育方针贯彻到教学管理工作全过程，严肃认真对

---

① 习近平：《做党和人民满意的好老师——同北京师范大学师生代表座谈时的讲话》，载《人民日报》，2014-09-10。

② 习近平：《做党和人民满意的好老师——同北京师范大学师生代表座谈时的讲话》，载《人民日报》，2014-09-10。

待自己的职责。""好老师应该做中国特色社会主义共同理想和中华民族伟大复兴中国梦的积极传播者，帮助学生筑梦、追梦、圆梦，让一代又一代年轻人都成为实现我们民族梦想的正能量。"①因此，新时代教师应始终以为党育人、为国育才为根本目标，以服务中华民族伟大复兴为重要使命，以教育理念、体系、制度、内容、方法、治理现代化为基本路径，办好人民满意的教育。

其次是教师的文化理想信念。文化是一个民族、一个时代的生活方式，其核心是价值观念。文化理想信念是一套核心价值观念。中华民族是一个历史悠久的民族，中华文明几千年来虽历经各种内部、外部的挑战，但依然绵延不绝，成为世界上几个古老文明中唯一延续至今且依然充满活力的文明形态。做好中华优秀传统文化传承和弘扬工作，是新时代教师的基本职责和光荣使命。正如习近平总书记所言："中华民族有着五千多年的文明史，创造和传承下来丰富的优秀文化传统。一方面，随着实践发展和社会进步，我们要创造更为先进的文化。另一方面，在历史进程中凝聚下来的优秀文化传统，决不会随着时间推移而变成落后的东西。我们决不可抛弃中华民族的优秀文化传统，恰恰相反，我们要很好传承和弘扬，因为这是我们民族的'根'和'魂'，丢了这个'根'和'魂'，就没有根基了。"②

---

① 习近平：《做党和人民满意的好老师——同北京师范大学师生代表座谈时的讲话》，载《人民日报》，2014-09-10。

② 中共中央党史和文献研究院：《习近平关于社会主义精神文明建设论述摘编》，209页，北京，中央文献出版社，2022。

第一，教师要树立起做中华优秀传统文化的传承者和弘扬者的理想信念。党的十八大以来，习近平总书记多次就传承和弘扬中华优秀传统文化做出重要论述，明确提出要坚定文化自信，深入挖掘中华优秀传统文化精华，坚持创造性转化、创新性发展。教师要承担起传承、弘扬中华优秀传统文化的责任，帮助学生走进传统文化，熟悉传统文化，亲近传统文化，并使之在这个过程中将传统文化融入自己的学习、生活乃至生命当中，推进中华优秀传统文化的创造性转化和创新性发展。第二，教师要树立起做革命文化的宣传者和弘扬者的理想信念。革命文化是中国共产党在新民主主义革命时期带领以工人、农民为主体的广大无产阶级和一切进步力量开展革命斗争，推翻帝国主义、封建主义和官僚资本主义三座大山，赢得中国人民独立、自由和解放的历史过程中所形成的文化形态，谱写了近代以来中国人民为国家独立、民族解放而英勇奋斗、坚贞不屈、前仆后继、不怕牺牲的新篇章。党的十八大以来，习近平总书记也多次强调，要继承和发扬好红色文化，努力将红色文化基因在孩子们身上代代相传，教导他们知道感恩，敬重历史，努力向英雄学习，争做堪当民族复兴重任的时代新人。第三，教师要树立起做社会主义先进文化的阐释者和建设者的理想信念。中国特色社会主义先进文化，为广大人民群众的美好生活和经济社会发展提供了正确的思想指导、价值观引领，在世界上不断绽放出光芒。广大教师要自觉以习近平新时代中国特色社会主义思想为指导，不断提升自己的思想政治水平和理论修养，用党的创新理论武装自己，教育学生，指导教书育人的工作；要自觉弘扬以伟大建党精神为源头的中国共产党人精神谱系，结合实际工作，深入开展社会主义核心价值观教育，深化爱国主义、集体主义和社会主义教育，加强青少年的理想信念教育，不断增强铸魂育人的本领和水平；要充分利用传统文化资源、红色文化资源等，展现可信、可爱、可敬的中国形象，为帮助青少年学生成长为堪当民族复兴大任的时代新人提供丰富的文化资源和强大的精神动力。

最后是教师的专业理想信念。与教师的政治理想信念、文化理想信念相比，教师的专业理想信念是更为核心的职业理想信念，是建立在教师的政治理想信念、文化理想信念基础上的，是对这两种理想信念的综合反映。习近平总书记所讲的"四有"好老师中的"有道德情操"、"有扎实学识"和"有仁爱之心"以及中国特有的教育家精神中的"启智润心、因材施教的育人智慧"、"勤学笃行、求是创新的躬耕态度"和"乐教爱生、甘于奉献的仁爱之心"等都属于教师的专业理想信念范畴，它们为教师完成本职工作提供了思想指引。下面，我们从道德修养、学识水平和教育艺术三个方面来分析新时代教师的专业理想信念。

第一，教师在道德修养方面的理想信念。立德树人是教育工作的根本任务。作为立德树人的主体，教师要对自己的道德修养有比较高的要求，只有这样才能履行立德树人的职责。正如习近平总书记所言："老师对学生的影响，离不开老师的学识和能力，更离不开老师为人处世、于国于民、于公于私所持的价值观。一个老师如果在是非、曲直、善恶、义利、得失等方面老出问题，怎么能担起立德树人的责任？广大教师必须率先垂范、以身作则，引导和帮助学生把握好人生方向，特别是引导和帮助青少年学生扣好人生的第一粒扣子。"①习近平总书记的这段话阐明了教师以德立身、以德施教的极端重要性。教师直接负有对学生进行德育的责任，而教师自身的道德修养是进行德育的一个重要条件。正是由于这个道理，习近平总书记提出："老师是学生道德修养的镜子。好老师应该取法乎上、见贤思齐，不断提高道德修养，提升人格品质，并把正确的道德观传授给学生。"②教师在道德修养方面的理想信念，既包括教师对自己的道德发展目标的期许，也包括教师对自己的道德修养作为影响学生道德发展重要因素的深信不疑。

第二，教师在学识水平方面的理想信念。教师是以知识来教人的，这是学校教育区别于家庭教育的一个主要特征。无论什么时候，教师都要相信知识的力量，相信只有知识才能推动学生更好地发展。将学生领进知识的"王国"，是教师的基本职责。在现代社会，教师的知识水平是决定教师教学水平和教学成就的关键因素。习近平总书记指出："扎实的知识功底、过硬的教学能力、勤勉的教学态度、科学的教学方法是老师的基本素质，其中知识是根本基础。"③因此，教师，尤其是新时代教师，应当勤学笃行，乐学求知，将职前的学习和职后的继续学习统一起来，形成终身学习的习惯，努力成为所教领域的专家、大家。

---

① 习近平：《做党和人民满意的好老师——同北京师范大学师生代表座谈时的讲话》，载《人民日报》，2014-09-10。

② 习近平：《做党和人民满意的好老师——同北京师范大学师生代表座谈时的讲话》，载《人民日报》，2014-09-10。

③ 习近平：《做党和人民满意的好老师——同北京师范大学师生代表座谈时的讲话》，载《人民日报》，2014-09-10。

第三，教师在教育艺术方面的理想信念。教育既是一门科学，也是一种实践的艺术。之所以说它是一门科学，是因为教育是有规律的。教育的规律既包括学生的身心发展规律，也包括教育教学规律和办学治校规律。不是任何一种被称为教育的行为都可以促进学生的健康成长，也不是任何一种办学治校的行为都能够使学校充满生机与活力。之所以说它是一种实践的艺术，是因为在教育活动中，教师既要把握共性，也要尊重个性；既要遵循规律，也要把握时机；既要强调理智的作用，也要保持情感的温度。学校与学校不同，学生与学生有差别，任何一种模式、措施、办法都不可能适用于所有的学校、学生。从这个意义上讲，教育活动是一种充满创造性的劳动，具有真正的艺术性，是一种塑造心灵的艺术。

党的十八大以来，习近平总书记基于对教师劳动特征的深刻把握，就教师在教育艺术方面的理想信念提出了诸多要求。例如，他指出："做好老师，要有仁爱之心。教育是一门'仁而爱人'的事业，爱是教育的灵魂，没有爱就没有教育。"[①]他在这方面论述得特别细致，提出好老师的眼神应该是慈爱、友善、温情的；好老师要用爱培育爱、激发爱、传播爱，通过真情、真心、真诚拉近同学生的距离，滋润学生的心田，使自己成为学生的好朋友和贴心人；好老师应该把自己的温暖和情感倾注到每一个学生身上，用欣赏增强学生的信心，用信任树立学生的自尊；好老师要具有宽容学生的品质，宽容本身就是一种伟大的教育力量；好老师一定要平等对待

---

① 习近平：《做党和人民满意的好老师——同北京师范大学师生代表座谈时的讲话》，载《人民日报》，2014-09-10。

每一个学生，尊重学生的个性，理解学生的情感，包容学生的缺点和不足，善于发现每一个学生的长处和闪光点。这些重要论述，抓住了教育艺术的精髓，指明了构建良好师生关系的方向与道路。广大教师应该在这些重要论述的指引下，在丰富的教育教学实践中，不断地发展，直至形成个人独特的教育风格，成为优秀的教师和人民教育家。弘扬中国特有的教育家精神、成为优秀的人民教育家应当是新时代每一位教师的至高追求。

# 第三节　作为教师核心素养重要组成部分的教师理想信念

教师的理想信念从根本上回答了教师为谁而教的问题。一名教师，如果连为谁而教这个问题都没有认真地思考过，或者仅仅将教育工作停留在解决衣食住行等基本需求的层次上，就很难真正理解教育工作的意义，也就很难产生职业幸福感。教师的理想信念是教师核心素养的重要组成部分，对教师的整个职业生涯都会产生巨大的影响。

## 一、教师的理想信念与教师的职业准备

教师的职业准备阶段是教师培养的一个初始阶段。从内容上说，这个阶段一般要帮助师范生准备的内容包括职业态度与伦理（教师职业道德）、

未来所教学科的专业知识与能力(学科知识与能力)、教育教学管理方面(如学生管理、教学过程管理、团队建设、教育评价等)的知识以及一些教育教学技术(如信息技术)等。目前，我国还保留着一个相对独立的教师教育院校体系。近些年，一些综合性大学也开设了教师教育专业，承担师资培养的任务。在一些西方国家，这种独立的教师教育院校体系已经不存在了，传统的师范院校大都被合并到综合性大学之中，或者本身转变为综合性大学，由综合性大学的教育学院或师范学院来承担教师准备任务。

尽管教师供给体制不同，但是世界各国对教师胜任工作的态度、知识和能力方面的要求大体上是相同的，都涵盖理论知识与实践能力、本体性知识与条件性知识以及职业道德或伦理等内容。与其他国家相比，我国在教师的核心素养上有一个显著的特点，即增加了教师的理想信念这个部分。虽然教师的专业理想信念可能与国外的差不多，但是教师的政治理想信念及文化理想信念则呈现出比较大的差异性，这种差异性构成了我国教师理想信念体系中比较独特的部分。

政治理想信念、文化理想信念以及专业理想信念的最初培育在未来教师的职业准备中占据很重要的地位。因此，未来教师学习的课程种类要丰富。教师应该学习一些公共政治课程、通识文化课程以及社会实践课程，深入了解我国的政治制度、发展阶段、社会特点、文化传统等，理解教育的社会环境以及社会对教育的客观需要，从而更深刻地理解教育工作的社会意义和时代价值，对为谁而教这个根本问题有一个初步的认识。另外，政治理想信念、文化理想信念以及专业理想信念的培养必须诉诸社会实践，使教师在丰富的实践活动中感受到为什么马克思主义行、中国特色社会主义好、中国共产党能，帮助他们深刻理解教育工作与社会进步、国家富强、民族复兴之间的内在关系。因此，对未来教师的理想信念的培养要走出课堂、走出校园，走向工厂、走向社区。

## 二、教师的理想信念与教师的职业发展

教师的职业发展是在教育实践活动中实现的。教师的职业发展主要经历新手教师—熟练教师—专家型教师—教育家型教师等阶段。教师的职业发展是终身的，当然并不是每一位教师都能够达到最高阶段。教师的职业发展最终能够达到什么阶段，既取决于社会为教师职业发展创造的条件，也取决于教师自身的能力与理想信念，还取决于教师对自己所从事的职业的认知以及对自己的工作与学生、社会、国家、民族乃至人类之间的关系的认知。

对于新手教师来说，面临繁杂而具体的工作，如备课、上课、批改作业、与学生谈话、家访、参加教研活动等，他们的主要目标恐怕就是适应和胜任工作。但是，这并不是说他们的理想信念在这个阶段不重要。俗话说，良好的开始是成功的一半。如果新手教师在入职初期就能够把自己的工作与社会的进步、国家的富强、民族的振兴联系在一起，那么他们的工作状态一定是不一样的。正确的、高尚的理想信念一定会给新手教师一股强大的初始动力，使新手教师充满工作热情，并愿意与同事打成一片，与学生建立起积极的关系。

熟练教师在处理教育教学工作和教育管理等日常事务方面已经能够驾

轻就熟、游刃有余，对学校的规章制度和文化也比较熟悉，是学校的骨干力量。他们比新手教师有更多的精力研究教育与社会、国家和民族的关系，对教育的政治性、战略性、民生性有比较深刻的认识。这个阶段是教师的理想信念得以升华的关键阶段。教育培训部门，包括教师所在的学校，应该抓住这个关键期，遵循从内到外、内外结合的路径，培植教师的政治理想信念、文化理想信念和专业理想信念，并引导他们将这些理想信念落实到具体的教育教学工作中，体现在立德树人的具体成效中。

专家型教师是研究型教师，能够对他们在教育教学实践中碰到的问题开展研究，能够对一些好的教育教学经验展开理论概括与说明，同时能够指导新手教师和熟练教师的专业发展。专家型教师在理想信念方面达到了较高的水平，能够用更加系统的眼光来审视自己的工作，理解自己工作的社会意义、政治意义和历史意义。在教师群体中，专家型教师一般都是学科带头人，负有指导年轻教师的责任。专家型教师会激发和坚定年轻教师的理想信念，为他们的专业成长注入动力和活力。

教育家型教师处于比专家型教师更高的发展阶段。专家型教师一般是在自己所教授的课程或学科领域颇有建树，而教育家型教师则是在更为广泛的教育领域有独到和系统的见解，并取得了让同行认可的教育成就。专家型教师一般被称为某学科名师，如数学名师、历史名师、语文名师等，而教育家型教师则已经从名师走向教育家了。人们钦佩他们的不仅仅是他们在某个学科领域的教学成就，还有他们的教育情怀。教育家型教师能够从历史传统、政治教化、经济发展、道德建设等视角来认识教育工作，开展教育工作。成尚荣在《做中国立德树人好教师》一书中，讲述了很多当代教育家的故事，并对他们的思想和教育境界做了生动的叙述和评论。这里面有新时代人民教育家于漪老师，有倡导爱的教育的斯霞老师，有情境教育的创始人李吉林老师，有深受大家爱戴的陶西平先生，有依然奋斗在教育一线的"教育老兵"顾明远先生等。通过阅读这些教育家的故事，我们能够强烈地感受到他们对祖国、对人民、对党的教育事业的无限忠诚与热爱。"教师，伟大的教书育人者。在民族复兴的征程中，那默默奉献的，在中国梦追逐的长河里，那永远奔腾的，就是我——人民教师。不需要你知道我，不需要你记住我，但未来永远铭记着我，因为我的生命为祖国而澎湃！"①

综上所述，教师的理想信念作为教师核心素养的重要组成部分，既是教师职业发展的重要内容，也为教师的职业发展指明方向，提供强大的精神动力。当前，人们在谈到教师的职业发展时，往往更关注教师的知识、技能的发展，而忽视教师的理想信念的发展。这种思想是狭隘的。我国教育的根本性质是社会主义教育。为人民服务、为社会主义现代化建设服务，是我国教育事业的根本价值取向。我们必须将教师的理想信念作为评价教师职业发展的重要内容。只有这样，我们所培养的教师才能够有别于其他国家的教师，成为全面建成社会主义现代化强国的基础性、战略性和支撑性力量，我们的教育事业才能够保持正确的政治方向和价值导向。

---

① 成尚荣：《做中国立德树人好教师》，45 页，上海，华东师范大学出版社，2021。

### 三、教师的理想信念与教师的职业幸福感

教师的理想信念，不仅具有工具的价值，即促进教师专业发展、助力教师实现教育目的，而且还具有本体的价值，即能够增强教师的职业幸福感。

首先，教师的理想信念有助于教师缓解物质主义、享乐主义和功利主义带来的职业焦虑。正如成尚荣所言："值得注意的是，教师的精神、思想、理想、情怀正面临着新问题和严峻挑战。我们处在消费时代，享受和娱乐是绕不开的问题。如果我们一味去追求物质享受，那必定淡化精神的发育；如果我们追求娱乐化生存，那必定淡漠思想的力量；如果我们对幸福的认知发生偏差，那必定淡忘价值的澄清和引领；如果我们的专业发展为'专业'所限，那必定忘却教育的尊严和境界的超越。……教师，应当是个精神丰富的人，精神灿烂的人——我们在坚信的同时，更有一份乐观的期待。"①其次，教师的理想信念能够帮助教师了解工作的整体性意义。大家常说，一条河流，只有汇入大海，才能够永不干涸。工作也是这样，我们只有将其纳入更大的社会系统中去审视，才能发现它的重要意义，而对这种重要意义的体验，是职业幸福感的源泉。教师的理想信念正是把教师的具体工作与更为远大的价值关联起来的关键因素，是赋予教师工作整体性、历史性和全局性意义的关键因素。孟子曰："得天下英才而教育之，三乐也。"陶行知先生也曾说，教师的幸福就在于培养出超过自己的学生。

---

① 成尚荣：《做中国立德树人好教师》，4～5页，上海，华东师范大学出版社，2021。

可见，教师的职业幸福感不仅来自学生的成长，而且来自自己所培养的学生为社会、为国家、为人民所做出的突出贡献。最后，教师的理想信念是指引和激励教师克服困难、勇往直前的巨大动力。轻轻松松获得的成功所带来的职业幸福感不会特别强烈，只有经历过挑战、困难、挫折和失败之后获得的成功才能带来深刻而绵长的幸福感。而要等到这种幸福感的到来，耐压、抗挫、坚持就变得非常重要。什么样的教师才能够翻越职业生涯中的雪山而达到胜利的彼岸呢？显然，是有理想信念的教师。正确的、坚定的理想信念是教师迎接挑战、克服困难、战胜挫折、从失败中奋起的精神支柱与动力源泉。

教师的理想信念水平决定了教师职业所能达到的高度以及教师职业幸福感的强度。正如人民教育家于漪老师所言，"人是要有点气象的，教育的质量说到底就是人的质量，是教师和学生的质量。从事教育的人就要有点气象。在当今国内外复杂纷繁的形势下，教育者就更要有些气象，要自强不息，厚德载物，情怀博大，躬身践行，我们心中经常有天地之气在回旋，我们中华民族伟大复兴之气经常在胸中升腾，人就会高大起来，脊梁骨就会硬起来。当我们的老师正气凛然、德才全面提高的时候，学生就能终身受益，培养出来的人才就是最了不起的战略财富。我从教的准则是：理想就在岗位上，信仰就在行动中，要锲而不舍，坚韧不拔，奋勇前进"①。将理想信念融入立德树人的行动中，广大教师就会成为幸福的人，并会成为学生幸福的奠基者。

---

① 于漪：《理想就在岗位上，信仰就在行动中》，载《语文教学通讯》，2020(28)。

## 小　结

教师的理想信念是教师核心素养的重要组成部分，对于教育工作具有指引方向、提供动力等作用，同时也是激发和培养学生理想信念的关键因素。教师的理想信念既包括教师的理想，又包括教师的信念，是一个内涵比较丰富的概念。教师的理想信念，既包括教师的专业理想信念，也包括教师的政治理想信念和文化理想信念。与教师的专业理想信念相比，教师的政治理想信念、文化理想信念是更为深层次的理想信念，它们在相当程度上影响或决定着教师的专业理想信念。党的十八大以来，习近平总书记着眼于治国理政和全面建成社会主义现代化强国、全面推进中华民族伟大复兴的战略全局，就教师问题包括教师的理想信念问题多次发表了重要论述，深刻诠释了教师理想信念的时代内涵，为广大教师加强理想信念方面的修养指明了方向。教师的理想信念无论是对未来教师的职业准备，还是对在职教师的职业发展，均起到方向引领、专业赋能的重要作用。在此意义上，教师的理想信念不是新时代教师可有可无的"奢侈品"，而是教师自我提升和教师队伍建设不可缺少的"维生素"。加强广大教师的理想信念教育、提升他们的理想信念水平，是建设教育强国之师、筑牢教育强国之基的重要举措。

# 第二章

# 教师理想信念的重要性

理想信念是人们最深层次、最根本的价值观念，也是人们做出价值判断和行为选择的根本依据。教师只有有了理想信念，其教育教学才能有方向和目标，他们也才能在促进自身专业发展的同时，培育有理想、有本领、有担当的时代新人，使学生成为"求真""向善""臻美"的全面发展的人，进而促进教育强国建设。

# 第一节　教师理想信念与教师的专业发展

　　理想信念对教师的专业发展有用吗？对于此问题，大部分教师会毫不犹豫地给予肯定回答。但倘若被问及"理想信念对教师的专业发展有何用？"时，恐怕大部分教师不能立刻回答上来，甚至可能还有个别教师会认为理想信念过于高远，对教师专业发展的促进作用有限。那么，理想信念对教师的专业发展到底有何用呢？

## 一、提升师德的境界

　　人属于动物，但人不像其他动物那样生存，而人超拔于动物的原动力就在于人拥有基于超越性的理想信念。正如恩格斯所言，"人来源于动物界这一事实已经决定人永远不能完全摆脱兽性，所以问题永远只能在于摆脱得多些或少些，在于兽性或人性的程度上的差异"①。从学理上看，冯友兰先生描述、阐释的人生境界说具有一定的代表性。在他看来，从低到高，人生境界可分为四个层次：自然境界、功利境界、道德境界与天地境界。"自然境界中的人对他所从事的活动尚无清楚的了解，其行为常常是

---

　　①　《马克思恩格斯选集》第三卷，478 页，北京，人民出版社，2012。

按个人的习惯或社会的习俗而进行，亦即'顺才或顺习'、'不著不察'而行；功利境界中的人对自己所从事的活动有较清楚的了解，但其行为常常是'为自己的利'，从而未能把个人与社会统一起来；道德境界中的人是'行义'即以对社会作贡献为目的，从而超越了个人与社会的对立。天地境界中的人不仅觉解到自己是社会的一分子，因而要对社会有所贡献，而且觉解到自己是宇宙的一分子，因而要对宇宙有所贡献。"①张世英先生按照"在世结构"的发展过程（从"原始的不分主客"，到"主—客关系"，再到"高级的主客融合"），将人生境界分为四个等级：欲求的境界、求实的境界、道德的境界与审美的境界。欲求的境界是指人只知道满足个人生存所必需的最低欲望。在此境界中，人"异于禽兽者几希"，人与世界的关系属于"原始的不分主客"的"在世结构"。求实的境界是指人有自我意识，能分清我与物、我与他人，能把自己当作主体，把他人、他物当作客体。在此境界中，人不再只是满足于最低的生存欲望，而是要求理解外在的客观事物（客体）的秩序——规律，这种要求就是一种科学追求的精神，也可以说是一种求实的精神。道德的境界是指随着个人的日益社会化，人逐渐领悟到天地万物的相互联系、相互作用与相互影响。简言之，领悟到"万物相通"，不仅包括领悟到人与自然之间的相通，而且包括领悟到人与人之间的相通。对于人与人之间的相通的领悟，很自然地使人产生了"同类感"，从而产生了"道德意识"。审美的境界是实现了"高级的主客融合"的"在世结构"。此境界既包括道德，又超越道德。在此境界中，人不再只是出于

---

① 孟彩云：《试论冯友兰的人生境界说》，载《史学月刊》，1998(5)。

道德义务的强制（尽管这是一种自愿的强制）而做某事，也不再只是因为应该而做某事，而是完全处于一种人与世界融合为一的自然而然的状态。自然而然不同于应然而然，因为后者尚有不自由的因素，而前者是完全的自由。审美的境界中的人做事必然合乎道德，但他是自然地做应该之事，而无任何强制之意。[①] 无论是冯友兰先生的人生境界说，还是张世英先生的人生境界说，都揭示了人的超越性——人可以超拔于动物，进而拥有不同的人生境界。而人之所以拥有不同的人生境界，主要是因为人有理想信念。正因为人有理想信念，所以才会不满足于现实，才能在改造自然、社会的同时，试图改变自身。

对于教师而言，理想信念的首要作用就是提升师德的境界。在谈论师德时，有些人常常将师德视为教师从事教育活动的道德规范和行为准则，即外在要求，而忽视了教师在自身不断发展过程中对师德的内化。杨启亮教授将师德发展概括为三种境界：遵守规范道德的境界、拷问良心道德的境界与体验幸福道德的境界。遵守规范道德的境界是指教师处于遵守社会规定的道德的境界，他们只是按照社会规定的要求、规范从事教育活动，因而对教育缺乏应有的主动性、积极性，其言行表现是遵守规则，例行公事。虽然遵守规范道德是教师从教的基本条件，但仅仅处于遵守规范道德境界的教师，不仅缺乏一种主动性，而且说一套，做一套，难以做到知行合一。拷问良心道德的境界是指教师能自觉地意识到自己的职业道德责任，将外在的道德规范内化为自身的自觉行为。让良心面对"忠诚于人民

---

① 张世英：《境界与文化》，载《学术月刊》，2007(3)。

的教育事业，具有奉献精神"的规范道德，就意味着自觉地超越职业所具有的"交换关系"，而全身心地投入育人事业中。让良心面对"热爱学生，诲人不倦"的规范道德，就意味着不以贫富、成绩优劣、思想道德水平高低而区别对待学生。人的道德水平提升存在一个由外而内、由他律到自律的过程。当教师深刻领悟了外在道德规范的意义，且能身体力行时，就可以说他达到了拷问良心道德的境界，而对外在道德规范意义的深刻领悟，离不开理想信念的支撑。教师一旦将教育视为中华民族伟大复兴的基础工程，就能摆脱"良心"作为做人的基本品质之意涵，而赋予"良心"一种更加高远的判断标准。体验幸福道德的境界是指教师不仅忠诚于党的教育事业，有奉献精神，真心热爱学生，而且能从自己热爱的教育事业和与自己朝夕相处的学生中获得幸福感。处于此境界的教师不仅认为"太阳底下没有比教师这个职业再高尚的了"，而且认为"太阳底下没有比教师这个职业更幸福的了"。① "时代楷模""全国优秀共产党员"陈立群乐教善教，潜心育人，兢兢业业躬耕教坛 40 余年，用爱与责任培育祖国的花朵，用一生诠释"体验幸福道德的教师"的含义。2016 年，陈立群从杭州学军中学校长任上退休，头顶"全国名校长"的光环，却拒绝民办中学百万年薪聘请，主动到贵州大山深处的台江民族中学去支教。他开出的唯一"条件"是分文不取，义务支教。陈立群深入践行"教育扶贫扶志，斩断贫困代际传递"的执着信念，将自己的经验和学识奉献给当地学生，用师者的爱心和责任心为民族地区的教育注入时代精神，为山区的学生点燃梦想与希望。在他看

---

① 杨启亮：《教师道德发展的几个境界》，载《教育发展研究》，2009(6)。

来，真正的快乐是"不为功利，不求功德，只为心愿"，真正的幸福是"考出一个孩子，脱贫一个家庭，带动一个寨子"。"体验幸福道德的教师是幸福的：拥有人间大爱的教育情怀，其付出本身就是幸福的，历经水滴石穿的艰辛是来之不易的幸福，春风化雨、润泽万物是秋收冬藏的幸福。人们常说要'心存感激'，这句话并不只适合于学生对教师，其实它何尝不适合于教师对学生？哪一个教师的优秀不是因为优秀的学生、不是因为学生质朴纯真的对教师的热爱？体验幸福道德的教师总是对学生心存感激，却唯独没有居功者的体验。"①体验幸福道德的教师，因其与教育、学生真正地融为了一体，视教育为安身立命之所，视学生为另一个更优秀的自己，而忘我地投入教书育人中。

理想信念是如何影响师德的呢？如果说冯友兰先生将人生境界的提升寄托于"觉解"，即因了解到某事的性质而理性地从事某事，且在做某事时又能清楚地知道自己是在做某事，那么张世英先生则将人生境界的提升寄托于人对"万物相通"的领悟。二者对人生境界提升的根据的解释虽看似有所不同，但其源头其实是相同的，即人生境界的提升皆源于人的理想信念。因为人在"觉解"或领悟"万物相通"时皆能确立一种超越于现实的理想信念。就师德的三种境界而言，遵守规范道德的境界、拷问良心道德的境界与体验幸福道德的境界看似与教师的理想信念没有多大关系，但其实师德的三种境界的依次提升，无不深受教师理想信念的影响。倘若教师没有一定的理想信念，仅仅是因惧怕违背师德而受到惩处才遵守相应的道德规

---

① 　杨启亮：《教师道德发展的几个境界》，载《教育发展研究》，2009(6)。

范，那么其师德的境界将永远难以提升到较高的层次和水平。教师的理想信念是教师信服的价值观念，能统摄教师的精神生活，指引教师的教育教学。在近现代，中国涌现出一大批教育家，这些教育家心中想的绝不是个人的私利，而是将教育与国家的兴旺、民族的复兴结合起来。比如，将教育视为救国之道、提出"五育并举"的蔡元培先生，探索平民教育、以"教育为公以达天下为公"的陶行知先生，心有大我、至诚报国的黄大年教授。黄大年当年高考成绩优异，本可以上清华北大，但他选择了长春地质学院（现吉林大学朝阳校区）。他为何会做出这个决定？因为他要为国家找矿。后来他求学国外，学业有成，本可以在国外过更安逸的生活，但他却坚持要回到祖国奋斗。当时国内媒体用"毅然回国"来形容他，对此黄大年"有意见"：能够越洋求学获得他山之石仅是偶然，回归故里才是必然，而非毅然。[①]"心有大我、至诚报国"的理想信念激励、鼓舞着黄大年砥砺前行、踔厉奋发，持续地提升着师德的境界，为教育事业做出了巨大贡献。

## 二、增强师知的动能

教育是指教师通过传授知识培育学生。教师转化、传递知识的能力直接影响着教育的效果。要想更好地转化、传递知识，教师必须掌握、储备一定的知识，而在掌握、储备知识上，理想信念能够增强师知的动能。如

---

① 人民教育编辑部：《他们为什么优秀？——十年百余名全国教书育人楷模分析报告》，载《人民教育》，2019(18)。

果说共产主义的理想信念是建立在对"资产阶级的灭亡和无产阶级的胜利是同样不可避免的"①的认识与确证上，那么教师的理想信念就是建立在对"教育、人、社会"的大三边关系和"教师、知识、学生"的小三边关系的理解与把握上。在"教育、人、社会"的大三边关系上，教师要深刻地认识到"为党育人、为国育才"的必然要求。列宁曾指出，"在各方面的教育工作中，我们都不能抱着教育不问政治的旧观点，不能让教育工作不联系政治"②。这表明教育具有鲜明的政治性，"为党育人、为国育才"，培育社会发展、国家强盛、民族进步所需要的人才是由教育的特性所决定的。习近平总书记指出："培养社会发展所需要的人，说具体了，就是培养社会发展、知识积累、文化传承、国家存续、制度运行所要求的人。所以，古今中外，每个国家都是按照自己的政治要求来培养人的，世界一流大学都是在服务自己国家发展中成长起来的。"③我国是工人阶级领导的、以工农联盟为基础的人民民主专政的社会主义国家。社会主义制度不容动摇，中国特色社会主义道路不容偏离。培育一代又一代拥护中国共产党领导和我国社会主义制度、立志为中国特色社会主义事业奋斗终身的建设者和接班人，是教育与社会关系的必然体现。在"教师、知识、学生"的小三边关系上，教师要正确地认识到知识是人健全发展的基础，因为知识是"人经过确证的真信念"，能为人的生存、发展提供基本保障。同时，追求知识的过程还能派生出人的其他美德，诸如真诚、谨慎、公正、善良、宽容等。

① 《马克思恩格斯选集》第一卷，413页，北京，人民出版社，2012。
② 《列宁选集》第四卷，302页，北京，人民出版社，2012。
③ 习近平：《在北京大学师生座谈会上的讲话》，载《人民日报》，2018-05-03。

在"教师、知识、学生"的小三边关系中，教师的基本职责就是在知识与学生之间架起沟通的桥梁，实现教师、知识、学生三者的和谐共振，助力学生习得、掌握人类积累起来的知识。

教师倘若确立了理想信念，那么在教育教学中就为自己的知识求索注入了强劲的动能。教师一旦将教育置于"教育、人、社会"三者互为前提、互为目的的三边关系中，就会真切地感受到"没有哪些知识是教师不需要的"，"教师是世界上需要知识最多的职业"。人在特定的社会背景下创生出来的知识，皆与人的成长、社会的进步密切相关。对知识的这种认识会让教师孜孜不倦地投入对各种知识的学习中，从而真正做到"学而不厌，诲人不倦"。"全国教书育人楷模"翟津扎根职业教育 20 多年，从一名普通的教师成长为机电专业的领军人物，担任世界技能大赛机电一体化项目国家队教练组组长，带领中国选手在世界顶级赛事上摘金夺银，为国争光。翟老师曾坦言，自己当年从学校毕业时就发现所学的知识已经过时了，职业教育与普通教育的最大区别就是知识的迅速更新。在一次次参加全国和世界技能大赛时，翟老师总是如饥似渴地学习比赛中出现的新技术、新知识，不断增加自己的专业知识储备，更新职业教育理念，还将所学的知识融入课堂教学，让自己始终走在行业发展前沿。翟老师常将"活到老，学到老"挂在嘴边。他认为，做好教育，必须"活到老，学到老"，且只有坚持终身学习，才能真正做到教书育人。倘若有此理想信念，教师自然会跳出某个学科的狭隘视野，将各种学科知识融会贯通起来，最终实现五育融合。

教师并不是知识的搬运工，而是需要在理想信念的指引下，将公共知识转化为自己的主体知识，并在知识中注入自己的情感和智慧，进而触动、影响到学生。比如，作为教师，我们应时刻注意培养学生的文化自信，使其通过了解我国的科技和文化，增强国家认同感，厚植爱国情怀。例如，在讲《赵州桥》时，教师就不能仅呈现课文的内容，而应将赵州桥的设计之巧与设计之新及其作为世界桥梁史上的一个创举的地位展示出来，从文化自信、科技含量等视角引领学生进行从赵州桥到武汉长江大桥、杭州湾跨海大桥、港珠澳大桥的拓展，使其领悟到从古至今"中国智造"的力量。又如，在讲《海上日出》时，倘若教师能抓住"亮光"以帮助学生理解海上日出这"伟大的奇观"，进而揭示出"亮光"背后是不屈的力量，就能起到涵养学生精神品质的作用。① 如果教师没有理想信念，只是抱着一种得过且过的心态，那么就没有学习和进步的动力，教师的头脑就会犹如一潭死水，最终会枯竭。而在立志培养学生文化自信和爱国情怀的理想信念的激励下，教师会广泛学习各个领域的知识，以便为学生提供更好的讲解，使学生了解我们民族的伟大，从而坚定文化自信和国家认同感。因此，理想信念可以引领教师的知识追求，增强师知的动能。有这样一个故事，一位记者在工地上采访了三个建筑工人，问了他们同样一个问题："你在做什么?"第一个建筑工人说："我在砌墙。"第二个建筑工人说："我在建大楼。"第三个建筑工人说："我在建花园。"十年后，第一个建筑工人仍在砌墙，第二个建筑工人成了工程师，第三个建筑工人则成了一家建筑公司的老板。此故事揭示了理想信念对人的导引作用。试想，如果仅仅将

---

① 吴小鸥：《教师的教材转化能力及其实现》，载《课程·教材·教法》，2023(10)。

某一行动视为某一行动本身，那么行动结束也就意味着彻底地结束了。但当某一行为被赋予不同的意义和价值指向时，它也会因此呈现出不同的理想信念，进而不同的理想信念便会指引着人向不同的方向和结果去努力。

## 三、指引师行的方向

教师的理想信念既能提升师德的境界，也能增强师知的动能，还能指引师行的方向。之所以说教师的理想信念能指引师行的方向，是因为教师的理想信念承载着教师的文化使命。从表面上看，教师是在传授知识，但实际上教师是借助传授知识来传承文化。知识传授是教师教育教学之表，而传承文化是教师教育教学之本。在传道、授业与解惑中，传道是第一位的。正所谓"道之所存，师之所存也"，这里的"道"就是文化。相对于知识而言，文化主要表现为知识所蕴含的价值观念。从一定意义上说，价值观念不仅是一种知识类型，而且对其他类型的知识起着范导、规约的作用。比如，在对人的认识上，是将人视为一种独立的原子性存在，还是将人视为一种交互的关系性存在，会直接影响着人的处世之道。《大学》中的"身修而后家齐，家齐而后国治，国治而后天下平"，就是从人是一种交互的关系性存在来定义人的发展的。杜维明将其阐释为："一个人通过实现自我来超越自我中心主义的局限，通过协调家庭来超越裙带关系的情感，通过发展健康的爱国主义来超越沙文主义式的民族主义，并通过发展一种人类宇宙观的视角来超越人类中心主义。"①而一旦将人视为一种独立的原子性存在，那么人与人之间的关系就有可能衍化为相互对立的关系，最终陷入野蛮竞争中。因此，确立正确的理想信念，就显得尤为必要。董德刚将各种价值观念大体上划分为四种"主义"或思潮。"第一种是教条式马克思主义，其主要特征是不顾具体历史条件，一味强调消灭私有制和资本主义；第二种是与时俱进的科学的马克思主义，强调人民利益，强调马克思主义中国化、时代化及大众化，强调对当代中国切实管用；第三种是大中华主义，常常表现为儒学至上论、儒学先进论、中国乃世界第一论，也时常表现为复古主义、民族主义；第四种是西方新老自由主义，主要表现是强调'纯粹'市场经济和所谓'自由民主人权'。"②显然，与时俱进的科学的马克思主义作为理想信念可以指引师行的方向，使教师能牢记立德树人根本任务，践行社会主义核心价值观。

立德，即立"为党育人、为国育才"之"德"，需教师"明大德、守公德、严私德"③。一般而言，大德主要是指热爱祖国，立志为中华民族伟大复兴而奋斗等；公德是指人在公共生活领域所表现出来的道德品质，主要包括职业道德与公共道德两个方面；私德则是指个人在私人生活与家庭生活场域中表现出来的品质，包括个人品德和家庭美德两个方面。就教师而言，

① ［美］杜维明、［加拿大］查尔斯·泰勒：《世俗时代的精神图景》，邱楚媛译，载《哲学动态》，2022(12)。

② 董德刚：《如何认识和化解人们之间的价值观念分歧》，载《马克思主义哲学》，2022(6)。

③ 习近平：《在北京大学师生座谈会上的讲话》，载《人民日报》，2018-05-03。

只有"明大德"，才能深知"三寸粉笔，三尺讲台系国运"的道理，才能将"为党育人、为国育才"这一崇高使命时刻记在心上；只有"明大德"，才能"把'爱国心、赤子情、民族魂'作为教学的指导思想，把'明国情、懂国格、树国威、知国耻、扬国魂'作为渗透在教学中的目标要求"①。"守公德"意味着热爱学生，学而不厌，诲人不倦，不因学生的家庭背景、经济条件与学业成就等而将学生划分为三六九等，而是公正、平等地对待每一个学生，让学生在师爱中全面、健康成长。"严私德"则意味着严于律己、宽以待人、孝敬父母、夫妻和睦，做孩子成长的领路人。"树人"就是培育德智体美劳全面发展的社会主义建设者和接班人。培育社会主义建设者和接班人是由我国的社会性质所决定的。

众所周知，教育是根据一定社会的要求，有目的、有计划地培育人的社会实践活动，具有鲜明的社会属性。社会主义的建设者和接班人，是德智体美劳全面发展的人。德智体美劳既相互区别、相互独立，又彼此关联、相互影响。因此，教师应在认识和把握各育的特殊规律和目标任务的基础上，着力探索和实现五育之间的融通。② 各育固然具有各自相对明确和独立的任务，遵循着各自不同的形成规律，但又具有相互关联性，因此教师要在五育并举的基础上实现五育融合。诚然，落实立德树人根本任务，须发挥好课堂教学的主渠道作用，而思政课正是落实立德树人根本任务的关键课程。西安交通大学马克思主义学院院长燕连福便是一位深耕思

① 林崇德：《加强师德师风建设必须处理好八个关系》，载《中国教育科学》，2023(5)。

② 石中英：《推进新时代普通高中育人方式改革要处理好三个关系》，载《中国教育学刊》，2019(9)。

政课教学、尽己所能让学生坚定理想信念的教师。燕院长将延安精神、西迁精神等融入本校思政课，建成了"大思政云平台"，打造了 10 门慕课，拍摄了系列短视频，同时打造了"行走的思政课"，指导学生成立"微宣讲团"，在 22 个省（区、市）宣讲 1000 多场，受众超过 5000 万人次，在全国范围内提升了立德树人成效，培养了更多时代新人，让学生实现了从"明大德"到"立大德"的跃迁。

　　践行社会主义核心价值观是"立大德""为党育人、为国育才"的内在要求。社会主义核心价值观的形成经历了一个过程："自从 20 世纪 50 年代中后期建立社会主义制度以来，中国就开始了培育和塑造社会主义价值观的进程。从 60 年代开始的社会主义思想道德建设到 80 年代开始的社会主义精神文明建设，本质上都是探索社会主义核心价值观的积极尝试。在经历从宏大到精细、从宏观到微观、从抽象到具体的理论和实践探索后，在社会主义核心价值体系和社会主义荣辱观的基础上，中国共产党创造性地提出了以'富强、民主、文明、和谐，自由、平等、公正、法治，爱国、敬业、诚信、友善'为主要内容的社会主义核心价值观。"①作为教育实施者，教师应自觉地践行社会主义核心价值观。一方面，要把社会主义核心价值观融入自己的生活，并以社会主义核心价值观指导、规约自己的日常行为；另一方面，要把社会主义核心价值观融入教育教学。在将社会主义核心价值观融入教育教学时，就目标而言，教师可通过适当解释目标、目标交互式生成和目标路径化表达等方式将教学目标转译为学习目标，使学

---

　　①　宇文利：《价值观与人类文明进步》，载《思想教育研究》，2022(11)。

生更加明确努力的方向；就内容而言，教师可通过将社会主义核心价值观与学生已有的经验相关联，通过引导学生开展深度的价值观学习，开发支持学生价值观学习的认知性、反思性、实践性和社会性工具，促进"强调教师教"转型为"重视学生学"，进而让学生深度的价值观学习得以发生，避免表面化、形式化的价值观教育，走出轰轰烈烈开展活动但学生只产生了"表层"的价值观学习等误区。社会主义核心价值观教育而言，其核心要旨在于将社会主义核心价值观的道理讲深、讲透、讲活，让学生深有体会，感同身受，从而促进价值体验的深化和转化，使学生将社会主义核心价值观内化于心、外化于行。

　　古往今来的教育者，之所以能在平凡的岗位上做出骄人的成绩，无不是因为有理想信念的支撑。苏霍姆林斯基的理想信念是社会主义国家的国民应具有共产主义理想，热爱祖国，热爱劳动和劳动人民，有自觉的社会公德，有集体主义精神，有较高的科学文化素养。他依据这一理想信念，通过日常的教育教学工作，培育了一大批社会主义的接班人和建设者。[①]陶行知在《我们的信条》中写道："我们深信教育是国家万年根本大计。我们深信生活是教育的中心。……我们深信教育应当把环境的阻力化为助力。……我们深信教师必须学而不厌，才能诲人不倦。……我们深信教师应当做人民的朋友。……我们深信乡村教师应当用科学的方法去征服自然，用美术的观念去改造社会。……我们深信最高尚的精神是人生无价之

---

① ［苏联］B. A. 苏霍姆林斯基：《育人三部曲》，毕淑芝、赵玮、唐其慈等译，6～12页，北京，人民教育出版社，1998。

宝，非金钱所能买得来，就不必靠金钱而后振作，尤不可因钱少而推诿。我们深信如果全国教师对于儿童教育都有鞠躬尽瘁死而后已的决心，必能为我们民族创造一个伟大的新生命。"①在《我们的信条》中，陶行知先生不仅深信教育对国家发展、民族振兴的重要意义，而且坚信教师理想信念的重大作用。陶行知先生正是带着这样的理想信念，在艰苦困难的条件下，创办了晓庄试验乡村师范学校，创立了生活教育学说，为中国教育发展做出了杰出的贡献。

## 第二节　教师理想信念与学生的理想信念

"物质在空间上可以搬动，可以转移，信念和理想抱负却不能像物质一样随便取出或放入。"②教师的理想信念不仅对教师的专业发展具有多重意义，而且它作为一种精神力量，能够潜移默化地塑造学生的精神世界，影响学生对世界的认知、学生的人生态度以及学生对价值的判断，即影响学生的世界观、人生观和价值观，而这些影响最终都会具象地表现在学生的学习品质、学习动力以及学习方式上，具体表现为教师的理想信念能促进学生学习品质的养成，助推学生学习动力的提升，助力学生学习方式的进阶。

① 陶行知：《中国教育改造》，73～74 页，北京，东方出版社，1996。
② ［美］约翰·杜威：《民主主义与教育》，陶志琼译，11 页，北京，中国轻工业出版社，2015。

## 一、促进学生学习品质的养成

1991 年，美国国家教育目标委员会将学习品质列入早期儿童学习和发展五大领域之中，并把学习品质定义为儿童在学习过程中所表现出来的行为倾向、风格、态度、习惯和能力等。可见，学习品质是学习者在学习活动中所表现出来的具有相对稳定特征的心理及行为特质，是反映学生个体发展的综合指标。学习品质是学生适应终身学习的必备品格和关键能力，是奠定学生学习基础、促进学生全面发展，乃至塑造学生健全人格的重要支撑。与此同时，学习品质还是学生形成并发展世界观、人生观和价值观的基础与关键。学生在不断塑造知识能力倾向和社会情感倾向的过程中，逐渐形成自己的世界观、人生观和价值观，确立对人生目标的清晰理解，构建对社会现象的积极认知，做出对生活道路的明智选择，而此过程离不开教师的指引与塑造。习近平总书记指出："教师承载着传播知识、传播思想、传播真理，塑造灵魂、塑造生命、塑造新人的时代重任。"[①]教师不仅是知识、思想、真理的传播者，而且是灵魂、生命、新人的塑造者。教师通过教育的方式传播理想信念，塑造学生的生命及灵魂。正如韩愈所言："是二儒者，吐辞为经，举足为法。"[②]在教书育人的实践工作中，作为理想信念的"传者"，教师为"受者"起着示范作用，主要表现为：教师

---

① 习近平：《思政课是落实立德树人根本任务的关键课程》，载《求是》，2020(17)。
② （唐）韩愈：《韩昌黎集》第三册，78 页，上海，商务印书馆，1933。

的理想信念有助于学生坚定学习信心，养成创新品质；有助于学生坚忍成长，锻造坚毅品质；有助于学生担负时代使命，增强责任感。

第一，教师的理想信念有助于学生坚定学习信心，养成创新品质。在教育实践中，无论是教育内容的选择、教育技能的教授，还是教育方法的应用，都是教师理想信念推动与指导下的再创造与再理解。当理想信念成为教师的精神支柱与行为指南时，便能点燃教师的教育激情，激发教师的实践创新。在课堂上，当新颖的教学设计、有创意的教学表达被落实到教学行动中时，必然会对学生创新品质的养成产生积极作用。习近平总书记强调："基础教育既要夯实学生的知识基础，也要激发学生崇尚科学、探索未知的兴趣，培养其探索性、创新性思维品质。"①创新品质在培养学生的批判性思维、问题解决能力，以及未来适应力上发挥着毋庸置疑的重要作用，特别是在教育与人工智能深度融合的时代，培养学生的创新品质是培养人才的必然之举。当然，以创新思维探索未知、解决问题的过程中往往伴随着不确定性，必然会涉及与已有知识结构的分离，与熟悉观念架构的割裂。在学生遇到创新方面的困难和挑战时，理想信念便尤为关键。首先，理想信念能够坚定学生的学习信心，激发学生学习的内在动机。理想信念作为一种内驱力，有助于激发学生对目标的持续性追求，增强学生在面对挑战时的耐力。其次，理想信念能够为学生提供目标愿景，为学生的活动注入内在意义。当学生遇到困难时，理想信念不仅能够为学生提供稳

---

① 《习近平在中共中央政治局第五次集体学习时强调 加快建设教育强国 为中华民族伟大复兴提供有力支撑》，载《人民日报》，2023-05-30。

固的心理支持，还能为其努力注入更大的内在意义，使其更具信心地面对多元挑战，更为积极地探索未知领域。最后，在理想信念的指引下，学生能够更清晰地认识到个体在社会共同体中的定位和责任，从而主动在共同体中发挥积极作用，做出创新贡献。黄大年把爱国之情、报国之志融入教书育人工作，融入祖国发展大业。黄大年指导的一批批地质学子也以他为职业标尺，做爱岗敬业的人民教师，做立德修身、潜心治学、开拓创新的楷模。他们接过创新报国的接力棒，完成黄大年未竟的事业。现任吉林大学地球探测科学与技术学院地球物理系主任的马国庆，是黄大年回国后培养的首批博士生中的一员。他回忆说，"潜心治学，开拓创新，研究真问题，把科研做在实处"是黄大年老师因病住院时多次对他的嘱咐。黄大年秉持着科技报国的理想，七年间不分昼夜地攻坚克难，开拓创新，为国家培养、输送人才。他用自己的所学为国家和社会的发展贡献力量，践行"振兴中华，乃我辈之责"的初心和使命。作为黄大年的学生，马国庆接受过老师"大我"精神的熏陶，明白老师"心有大我、至诚报国"的决心，传承着老师未竟的科研事业，攻克了数项国家科研难题。马国庆表示："在这几年，攻关国家科研难题的过程中有诸多困苦和劳累，但是我毫无怨言。黄大年精神是我一次次坚持的动力，时刻不敢忘记自己的责任和作为地球物理人的担当，坚定地走下去，相信走下去就是一片赤诚天地。"①如今，马国庆已站在讲台上，像黄大年一样教书育人。在指导自己的研究生时，马国庆将"发扬黄大年精神，接续完成未竟事业"作为培养研究生工作的信

① 马国庆：《尽我之能 如您所愿》，载《吉林大学报》，2022-05-27。

条，将求真创新的科学精神融入学生培养当中，让更多的学生秉持报国理
想，养成创新品质，为实现中华民族伟大复兴的中国梦贡献智慧和力量。
黄大年和马国庆的师徒传承深刻诠释了教育实践是教师理想信念推动下的
再创造与再理解的内涵。黄大年以科技报国为己任，将个人理想融入国家
发展大局，其精神成为激励学生追求卓越、勇攀科学高峰的不竭动力。马
国庆作为其传承者，将这份精神内化于教学实践之中，指导学生学习，助
力学生养成创新品质，勇担时代使命。此刻，教师的理想信念不仅点燃了
教师的教育激情，而且激发了学生的内在潜力，使教育成为实现个人价值
与社会发展的双向助推力量。

第二，教师的理想信念有助于学生坚忍成长，锻造坚毅品质。"咬定
青山不放松，立根原在破岩中。千磨万击还坚劲，任尔东西南北风。"清代
郑燮这首诗看似是在咏竹，实则是在"慰天下之劳人"，赞颂的是在艰难困
苦中仍能像岩竹一般刚强坚忍之人。在教育领域，对于教师而言，坚忍的
品质是教师克服困难、化解压力的重要能力。韧性是一个相对发展的结
构，是一个多维复杂的过程。在心理学上，韧性是一种在压力下复原和成
长的心理机制，指面对困难或身处逆境时的有效应对和适应。拥有强大的
韧性不仅意味着个体在受到重创之后能够恢复最初状态，在重压之下能够
顽强持久、坚韧不拔，而且强调个体在遭受挫折后的成长和新生。学者们
主要从危险性因素和保护性因素两个方面建构了教师的韧性结构维度。所
谓危险性因素，是指那些削弱教师韧性、阻碍教师心理或事业健康发展的
因素。与之相对应的保护性因素则是指那些增强教师韧性，帮助教师应对
困难、实现职业目标的因素。在这一结构中，教师的理想信念作为保护性

因素的重要组成部分，有力地支撑着教师韧性的发展。教师的理想信念作为内生的精神力量，在保护性因素的范畴中发挥着重要作用。它赋予了教师迎难而上的勇气和力量，使他们即使在应对复杂的教育环境中的压力或困难时，也仍然愿意坚持下去，并积极推动自身专业发展。① 理想信念既可以支撑教师个体的内在信仰和动机，也是教师使命感和责任感的体现。因此，教师的理想信念作为一种保护性因素，有助于增强教师在复杂的职业环境中的韧性，促使其更好地迎接挑战，应对困难，从而实现个人和职业的可持续发展。教师作为培养人的专业人员，其韧性品质及坚强意志对学生有莫大的激励作用。2019 年，在纪念五四运动 100 周年大会上，习近平总书记发表重要讲话。他表示，在实现中华民族伟大复兴的新征程上，"只要青年都勇挑重担、勇克难关、勇斗风险，中国特色社会主义就能充满活力、充满后劲、充满希望"②。可见，锲而不舍、攻坚克难、自强不息、矢志不渝的坚毅品质是新时代学生的必备品质。达克沃思曾将坚毅解释为"向着长期的目标，坚持自己的激情，即便历经失败，依然能够坚持不懈地努力下去"③。在她看来，坚毅品质由热情的态度和坚持的行为两部分组成，出现在个体追求长期目标的过程中。理想信念是人的精神之"钙"，对青年成长成才起着决定性作用，而学生的坚毅品质在塑造和加强

---

① 孙婧、幸娜、李太平：《薄弱学校教师韧性的影响因素与提升策略》，载《中国教育学刊》，2023(10)。

② 习近平：《在纪念五四运动 100 周年大会上的讲话》，载《人民日报》，2019-05-01。

③ Duckworth，A. L.，Kirby，T. A.，Tsukayama，E. et al.，"Deliberate Practice Spells Success：Why Grittier Competitors Triumph at the National Spelling Bee，" *Social Psychological and Personality Science*，2011(2)。

其理想信念方面发挥着重要作用，两者之间的相互作用力使得学生在追求理想信念的过程中更为积极、坚定和持久，以热情的态度、坚持的行为锲而不舍地追求长期目标，即为中华民族伟大复兴而奋斗。张桂梅以无私的爱和坚定的信念创造了教育史上的奇迹。她在大山里创办了中国第一所免费女子高中——华坪女子高级中学（以下简称华坪女高），并用教育改变了上千个女孩的命运。在张桂梅老师崇高理想信念的影响下，一个个乡村女孩走出大山，实现了人生价值。丁王英就是其中一个。丁王英进入华坪女高读书后，受张桂梅老师崇高理想信念的影响，坚定了参军入伍、报效祖国的决心。2021 年，丁王英报名应征，主动选择赴边远艰苦地区锤炼，最终如愿前往西藏服役。在平均海拔 4500 米的雪域高原，丁王英刻苦训练，以坚韧不拔、百折不挠的精神不断超越自己。在成功考取中国人民解放军陆军工程大学通信士官学校后，丁王英更是刻苦学习训练，锤炼本领，在学校"精武·2023"军事基础竞赛中一举摘得三个课目的桂冠，成为师生口中的"三冠王"。丁王英说："没有一朵花一开始就绽放。""我要在院校这个平台上，继续提升自己、锻炼自己、磨砺自己，以我之浪花，筑国之巨浪。"①"宝剑锋从磨砺出，梅花香自苦寒来。"张桂梅老师与她的学生们，正是那在苦寒中盛放的梅花。无论环境多么恶劣，她们都会坚守理想信念，用实际行动诠释理想信念的力量。这种力量，不仅支撑着教师在教育实践中克服重重困难，而且激励着学生在追求梦想的道路上不断前行。

　　第三，教师的理想信念有助于学生担负时代使命，增强责任感。责任

---

①　胡楠：《考上军校、勇夺"三冠王"！她是张桂梅的学生》，载《都市时报》，2023-10-28。

是指分内应做的事。每个人对其所处的社会都肩负着维护和建设的责任，这一责任正是实现社会关系和谐发展、社会状态健康稳定的前提条件。诚如马克思所言："人的本质不是单个人所固有的抽象物，在其现实性上，它是一切社会关系的总和。"①生活在社会中的、具体的、生成的个体，在参与生产劳动和其他社会关系活动时互相合作，承担责任，构成人类社会存在和发展的基本前提。对于学生这一特殊群体而言，责任感既是一种核心素养，也是一种精神品格。习近平总书记在纪念五四运动 100 周年大会上说："新时代中国青年要珍惜这个时代、担负时代使命，在担当中历练，在尽责中成长。"②对照习近平总书记的期望和要求，学生须努力做新时代具有责任感的建设者，将个人梦与中国梦结合起来，以实现中华民族伟大复兴为己任，将中国特色社会主义事业不断向前推进。但是，学生的责任感并非凭空产生的。学生需要首先明了什么是责任，然后将其转化为实际行动，而这需要通过教育的引导和强化来实现。教师作为学生成长路上的引路人，其一言一行都会影响学生的思想和行为，因此教师要做学生为学、为事、为人的示范，助力学生树立起"家国为重"的担责意识与"不畏艰难"的担责品格。全国教书育人楷模周义朋离家万里扎根戈壁十五载，突破道道难关，为我国铀矿地浸事业培养了大批科技人才，而他之所以扎根罗布泊，是因为十余年前和 70 多岁的史维浚老师第一次去新疆时史老师对他的触动。"史老师坚持和我们在野外寝车里同吃同住，起得比我们

---

① 《马克思恩格斯文集》第一卷，501 页，北京，人民出版社，2009。
② 习近平：《在纪念五四运动 100 周年大会上的讲话》，载《人民日报》，2019-05-01。

早，睡得比我们晚，专注科研攻关。物资不够了，他就啃馒头。"周义朋感慨，自己并非天生能吃苦，而是受到了老师多年的言传身教，于是也决定把这份家国责任传递给学生。现在，周义朋已经培养了一批又一批扎根戈壁深处的"红柳"，从"一个人的队伍"到"一群人的队伍"，"小红柳们"的根也已深深扎进了铀矿采冶的前沿阵地中，树立起了"家国为重"的担责意识与"不畏艰难"的担责品格。可见，学生的责任品质并非凭空产生的，是需要教师引导的。史老师的理想信念作为一种积极向上的信仰系统，涵养着周义朋等学生的责任感，培养着他们的时代使命感、家国情怀和科研精神，激发他们投身科研、服务国家的热情。在史老师的言传身教下，周义朋不仅明白了责任的意义，而且将这份责任内化于心、外化于行，最终成为铀矿地浸事业中的中坚力量。

## 二、助推学生学习动力的提升

学习动力是指驱动、促进学习主体持续产生学习行为的直接力量，是推动学生学习的关键因素，其作用是最大限度地释放学生的学习潜能，并且引导和调节学生的学习过程，使学生长久保持学习热情，最终按照正确的方向实现既定的学习目标。[①] 学习动力的提升不仅可以使学生在学习过程中获取知识，还可以使其在思考和实践中形成对世界的深刻理解与认知，进

①　陈琦、刘儒德：《当代教育心理学》(第2版)，211页，北京，北京师范大学出版社，2007。

而构建起积极、健康、向上的世界观。同时，学习动力的提升可以使学生更加明确人生目标和价值追求，进而形成科学、进步、高尚的人生观。此外，学习动力的提升还有助于学生形成正确的价值观，使其能够理性地看待社会现象，明辨是非，做出正确的价值判断和价值选择，而这一切是他们成为合格社会主义建设者和接班人的重要前提。因此，我们可以说，助推学生学习动力的提升，是实现中华民族伟大复兴的基础条件。学习动力的产生包括内部因素和外部刺激。内部因素包括学习动机、学习兴趣、学习意志，外部刺激包括教师信念、师生关系、学习环境、教育制度、社会文化等。唯有当外部力量转化为学生的内部力量时，才能更好地发挥作用。教师的理想信念对学生学习动力的提升起着直接的助推作用，具体表现为教师的理想信念有助于学生树立清晰的学习目标，产生良好的学习动机；有助于激发学生的学习欲望和学习兴趣；有助于锤炼学生的耐性，培养坚定的学习意志。

第一，教师的理想信念有助于学生树立清晰的学习目标，产生良好的学习动机。人类的行为皆具有目的性，同样，学生的学习也涉及动机问题。学习动机是推动学生学习的直接力量。学习动机一旦形成，不仅可以使学生对学习内容保持兴趣，还可以增强学生克服困难的勇气和意志力。教育实践证明，清晰的学习目标和良好的学习动机是产生强大学习动力的关键。观照当下，中国正在意气风发向着全面建成社会主义现代化强国的第二个百年奋斗目标迈进。而现在，我们比历史上任何时期都更接近这个目标。"行百里者半九十。"距离目标越近，我们越要动员广大青年为之奋斗，这就更加需要学生怀抱与时代主题同心同向的理想信念。而当教师对教育事业充满热情和信心时，学生也会受到这种积极情感的感染，从而激发出学习动力，形成对未来的美好期待。学生更加主动地参与学习，不只源于外在的奖惩机制，更源于对实现中国梦的真切向往。同时，教师的理想信念能够成为学生的目标导向，使其明确学业目标并为之努力奋斗。在积极向上的理想信念的引导下，学生更容易充满活力和激情，更愿意为实现梦想而不懈努力。在我国高等教育历史上，1937 年，国立北京大学、国立清华大学和私立南开大学组成国立长沙临时大学；1938 年，国立长沙临时大学迁至昆明，更名为国立西南联合大学。1938—1946 年，蒋梦麟、梅贻琦、张伯苓共同领导这所战时联合大学。在那个动荡不安的时期，梅贻琦与学校的教授们多次商议，紧密配合国家抗战。在梅贻琦看来，知识分子应当紧密团结，用自己的力量支援抗战，与国家同呼吸共命运，通过科技兴国，传承民族文化。而张伯苓则在目睹国帜三易之后，悲愤之情油然而生。"深受刺戟！念国家积弱至此，苟不自强，奚以图存，而自强之道，端在教育。创办新教育，造就新人才，及苓将终身从事教育之救国志愿，即肇始于此时。"①他们的理想信念生发了备受赞誉的联大精神，对西南联合大学的学子们产生了深远影响。办学八载，西南联合大学培养出了一批推动国家和世界发展的极为优秀的人才，如杨振宁、赵九章、邓稼先等。在资源贫瘠、危机重重的情况下，西南联合大学却培养出了一大批人才。兴学强国的使命感、拯救民族危亡的责任感，是支撑西南联合大学的学子们不断学习、不断进步的精神力量。当教师对教育事业充满热情和信心时，其理想信念能够跨越时空，在学生心中产生强烈的共鸣，而这种共鸣能使学生

---

① 张伯苓：《张伯苓谈教育》，148 页，沈阳，辽宁人民出版社，2015。

自发产生良好的学习动机，形成对知识的渴望和对未来的憧憬。这种内在动力，远比外在的奖惩机制更为持久和强烈。

第二，教师的理想信念有助于激发学生的学习欲望和学习兴趣。孔子曰："知之者不如好知者，好知者不如乐知者。"这句话充分体现了学习兴趣在学习中的重要性。从教育心理学的角度来说，学习兴趣是指学生有选择地、愉快地力求接近或探究某些事物而进行学习的心理倾向，这种倾向总是带有一定的情感色彩，总是与人的情感联系在一起。在教学过程中，教师将理想信念、家国情怀、"大我"境界，渗透在教学内容和教学方法中，深刻地影响着学生的态度和情感。人民教育家高铭暄先生作为新中国刑法学的主要奠基者和开拓者，年近期颐依然坚持在教育科研领域深耕，以身作则，率先垂范，引导学生守正道、求真理。高铭暄先生在采访中表示，在70年的教学生涯中，他最大的感悟就是要始终坚持马克思主义信仰，坚守中国特色社会主义信念，忠诚于党和人民的教育事业，为党育人、为国育才。[①] 教师的思想、人格与言行，不仅会影响学生，而且会带来一定的社会效应。北京大学法学院陈兴良教授在中国人民大学学习期间，师从高铭暄先生六年，一开始对刑法并不是特别感兴趣，然而在高铭暄先生的率先垂范、言传身教下，他对刑法的兴趣越来越浓厚，直至进入刑法的学术殿堂，成为刑法领域的大家。教师的理想信念不仅是个人精神世界的核心，而且是影响学生情感、态度和兴趣的关键因素。高铭暄先生通过言传身教和榜样示范，

---

① 董鲁皖龙：《"人民教育家"国家荣誉称号获得者、中国人民大学荣誉一级教授高铭暄——确立精神坐标，激发奋斗力量》，载《中国教育报》，2023-11-14。

将自己的理想信念融入教学过程，使之成为学生情感体验的一部分。

　　第三，教师的理想信念有助于锤炼学生的耐性，培养学生坚定的学习意志。心理学界认为，"学习意志是指学生根据学习的目标，在学习过程中自觉地实施、调节和控制自己的学习行为，不断排除干扰，克服困难，以完成预定的学习任务的心理过程"①。教育领域认为，学习意志是个体对学习目标的渴望与追寻，以及在学习过程中表现出来的持续的精神动力。可以说，学习意志作为一种精神力量，是一个人增强学习认知、激发学习动力、提高学习效能、实现学习目标的重要主观条件。学习意志并不是与生俱来的，需要后天的培养和锻炼，而教师的指导与监督在学生学习意志的形成过程中发挥着重要作用。正如夸美纽斯所言："在灵魂的构造之中，最重要的齿轮就是意志，钟锤就是左右着意志的欲望和情感。"②学生在学习过程中，不可避免地会遇到困难、挫折与失败。此时，教师需要加强引导，针对不同个体制定相应的培养策略，锻炼学生克服困难、挫折以及直面失败的勇气，从而强化学生的学习意志。马克思曾言："主体的意志能在实践活动中改造外物，同时实现主体自身的目的。"③意志是人的主观能动性最突出的表现。学习意志坚定的学生会为了实现目标而付出持续的努力，且在面对原则性的动机冲突时，总能坚定不移地使自己的学习活动服

---

① 林斯坦：《学生学习意志综论》，载《教育评论》，1995(5)。

② ［捷］约翰·阿莫斯·夸美纽斯：《大教学论》，刘富利、赵雪莉译，22 页，北京，中国轻工业出版社，2018。

③ 郭元祥、慕婷婷：《学习意志的发生机制及其优化策略》，载《全球教育展望》，2023(5)。

务于社会利益，将正确的动机作为支配自我学习行为的主导力量，即努力成为堪当民族复兴重任的时代新人，让青春在为祖国、为民族、为人民、为人类的不懈奋斗中绽放绚丽之花。杨德森是水声界元老杨士莪的学生。杨士莪以其深厚的学术造诣和坚定的理想信念，为学生树立了榜样。他不仅在学术上悉心指导杨德森，而且在精神上给予了他极大的鼓舞和支持。杨士莪的鼓舞和支持成为杨德森克服障碍、坚持探索的强大动力。杨士莪曾评价杨德森："就是有那么一种韧劲儿，能坚持到底。"在跟随杨士莪学习期间，即在矢量探测技术被提出之初，理论探索异常艰难，业界的质疑声不断，杨德森说："那些年最苦的不是探索方向的煎熬，也不是试验中的辛苦，而是在各种压力与国家期盼之间，无法言说的孤独与迷茫。"但是在母校和老师的鼓舞与支持下，他克服困难，排除干扰，经过 16 年的坚持，给国家创造出一个又一个科研奇迹。现如今，杨德森也已桃李满天下，他告诉学生们："人的理想，要与祖国的需要紧密相连。"[1]他的坚定意志与理想信念也将在水声领域传承不息。可见，具有坚定意志的教师往往能指导出具有坚定意志的学生。

## 三、助力学生学习方式的进阶

学生学习方式是指学生在获取知识、发展技能和形成态度时所采用的方法和策略，包括自主学习、合作学习、反思学习等多种方式，是影响学

---

① 金声：《杨德森：水声的力量》，载《光明日报》，2019-05-26。

习效果的重要因素。在学习过程中，学生通过不同的学习方式，逐步构建起对世界的认知和理解，形成自己的人生观和价值观。自主学习能使学生独立、理性地看待世界；合作学习能使学生学会团结、协作，共同发展；反思学习能使学生学会自省，从而进行自我完善。这些学习方式有助于学生成为具有社会责任感、创新精神和实践能力的优秀人才。习近平总书记指出："当今世界正经历百年未有之大变局。"①处于大变局中的学生既要掌握书本知识，又要形成正确的世界观、人生观和价值观，还要具备批判性思维和创造性地解决问题的能力，而批判性思维和创造性地解决问题的能力的培养与学习方式的变革紧密相连。教师的理想信念有助于学生顶住外部压力，进行自主学习；有助于学生积极互赖，进行合作学习；有助于学生学会自省，进行反思学习。

第一，教师的理想信念有助于学生顶住外部压力，进行自主学习。自主学习是指学生个体的一种自觉而主动的学习行为，与被动学习、机械学习相对。自主学习的核心特征是自觉性。自觉性是指个体自愿地执行或追求整体长远目标任务的程度。在学生进行自主学习的过程中，教师扮演着重要角色。如果教师相信学生具有内在学习动机和自主学习的潜力，便更倾向于进行启发式教学，激发学生自主学习的欲望，并帮助他们顶住外部压力，采用问题导向、项目驱动等教学方法，鼓励学生自主设定学习目标，为学生提供自主学习的机会和资源。1996 年，张桂梅从大理市调到丽

---

① 《习近平向美中贸易全国委员会成立 50 周年庆典致贺信》，载《人民日报》，2023-12-16。

江市华坪县担任中学老师，她发现经常会有女孩辍学。通过家访她发现，在很多家长眼中，女孩子读书被认为是"浪费"，甚至很多孩子自己也这么想。陈明思就是其中之一。高二时，她曾多次动了辍学的念头，是张桂梅一次次拖着病体赶到她家，反复劝说，才帮助她顺利完成学业的。陈法羽也是在张桂梅的关心和劝说下，完成了高中学业并顺利考上了大学。大学毕业后，她成为丽江市永胜县公安局的一名民警。陈法羽表示，正是张桂梅老师坚定的理想信念和"心有大我、至诚报国"的"大我"情怀，使她认识到了学习的重要性，激发了她的学习斗志和学习热情，使她主动投入学习中，并愿意积极排除万难，完成学业。在张桂梅坚定的理想信念的感染下，陈明思和陈法羽等华坪女高的学生们，不仅顶住了外部压力，而且学会了对自己的学习负责。她们对未来充满了信心和希望，也相信自身具备进行自主学习的潜能，最终实现了自我提升和成长。

第二，教师的理想信念有助于学生积极互赖，进行合作学习。合作学习强调学生之间通过相互合作和共同努力来达到共同的学习目标，强调学生之间积极的相互关系。《礼记·学记》有云："独学而无友，则孤陋而寡闻。"[①]孤立地学习容易导致知识的狭隘和观点的片面，而在学习中相互合作则能使学生相互劝勉，共同奋进。通过合作学习，学生的思维得到碰撞，创造力得以激发，智慧得以生成。在当今世界之大变局下，人类社会必须相互合作，坚持互学互鉴、开放包容、合作共赢的态度，构建人类命运共同体。因此，培养学生的合作意识显得尤为重要。在合作学习的视域

---

① 《十三经注疏》整理委员会：《礼记正义》，1062页，北京，北京大学出版社，1999。

下，人与人之间的关系应表现为一种积极的互赖关系，即每个成员都应该认识到自己与小组其他成员之间是同舟共济、荣辱与共的关系。从社会互赖理论的视角来看，积极的互赖关系可以产生积极的互动。群体成员聚在一起，为了共同的目标而努力。团结合作的力量为个人提供了动力，使他们互勉、互助、互爱。全国教书育人楷模、河北工业职业技术大学教授刘少坤深知，培育未来的大国工匠是职业教育的使命。工匠们喜欢不断雕琢自己的产品，而刘少坤"雕琢"的是他的学生。针对职业院校学生专业知识基础差、缺乏自信心的状况，刘少坤带领团队积极探索现代学徒制人才培养模式。在课堂教学中，他坚持合作学习的模式，把课堂交给学生，把思考、争论的机会留给学生，通过学生自学自问、小组交流、组际探究等环节，着力培养学生的学习主动性、积极性。在经济全球化的今天，培养具有合作精神和全球视野的人才，是每一位教育工作者的责任和使命。刘少坤的教学实践，正是教师的理想信念在合作学习中发挥作用的生动体现。在刘少坤的课堂上，学生不再是孤立的个体，而是作为合作学习共同体的一部分，积极参与到学习过程中。可见，当教师拥有坚定的理想信念时，就能够积极引导学生树立正确的世界观、人生观和价值观，使之成长为具有合作精神和国际视野的优秀人才。

第三，教师的理想信念有助于学生学会自省，进行反思学习。反思学习是学生对学习历程和学习成果进行深入思考的过程，其核心目标在于通过自察、自省，确定未来的方向。《礼记·学记》有云："是故学然后知不

足，教然后知困。知不足，然后能自反也。知困，然后能自强也。"①唯有
"反求诸己"，关注内向性学习，回顾、分析自身学习经验，才能全面地认
识自身。"见贤思齐焉，见不贤而内自省也"②，其根本意义在于启发个体
对内在生命的开悟，讲求通过反思自省，把经验内化于心、外化于行，由
此通达"天""道"合一的契合之路。在学生自省学习经验、反思学习过程之
路上，教师的理想信念作为一种潜在的向导，对学生的反思学习产生着指
引作用。"吾日三省吾身：为人谋而不忠乎？与朋友交而不信乎？传不习
乎？"③这是曾子关于自省的论述，与孔子提出的"内自省"的主张一致。曾
子曰："君子爱日以学，及时以行，难者弗辟，易者弗从，唯义所在，日
旦就业，夕而自省思，以殁其身，亦可谓守业矣。"④这段话的意思是君子
应该将学习视为持续不断的生命过程，并将学与行、道与行相统一，每日
坚持自省与反思，只有这样，最终才能达到守业的境界。其实，教师的理想
信念作为教育发展的精神动力，既指导着教师对学生的教育方式，也激发着
教师对自我发展和提升的渴望。在不断追求更好的教育效果的过程中，教师
会自发地进行学习和反思，以不断提高自己的专业水平，坚定为党育人、为
国育才的初心和使命。教师在反思中行动，在行动中反思，并将这种行动—
反思的学习方式传递给学生，使学生通过反思审视自己的成长历程，回顾所
遭遇的困难与挫折，并总结自身的学习经验。通过反思，学生能够更清晰地

---

① 《十三经注疏》整理委员会：《礼记正义》，1052 页，北京，北京大学出版社，1999。
② （清）刘宝楠：《论语正义》，155 页，北京，中华书局，1990。
③ （清）刘宝楠：《论语正义》，9 页，北京，中华书局，1990。
④ （清）王聘珍：《大戴礼记解诂》，69 页，北京，中华书局，1983。

知晓自己的价值观和信念，更深刻地理解自己的学业目标和人生目标，从而形成对人生意义和使命感的认知，促进个人成长与理想信念的深化。

# 第三节　教师理想信念与教育强国建设

教育强国建设既是中国教育发展的时代任务，也是中国式现代化建设的重要内容。强国必先强教，强教必先强师。教师的理想信念，能化为教育强国建设的精神力量，增强教育强国建设的内在品质，助推教育强国建设的外在成就。

## 一、化为教育强国建设的精神力量

在教育强国建设过程中，我们必然会遇到各种问题。仅就基础教育而言，"当前基础教育在教育强国建设中也面临多重问题，包括地方政府亟待树立科学的政绩观、数字教育的目标偏差、分科教育模式导致的综合思维缺失、网络环境带来的挑战、国家安全与教育的关系未明确、教育过程缺乏系统性和综合性思维以及健康教育的不足"[1]。面对各种问题，作为教

---

[1]　朱旭东：《教育强国建设中的基础教育：挑战、问题和路径选择》，载《人民教育》，2023(20)。

育强国建设的实施者，教师一旦确立了理想信念，就会充满力量。张桂梅曾言："一个重病的人，为什么有浑身病却不死，比一个正常人还苦得起？因为我有追求和信念，有一种精神支撑着我，那就是共产党人的理想和信仰。"①理想信念让张桂梅找到了人生的梦想：办一所免费的女子高中。这一理想信念让一名普通教师，"真的就办成了一所免费的女子高中；真的通过这所学校改变了所有华坪女高孩子们的命运——让她们和她们的家庭生活得更好；真的让这所学校成为了当地脱贫的突破口，并改变了当地人的观念：'女孩早嫁人'变成了'女孩要读书'；聚拢并影响了一批志同道合的人——跟她有同样信仰的教师一起支撑着华坪女高，还有更多有同样信仰的学生在各自的岗位上发散着信仰与忘我的光芒……"②。理想信念的力量是巨大的，它能将一般人看似不可能办到的事情变为现实。在教育强国建设过程中，教师的理想信念——"为国家强盛而教""为人民幸福而教""为天下大同而教"就会化为教育强国建设的强大的精神力量。

"为国家强盛而教"，体现了教育教学的国家功能，有助于夯实教育强国建设的根基。在教育与国家的关系上，《礼记·学记》开篇就说道："发虑宪，求善良，足以谤闻，不足以动众。就贤体远，足以动众，未足以化民。君子如欲化民成俗，其必由学乎！玉不琢不成器，人不学不知道。是故古之王者建国君民，教学为先。"③"建国君民，教学为先"就明确地阐述

---

① 程路：《信仰与忘我达成的人生境界》，载《人民教育》，2020(17)。
② 程路：《信仰与忘我达成的人生境界》，载《人民教育》，2020(17)。
③ 《十三经注疏》整理委员会：《礼记正义》，1050～1051 页，北京，北京大学出版社，1999。

了教育("教学")在国家建设中的基础性作用。教育强国命题的提出，是对"教育救国""教育建国""科教兴国"等不同历史时期教育与国家关系命题的继承和发展，客观上反映了近代以来中华民族从站起来到富起来再到强起来的教育需求和教育价值取向，是对我国当代教育事业发展所担负的国家责任和使命的高度概括和凝练表达。① 教师一旦确立了"为国家强盛而教"的理想信念，其教育教学就会因融入了"教育强国"的时代使命而明确了价值指向，就会拥有坚如磐石的定力。对于普通教师而言，"为国家强盛而教"看似有些高远，其实，它就体现在教师的日常教学行为中。学生不仅是家庭的寄托，而且是国家的未来、民族的希望。倘若每位教师都能致力于"培养一代又一代德智体美劳全面发展的社会主义建设者和接班人，培养一代又一代在社会主义现代化建设中可堪大用、能担重任的栋梁之才，确保党的事业和社会主义现代化强国建设后继有人"②，那么教师就是在为国家强盛而教。

"为人民幸福而教"，体现了教育教学的社会功能，有助于巩固教育强国建设的根本。我国是社会主义国家，建设教育强国的终极目标在于促进"每一个个人的全面而自由的发展"③，在于满足人民对美好生活的期盼，实现人民的幸福生活。如果说资本主义社会信奉的是"资本至上"，那么社会主义社会坚守的则是"人民至上"。"资本至上"的资本主义社会"使人和

---

① 石中英：《教育强国：概念辨析、历史脉络与路径方法——学习领会党的二十大报告中有关教育强国建设的重要论述》，载《清华大学教育研究》，2023(1)。
② 习近平：《扎实推动教育强国建设》，载《求是》，2023(18)。
③ 《马克思恩格斯文集》第五卷，683页，北京，人民出版社，2009。

人之间除了赤裸裸的利害关系，除了冷酷无情的'现金交易'，就再也没有任何别的联系了"①。"在'资本至上'的社会里，一切事物都为资本所驱使，一切事物都被打上'资本'的烙印，整个社会只有资本的增殖，没有'人'的自由与发展。""资本成为最高的价值主体，一切事物都可以被资本化，一切高贵、神圣的东西都被资本所收买和占有，整个社会和存在于这种社会之中的劳动者最终都会沦为资本的奴隶。"②"人民至上"意味着要以人民为发展之本与价值之本。习近平总书记指出："江山就是人民、人民就是江山。"③这是对"人民至上"的生动、具体的表达。对于教师而言，"人民至上"就表现为"为人民幸福而教"，并最终实现"每一个个人的全面而自由的发展"。"每一个个人的全面而自由的发展"是马克思为了从根本上解决"资本至上"所导致的个人发展异化、扭曲的现实问题而提出的。教师"为人民幸福而教"，就表现为要秉持"有教无类"的理念，平等对待每一个学生，用心教好每一个学生，助力每一个学生的健康成长。教师既不能因学生一时学不会而厌弃学生，也不能因学生升学无望而放弃学生，更不能因学生存在一些问题而抛弃学生。相反，教师要对这些学生更多地用心、用情、用力，通过教育的力量让学生发生积极的改变，让学生真切地感受到"吾师满眼皆贤才"，从而使每个学生都得到全面而自由的发展。全国教书育

---

① 《马克思恩格斯选集》第一卷，403 页，北京，人民出版社，2012。

② 骆郁廷、付玉璋：《人民至上与资本至上——中西核心价值的本质对立及其经济根源》，载《中国高校社会科学》，2023(1)。

③ 习近平：《在庆祝中国共产党成立 100 周年大会上的讲话》，11 页，北京，人民出版社，2021。

人楷模张俐是江西省南昌市启音学校校长，她扎根特殊教育近 40 年，秉持"为每一个孩子的幸福人生奠基"的教育理念，使一批批残障学生通过受教育而改变命运。启音学校跆拳道队两次代表江西省出战全国残运会，荣获 2 金 1 银 2 铜的好成绩。正是因为张俐看到了"人"，启音学校的老师们心中装着每一个具体的学生、每一个具体的人，所以他们才能够为"折翼天使"插上"逐梦翅膀"，让残障学生重拾向阳而生、向美而行的希望，从而实现人生蝶变。①

"为天下大同而教"，体现了教育教学的国际功能，有助于扩大教育强国建设的视域。教师为"天下大同而教"，就是以世界的眼光审视、把握中国教育的发展，进而通过教育强国，并增进人类文明互鉴，构建人类命运共同体。"新中国成立后，我们学习苏联，我们希冀'超英赶美'，我们在爬坡中不可能没有一点仰视的心态；改革开放中，我们学习发达国家的科学技术和管理经验，我们羡慕追逐'原装洋货'，其中不可能没有仰视的姿态。在新时代，在年轻人身上，'国潮'越来越成为一种现象。我们的经济社会发展达到了这样的高度，在这个高度上，中国不想仰视别人，也不需要被别人仰视；中国不会去俯视别人，但也不会接受被别人俯视。当我们说应该树立大国意识的时候，实际上，在一定的意义上是让国人回归作为中国人的正常心态，不再仅仅纠结于过去的辉煌或屈辱，而是面向未来承担起大国应有的责任。"②其实，中国人民向来推崇"四海为家、天下大同"，

---

① 《躬耕教坛 强国有我》，载《中国教育报》，2023-09-28。
② 韩震：《论新时代的中国时代精神》，载《中国社会科学》，2023(1)。

践行推己及人、立己达人与以德服人、以文化人，拥有"为天地立心，为生民立命，为往圣继绝学，为万世开太平"的崇高旨趣。新时代，中华民族伟大复兴已进入不可逆转的历史进程，教育发展在经历了"以西释中"到"化西为中"后，正处于"内生创新"的阶段。在"内生创新"的过程中，教师"为天下大同而教"，就是以胸怀天下的眼光看待、理解自己的教育教学，把握时代发展的大势，在践行社会主义核心价值观的同时，实现全人类的共同价值。习近平总书记指出："和平、发展、公平、正义、民主、自由，是全人类的共同价值，也是联合国的崇高目标。"①当教师确立了"为天下大同而教"的理想信念之后，就不仅能用正确的价值观引领学生的发展，而且能扩大教育强国建设的视野，将教育强国建设融入人类命运共同体的构建中。

## 二、增强教育强国建设的内在品质

教育强国至少有两层含义：一是教育强的国家，此处的"强"是一个形容词；二是通过教育使国家强盛，此处的"强"是一个动词。教育强的国家与通过教育使国家强盛具有内在的统一性，因为"没有前一种意义上的'教育强国'（教育强的国家）的实现，就没有后一种意义上的'教育强国'（通过教育使国家强盛）"。而"所谓教育强的国家就是教育的综合实力强，这里

---

① 习近平：《携手构建合作共赢新伙伴 同心打造人类命运共同体——在第七十届联合国大会一般性辩论时的讲话》，载《人民日报》，2015-09-29。

面既包括教育的量的供给，也包括教育的品质提升，是教育的量的供给的充分性、便捷性与教育质量的优异性、公平性的统一"。① 教师的理想信念能增强教育强国建设的内在品质。教育强国建设的内在品质体现为"教育的自由、平等、担当、激活、区分等程度"，落实到教育实践上，就是"看教育是不是在努力育人，是不是在努力把学生培育成为真正的'人'"。② 真正的人理应是"求真""向善""臻美"之人，而教师的理想信念有助于培育这样的人。

教师的理想信念有助于培育"求真"之人。如果说教师"为国家强盛""为人民幸福""为天下大同"而"教"，主要回答的是为"谁"而教的问题，那么教师的"立德树人"的理想信念则主要回答的是为"何"而教的问题。"立德树人"既是教育教学的核心，也是教师安身立命的根本。教师一旦确立了"立德树人"的理想信念，那么其教育教学就有助于培育"真人"。"真人"有两层含义。一是"纯真之人"。"纯真之人心里怎么想，嘴上就怎么说；嘴上怎么说，行动上就怎么干；纯真之人阳阳光光，坦坦荡荡。""纯真之人"是言行一致、知行合一的人。二是"求真之人"。"求真之人对揭示自然现象的奥秘感兴趣，对追问社会问题的真相感兴趣，对探索人类发展的真理感兴趣。"③秉持立德树人理想信念的教师，在教育教学中，就会把培育"真人"作为自己的价值追求。全国教书育人楷模、东北师范大学荣誉教授

---

① 石中英：《教育强国：概念辨析、历史脉络与路径方法——学习领会党的二十大报告中有关教育强国建设的重要论述》，载《清华大学教育研究》，2023(1)。

② 吴康宁：《教育的品质：教育强国的"软实力"》，载《教育发展研究》，2015(11)。

③ 吴康宁：《教育的品质：教育强国的"软实力"》，载《教育发展研究》，2015(11)。

史宁中便是这样一位把培育"真人"作为自己的价值追求的教育家。史宁中从事数理统计研究，将约束条件下的统计推断引入国内，推动中国统计学的发展，在统计学领域面壁功深。他既是一位蜚声中外的统计学家，也是一位受万千学子爱戴的数学教育家。虽然已年过七旬，但史宁中仍坚持为研究生甚至本科生上课。用他的话说，自己始终坚持给本科生开展讲座，就是希望能够培养他们主动学习、求真求实的能力。几十年间，史宁中培养的学生遍布祖国各地。郑术蓉、吕世虎、刘晓玫……这些活跃于统计学和数学教育学领域的知名专家都是史宁中的学生，他们都在统计学的征途上不断"求真"，致力于成为"真人"。①

教师的理想信念有助于培育"向善"之人。教育不仅旨在促进学生求真，而且旨在完善学生的德行，健全学生的人格。在"立德树人"中，立德是根本，树人是归宿。"向善"之人是"容人之人"。"容人之人懂得生存于这个世界之中的不只有自己，而且有他人；轻视他人、忽视他人、无视他人乃至鄙视他人，到头来也会危及自己的生存。因此，容人之人会尊重他人的权利、倾听他人的表达、理解他人的选择、包容他人的风格。""向善"之人还是"爱人之人"。"爱人之人是高于容人之人的一个境界。爱人之人对于他人有爱怜之心与爱护之心，有助人利他之乐与奉献社会之乐。"②"向善"之人总是宽以待人、严于律己，是乐于助人、团结友爱之人。拥有理想信念的教师会用自己的仁爱之心唤醒、培育学生的德行，促进学生美好

---

① 徐萌：《做潜心育人的"大先生"——记东北师范大学教授史宁中》，载《中国教育报》，2023-09-05。

② 吴康宁：《教育的品质：教育强国的"软实力"》，载《教育发展研究》，2015(11)。

品质的养成。有仁爱之心的教师总是以亲切友善的目光看待每个学生，总能设身处地地关心每个学生的健康成长；有仁爱之心的教师总是以尊重信任的姿态关照学生，尊重学生的人格；有仁爱之心的教师总是以后生可畏的心态看待学生暂时的发展状态，对学生的未来发展给予充分的信任。"在于漪的教育生涯中，她带过许多'乱班乱年级'，她喻之为'考问感情与责任的难题'：'生命本来没有名字，没有高低贵贱之分，坏习气不是胎里带出来的，我做教师的责任是帮助他们洗刷污垢，要像对其他同学一样满腔热情满腔爱。'"于漪对每一个学生都以心换心，以情激情，以理疏导，用 60 年的教学生涯生动诠释了"学校是育人的神圣殿堂，理应是一方净土，摒弃邪恶、污浊和庸俗，营造高尚的氛围"。[①] 像于漪那般有理想信念的教师深知：教育作为人类自身的一种生产方式，是人类社会的一种永恒现象。教育这一永恒现象之所以发生，是因为教育能够使人成为人，而教育能够使人成为人的内在根据则是人自身具有发展的潜能。倘若人自身没有发展的潜能，教育将不可能存在。这也是教育的原意——"引导、引出"所蕴含的意义。所谓"引导、引出"，就意味着被教育者身上已经存在的某种东西可以供教育者去引导，去引出。[②] 在一定意义上，拥有理想信念的教师总是对学生满怀信任和希望。在他们眼里，学生具有"天天向上"的特质，总会发展得越来越好。因此，他们在促进学生认知发展的同时，就会日益完善其德行，使其成为"向善"之人。

--------

① 于漪：《于漪全集·基础教育卷》，114 页，上海，上海教育出版社，2018。
② 李润洲：《论教育民主的教育性》，载《徐州工程学院学报（社会科学版）》，2018(4)。

　　教师的理想信念有助于培育"臻美"之人。马克思指出："动物只是按照它所属的那个物种的尺度和需要来进行塑造，而人则懂得按照任何物种的尺度来进行生产，并且随时随地都能用内在固有的尺度来衡量对象；所以，人也按照美的规律来塑造物体。"①如果说"求真"有助于人们把握客观事物发展的外在尺度，"向善"有助于人们洞悉主体人的内在尺度，那么"臻美"则有助于人们将客观事物发展的外在尺度与主体人的内在尺度有机统一起来，创造一种"美"的世界。在此意义上，"臻美"之人首先是创造之人。其实，人不同于动物的最大之处就在于，人能在自我意识的驱动下创造出一个五彩缤纷的世界。正如孙正聿教授所言，神话是人对自然世界的超越，宗教是人对世俗世界的超越，艺术是人对无情世界的超越，伦理是人对个体世界的超越，科学是人对经验世界的超越，哲学是人对有限世界的超越。②③教师的理想信念作为一种观念性存在，本来就意味着对现实教育的一种超越，旨在使教育现实变成一种理想性存在，需要教师"守正创新"，即守教育发展之"正"，创教育发展之"新"。具有"守正创新"理想信念的教师，更能培育"臻美"之人。"臻美"之人还是自由的人，这里的自由不是任意妄为，也不是任性而为，而是自觉地将客观事物发展的外在尺度与主体人的内在尺度结合起来，使二者达到一种彼此成全、和谐平衡的"美"的状态。因此，自由的人是理智之人与德行之人的有机统一，也就是

---

　　①　［德］马克思：《1844 年经济学—哲学手稿》，刘丕坤译，50～51 页，北京，人民出版社，1979。

　　②　孙正聿：《人的文化世界（上）》，载《现代国企研究》，2013(9)。

　　③　孙正聿：《人的文化世界（下）》，载《现代国企研究》，2013(10)。

德智体美劳全面发展的社会主义建设者和接班人。

### 三、助推教育强国建设的外在成就

如果说教育强国既意味着"教育强的国家"，也意味着"通过教育使国家强盛"，[①] 那么"通过教育使国家强盛"就主要表现为教育强国建设的外在成就。华为创始人任正非曾说："一个国家强大的基础是什么？……硬件设施(是)没有灵魂的，灵魂在于文化、哲学、教育，在于人类文化素质。""教育是最好的国防。""把教育做好，国家就有了未来"，因为"一个国家的强盛，是在小学教师的讲台上完成的"。[②] 那么，为什么说一个国家的强盛，是在小学教师的讲台上完成的？小学教师又是怎样通过讲台实现国家强盛？显然，小学教师不可能直接通过讲台实现国家强盛，而是通过培育"求真""向善""臻美"之人来实现国家强盛的。倘若教师的理想信念有助于培育"求真""向善""臻美"之人，那么"求真"之人则有助于技术创新、经济发展，"向善"之人则有助于社会和谐、政治昌明，"臻美"之人则有助于文化进步、生态文明。

"求真"之人有助于技术创新、经济发展。技术创新与经济发展皆建立在人对客观事物的理性认识上，离开了人对客观事物的理性认识，技术创新与经济发展就失去了坚实的基础。尤其是在信息时代，经济发展更是依

---

① 石中英：《教育强国：概念辨析、历史脉络与路径方法——学习领会党的二十大报告中有关教育强国建设的重要论述》，载《清华大学教育研究》，2023(1)。

② 《任正非接受央视专访：一个国家的强盛，是在小学教师的讲台上完成的》，载《云南信息报》，2019-05-22。

赖于技术创新，需要"求真"之人对真理有准确的把握。对于何谓"真理"，不同的学者有不同的看法，但真理之所以为真理，至少是因为真理是与外部实际相符合的。人们之所以比较崇尚自然科学，是因为自然科学发现、揭示了关于自然世界的真理，并真实地描述、反映了独立存在的自然世界。当然，人文世界里也存在着真理。"求真"之人能清楚地意识到自己的主观意愿与客观事实的区别，不会将自己的主观意愿混同于客观事实，在想问题、办事情时，能将自己的行动建立在理性认识的基础上。拥有求是、创新理想信念的教师不仅能勇于探求真理，敢于创新实践，而且能培育学生热爱真理、勇攀科学高峰的志向，使探求真理、创新实践成为学生的一种行为习惯。比如，"中国科学院院士、南开大学教授周其林每天都是早上8点到实验室，晚上9点左右离开，一周至少工作6天……这个作息表一直到年过花甲也未改变，如同化学反应一样准确"。"周其林老师的学生在他的影响下，纷纷投身化学研究，向学术巅峰不断攀登。他为国家培养了70余名优秀博士和硕士，大多在国内外知名大学、研究机构、制药公司任职，其中两人获得国家杰出青年科学基金资助，两人获得优秀青年科学基金资助，一人入选国家万人计划，一人入选长江学者奖励计划，3人入选教育部新世纪优秀人才支持计划。"①学生带着求真的意志，不断进行创新，促进了科技创新与经济发展。

　　"向善"之人有助于社会和谐、政治昌明。"向善"之人拥有一颗仁爱之

---

　　① 人民教育编辑部：《他们为什么优秀？——十年百余名全国教书育人楷模分析报告》，载《人民教育》，2019(18)。

心。东汉的许慎在《说文解字》中对"仁"的解释是："仁，亲也。从人从二。""仁"生发于人与人之间，且携带着爱的情感。倘若用"向善"之人拥有的"仁爱"之心观人，则人人平等，人皆同胞；倘若用"向善"之人拥有的"仁爱"之心观物，则物我一体，人与万物相通。其实，人具有的"恻隐之心""羞恶之心""辞让之心""是非之心"，无非是人把人当作人来看待的结果，是人与人心灵相通的表征。"向善"之人拥有的"仁爱"之心，就使尊重他人、关爱众生成为一种必然。如果人们始终坚守"人是目的而不是手段"的信念，就能减少人与人之间不必要的猜忌、怨恨，从而有助于社会和谐。"向善"之人会表现出奉道直行、敬业乐群、与人为善的言行。有理想信念的教师秉持、倡导、践履社会主义核心价值观，并用社会主义核心价值观指导、规范自己的言行，进而涵养学生的仁爱之心，使学生成为"向善"之人。

"臻美"之人有助于文化进步、生态文明。人世间看似纷繁复杂，实际上是人、物以及人与物联结所生成的人事与物事。人一旦洞察了人、物、人事与物事之理，就有望抵达人与物和谐共生的"臻美"之境，成为"臻美"之人。《礼记·中庸》有云："喜怒哀乐之未发谓之中，发而皆中节谓之和。中也者，天下之大本也。和也者，天下之达道也。致中和，天地位焉，万物育焉。"[①]"中、和、位、育"，就意味着顺应人的喜怒哀乐之心性，导之于人事、物事之发生处，使其皆可"中"与"和"，进而天地得其"位"，万物得其"育"。作为合理与合情相统一的"臻美"之人，其突出的特点是能洞察

---

① 《十三经注疏》整理委员会：《礼记正义》，1422页，北京，北京大学出版社，1999。

时代精神，并在时代精神的统领下从事各种活动。如果说"当代中国的时代精神，就是以改革创新为核心的时代精神"，那么作为有理想信念的教师，势必将"改革创新"作为自己的座右铭。之所以要"改革创新"，是因为万事万物皆是由事物的内在矛盾不断推动发展、变化的，那种因循守旧、停滞不前的意识与想法，终究会因不符合万事万物的发展规律而被历史抛弃。人应始终保持"苟日新，日日新，又日新"的进取精神。习近平总书记指出："人无精神则不立，国无精神则不强。精神是一个民族赖以长久生存的灵魂，唯有精神上达到一定的高度，这个民族才能在历史的洪流中屹立不倒、奋勇向前。"[①]如果说在没有吃饱之前，人只有一种苦恼，那么在吃饱之后，他就可能会出现无数种苦恼。[②] 化解吃饱后的苦恼就得依赖于文化建设，就需要提升人的精神境界。作为实现了外在尺度与内在尺度有机统一的"臻美"之人，自然不再满足于物质的富足，而是有了更高的精神追求。他们会在胸怀天下和追求大同的理想感召下，推动文化进步，实现生态文明。

## 小　结

作为一种超越性的精神力量，教师的理想信念对教师的专业发展、学生理想信念的培养与教育强国建设皆具有重要意义。

---

① 《习近平谈治国理政》第二卷，47～48 页，北京，外文出版社，2017。
② 韩震：《论新时代的中国时代精神》，载《中国社会科学》，2023(1)。

　　教师的理想信念能提升师德的境界，增强师知的动能，指引师行的方向，进而全面促进教师的专业成长。教师的理想信念在影响学生的世界观、人生观和价值观的同时，能具象化地促进学生学习品质的养成，助推学生学习动力的提升，助力学生学习方式的进阶，从而使教师的理想信念成为学生全面发展的内生动力。教师的理想信念作为教育强国建设的精神力量，通过培育"求真""向善""臻美"之人，增强教育强国建设的内在品质，并助推教育强国建设的外在成就。

# 第三章

# 教师理想信念的历史变迁

◇◇◇◇◇◇◇◇◇◇◇◇◇◇◇◇◇◇◇◇◇◇◇◇◇◇

　　培育教师坚定和正确的理想信念，是一个复杂而艰苦的过程，它受到教师的生活经历、教育背景、所处社会文化环境以及教师专业发展培训等多种因素的影响。历史上的许多教师为今天的教师树立了榜样，为今日教师理想信念的培育提供了丰富的养分。新时代教师，一方面要继承和发扬前辈教师的优良传统，另一方面要结合时代特征和要求开拓创新。本章选取了我国和西方的十位优秀教育者，介绍了他们的理想信念，供大家学习和借鉴。

# 第一节　我国教师理想信念的传统

我国是四大文明古国之一，具有悠久的历史和璀璨的文化。中华文化绵延不绝、生生不息，这与中华民族重视教育的传统息息相关。《礼记·学记》中最早提出了"建国君民，教学为先"的观点。从汉高祖刘邦以太牢之礼祭祀孔子，到汉武帝独尊儒术建立官学体系，再到隋唐创立科举制度……直至今日实施科教兴国战略，两千多年来，我国形成了尊师重教的优良传统，形成了内涵丰富的教育思想，产生了一大批伟大的教育思想家和教育实践家。我们从中选取孔子、荀子、韩愈、王阳明和徐特立五位教育家，通过介绍他们的理想信念，以使大家窥斑见豹，了解我国教师理想信念的传统。

## 一、孔子的理想信念

孔子（公元前 551—前 479），春秋末期思想家、教育家，名丘，字仲尼，鲁国陬邑（今山东曲阜东南）人。孔子少时贫贱，学会了多种本领和谋生之道。孔子自述十五岁时"志于学"[①]。他所志之学，并非追名逐利之学，

---

① （清）刘宝楠：《论语正义》，43 页，北京，中华书局，1990。

而是"志于道"①。诚如朱熹所言，其所志之"道"是"大学之道"，即"在明明德，在亲民，在止于至善"之道，这也成为孔子的人生理想追求。从影响程度上讲，"志于道"是终身的，不是短暂的。孔子幼而勤奋学习，壮而积极从政，老而笔耕不辍，这是对他终身志于道的生动写照。从思想发展上讲，"志于道"是孔子追求"天下有道"的社会理想、培养守道弘道的君子的教育理想的内在动力。30 岁左右，他创立私学，招生不分贵贱长幼，因材施教，相传有三千弟子。他周游列国 14 年，虽然过着颠沛流离的生活，但是志向不改，积极进行教育活动和政治游说活动，传播自己的思想，推动理想社会的实现。他晚年致力于教育，整理《诗》《书》等古代文献。其学以"仁"为核心，认为"仁"即爱人，提出"己所不欲，勿施于人""己欲立而立人，己欲达而达人"等基本原则。他说："克己复礼为仁。"他对"仁"的思想的强调，表现了他对人本身的重视。他相信天命，但又重视人为，在生活和学习上秉持积极的态度。在认识论和教育思想方面，他强调"学而时习之"，提倡"不知为不知"的求实态度；注重"学"与"思"的结合，提出"学而不思则罔，思而不学则殆"和"温故而知新"等命题；主张"有教无类"，因材施教，并有"学而不厌，诲人不倦"的精神。

孔子生活在"天下无道"的春秋末期，"自周室东迁，王纲解纽，先是诸侯取代周天子，继而大夫取代诸侯，终而家臣取代大夫，甚至发生了'处士横议'"②，可谓礼崩乐坏。孔子对这种社会现状感到不满，穷极思

---

① （清）刘宝楠：《论语正义》，257 页，北京，中华书局，1990。
② 冯憬远：《孔子的社会理想》，载《郑州大学学报（哲学社会科学版）》，1991(5)。

变，于是提出要建立"天下有道"的理想社会。① 把"天下无道"变为"天下有道"是指把一个偏离正轨的、没有规则的、不合标准的有缺陷的乃至充满罪恶的社会改造成为美好的社会。

要建立"天下有道"的社会，不能只靠想象，必须通过实践方可实现。孔子的实践主要有如下三条路径。

一是整理典籍：修《诗》《书》，订《礼》《乐》，序《周易》。《白虎通义·五经》中的记载可以反映出孔子对理想社会的执着追求："孔子所以定五经者何？以为孔子居周之末世，王道陵迟，礼乐废坏，强陵弱，众暴寡，天子不敢诛，方伯不敢伐。闵道德之不行，故周流应聘，冀行其道德。自卫反鲁，自知不用，故追定五经以行其道。故孔子曰，《书》曰，孝乎，惟孝，友于兄弟，施于有政。是亦为政也。"

二是通过直接参与政治，将自己的社会理想应用到实践当中。在态度上，孔子积极追求入仕为官。"子贡曰：'有美玉于斯，韫椟而藏诸？求善贾而沽诸？'子曰：'沽之哉！沽之哉！我待贾者也。'"②"子曰：'夫召我者，而岂徒哉？如有用我者，吾其为东周乎？'"③由此我们可以看出孔子渴望入仕为官的心情。事实上，孔子入仕为官的时间极其短暂，因为他的政治主张与当政者不合。不合的是什么？是孔子坚持的"道"，是孔子要实现"天下有道"的社会理想。虽然离开仕途，但在周游列国期间，他仍矢志不渝，积极宣传自己的思想学说，希望通过让当政者采纳自己的思想主张来实现

---

① 冯憬远：《孔子的社会理想》，载《郑州大学学报（哲学社会科学版）》，1991(5)。
② （清）刘宝楠：《论语正义》，342页，北京，中华书局，1990。
③ （清）刘宝楠：《论语正义》，681页，北京，中华书局，1990。

"天下有道"的社会理想。

三是办私学，广收门徒，通过培养参与政治的人才来实现自己的社会理想。孔子认为，建立统一、完善的社会，不能通过战争强力征服，凡恃战争强力者都不能真正服人，需要依靠道德教化。《论语·季氏》中的"季氏将伐颛臾"集中反映了孔子重视教化、反对武力的主张。在这段对话中，孔子责备弟子在季氏伐颛臾时没能尽职责阻止，强调公正社会制度建立的重要性，强调通过重教化、修文德使四方拥护。这些均表明孔子反对战争、强调道德教化在社会秩序建立中的作用。

孔子十分重视教育的作用，从"性相近，习相远"的角度，强调教育对个体发展的意义[①]；从化民成俗、立国治国的角度，强调教育对建立理想社会的意义。"志于道"，"谋于道"，能够"喻义"，是孔子主张的君子的理想人格。王柏棣和王英杰认为，能力是君子的根，仁德是君子的魂，"义然后取"是君子的标尺，守道是君子的底线等。[②] 那么如何培养君子呢？孔子在政治思想上主张恢复周朝的礼制，但又不能全盘接受，而是要有所革新。革新方案中的重要一条就是"举贤"，这就需要打破原来世袭的限制，向平民尤其是士阶层放权。孔子主张"有教无类"，即人们不分贵贱、年龄、贫富等，都可以入学接受教育。孔子通过创办私学和实施"有教无类"的平民教育，改变了"学在官府"的格局。"孔子弟子，多起微贱。……故平民以学术进身而预贵族之位，自儒而始盛也。"[③]在教育内容上，孔子继

---

① 朱永新：《中国教育思想史》，20 页，上海，上海交通大学出版社，2011。

② 王柏棣、王英杰：《孔子的理想结构及其实践逻辑》，载《北方论丛》，2018(4)。

③ 钱穆：《先秦诸子系年考辨》，77 页，上海，上海书店，1992。

承了西周时期的教育传统，强调"六艺"（礼、乐、射、御、书、数）教育，通过教授"六艺"培养学生的为政之道。在长期的实践中，孔子形成了一套既行之有效又影响深远的教育原则与方法，如学思行结合、启发诱导、以身作则、因材施教、好学乐学、师生配合、实事求是、发挥主体自觉性等。简言之，孔子重视教化，主张通过教育，培养能够承担起实现"天下有道"的社会责任的君子。孔子在教育实践中，以实现"天下有道"的理想为指引，积极践行自己的教育主张和理想信念，积极践行有教无类、诲人不倦、改过迁善、敬业爱生和教学相长等教育思想，成为万世师表。

## 二、荀子的理想信念

荀子（约公元前 313—前 238），战国末期思想家、教育家，名况，时人尊而号为"卿"，又名孙卿，赵国人。荀子年轻时便志向高远，游学各国，力求精进。在 15 岁时，到齐国稷下学宫游学并长期居住于齐国。公元前 286 年左右，荀子看到齐国存在危机，就向齐相进谏献策，未被采纳，遂离开齐国到楚国，直到公元前 275 年才重返齐国。作为具有很高学术成就且德高望重的大学者，在稷下学宫"最为老师"，"三为祭酒"。荀子在稷下学宫的经历，促使其博采众长，成为先秦时代百家争鸣的集大成者。

荀子主张"士君子不为贫穷怠乎道"①，强调士君子要坚守、弘扬儒家的礼义道德，强调人群社会共同遵守的大道。

---

① 《荀子》，方勇、李波译注，17 页，北京，中华书局，2011。

　　荀子的社会理想的核心理念是"群居和一"。"群居和一"的含义应从两个方面来理解：一方面是指国家、社会对民负责，以民为本，把爱民、重民、富民作为基本的治国方略；另一方面是指人生活在群体中，要树立群体意识，人对群体应有责任感、义务观念和奉献精神。关于"群居和一"，荀子认为，人通过分工过着群居的生活，存在着利益的调节和分配问题，需要用礼义来调节人与人之间的利益关系，只有这样，才能约束并规范人们的行为，从而实现"群居和一"。"群居和一"的社会是一种以社会现实为基础、以差异为前提的有序的和谐社会。在荀子看来，"群"具有重要的作用。"群"是人之所以为人、人与其他动物相区别的根本标志。人因有"义"而能"群"，人活着不能没有社会群体。"群"也是人能够运用自然之力得以生存、提升生活质量的必要条件。"故百技所成，所以养一人也。而能不能兼技，人不能兼官，离居不相待则穷，群而无分则争。"[①]从这个角度讲，国家的统治者应该是"能群""善群""合群"的人，应能够将人心凝聚在一起。

　　陈中浙认为，荀子的"和"主要是指社会和谐，包括个人身心、人与人、家庭以及社会的和谐，具体体现在对社会成员的物质欲求的合理满足、人们行为处世的中庸、对资源的节约和经济的发展、对人的精神修养的提升等方面。荀子的"一"是指社会上下同心一致，因为"一则多力，多力则强，强则胜物"；是指一统天下，荀子也曾为统一天下而周游列国；是指在层级差异中体现出来的"齐一"原则，强调在不同的职权义务当中获

---

　　① 《荀子》，方勇、李波译注，138 页，北京，中华书局，2011。

得与之相应的明分财物，强调分配的"合理性"。① "群居"与"和一"具有内在的逻辑关系，互为保障和要求，共同构成了荀子的理想社会形态——有差异又有秩序的和谐社会。总之，荀子在文化上，强调礼义教化；在政治上，强调等级有差、和谐有序。

"群居和一"社会的建立离不开教育，这主要体现在四个方面。一是"化性起伪"离不开教育。人性论是荀子教育思想的基础，也是荀子社会理想的基础。与孟子从本质意义上讲的"性善论"不同，荀子主张"性恶论"，认为人性生来是恶的，"其善者伪也"，要有"师法之化，礼义之道"，人才可以为善，重视教育对人的影响。也就是说，人可以通过接受教育改变"伪"。只有化性起伪，才能保证社会安定。二是"隆礼至法"是"群居和一"社会的根本大法。正所谓"隆礼至法，则国有常"，而礼法是通过教育实现的，教育也成为社会治理的重要手段。三是"善假于物"需要通过教育来实现。从生存论意义上来讲，人的生存能力不及其他动物，但人具有学习能力，能够通过学习增强自身能力，增强征服自然的能力。四是治理国家需要大兴礼义教化，需要培养大批的贤能之士，需要"尚贤使能"。"大儒"等贤能之士要依靠教育来培养。培养"大儒"成为荀子的教育目的和教育理想。荀子将人才分为"俗人""俗儒""雅儒""大儒"四个层次。② "俗人"不以学问为事，不讲求正义，把追求财富、实利当作自己的最高目标。"俗儒"宽衣博带，峻高其冠，穿儒者服，只知粗略地效法先王，学说怪谬，举止

---

① 陈中浙：《和谐社会的儒家哲学基础——以荀子"群居和一"的政治理想为中心》，载《哲学研究》，2007(5)。

② 《荀子》，方勇、李波译注，107 页，北京，中华书局，2011。

杂乱，不尊礼义，不知耻恶，顺从显贵，无独立意志。"雅儒"懂得取法后王并能统一古今制度，轻《诗》《书》而隆礼义，尊贤人而畏礼法，虽然遇到典籍礼法未言明的或自己未见过的问题而不知所措，拙于应对，但能够坦承自己无知而不自欺欺人，光明坦荡。唯有"大儒"，知识广博，能融会贯通、触类旁通，能够"法先王，统礼义，一制度，以浅持博，以古持今，以一持万"①，能够从容应对从未见过的新情况、新问题，自如地治理国家。在荀子看来，教育的理想目标就是培养"大儒"，即德才兼备、言行并重的人。德就是要忠于君主，但又要保持自身的独立人格，办事公正，是非分明，不追求物欲的满足；才就是能运用礼法自如地治理国家。荀子是首个把德才兼备、言行并重作为教育培养目标并加以阐述的学者。②

荀子认为，每个人的自然状态、先天素质是相同的，不存在先天的"圣人""君子"，也不存在天生的"小人"。仁义礼法具有可以被人认识、被人掌握的特性，而且人人可以习得，"涂之人可以为禹"③，"涂之人百姓积善而全尽谓之圣人"④，"君子""小人"的差异是后天作用的结果。这既肯定了教育的巨大作用，也阐明了教育的必要性和可能性。荀子认为，成为"君子""小人"的关键之别在于"为"与"不为"。通过"为"，人可以习得一技之长，获得某种职业；可以解蔽启智，改变自己的社会地位和生存状态；可以掌握礼义，成为"圣人""大儒"。荀子认为，教育的过程就是不断累积

---

① 《荀子》，方勇、李波译注，107 页，北京，中华书局，2011。
② 孙培青：《中国教育史》(修订版)，78~79 页，上海，华东师范大学出版社，2000。
③ 《荀子》，方勇、李波译注，385 页，北京，中华书局，2011。
④ 《荀子》，方勇、李波译注，110 页，北京，中华书局，2011。

起礼义的过程。在这个过程中，人不断获得知识，改变认识，修养道德，增长才干。所以，荀子特别注重古代典籍的学习，且认为学习不同的典籍具有不同的作用。荀子认为，学习是分阶段的："不闻不若闻之，闻之不若见之，见之不若知之，知之不若行之。学至于行之而止矣。行之，明也，明之为圣人。"①荀子特别强调，行是学习必不可少的阶段，它是验证知识真假的方法，是指向人的社会实践的。这种指向性体现在教化民众、治国理政之中。实践就是明达事理，明达事理的人便是圣人。

在中国教育史上，荀子是首位全面阐述教师地位与作用的教育家。荀子认为，"只有尊重教师，社会制度和法律才能健全起来并得到遵守"，他"明确提出教师的作用关系到国家的兴衰、法制的存废和人心的善恶这一思想"。② 教师地位之高的原因在于"礼"的地位高。"礼"是用于矫正人的思想行为的，"礼"的实施关键在教师，所以他也十分强调师法，认为师法是让人速通礼义而化成品格的前提条件，强调学习必须有师长，必须依师法而行。荀子强调尊师重师，但也对教师提出了很高的要求，强调教师应"尊严而惮""耆艾而信""诵说而不陵不犯""知微而论"③。也就是说，教师应该具备四项基本素养：一是有尊严，令学生敬畏；二是有威信，德高望重；三是讲授经义有条理，遵师法；四是深谙经之微言大义，善于阐发。荀子本身就是深谙并践行为师之道的代表，在稷下学宫，荀子"最为老师"。他教授了一大批优秀人才，其中不乏治国安邦的政治家、思想家，

---

① 《荀子》，方勇、李波译注，109 页，北京，中华书局，2011。

② 朱永新：《中国教育思想史》，147 页，上海，上海交通大学出版社，2011。

③ 《荀子》，方勇、李波译注，225 页，北京，中华书局，2011。

较著名的有韩非、李斯等。

## 三、韩愈的理想信念

韩愈(768—824),字退之,唐代杰出的文学家、哲学家和教育家,自谓郡望昌黎,世称韩昌黎。早孤,由兄嫂抚养,刻苦自学,贞元年间登进士第,曾任监察御史,后以事贬为阳山令。赦还后,曾任国子博士、刑部侍郎等职。参与平定淮西之役。因谏阻宪宗迎佛骨,被贬为潮州刺史。韩愈官至吏部侍郎,卒谥文,后世多称"韩文公"。他在政治上反对藩镇割据,在思想上尊崇儒学,诋排佛老。他倡导学习先秦两汉的散文,提倡古文运动,成为古文运动的领袖。所作《原道》《原性》,强调自尧舜至孔孟一脉相传的道统,维护儒家的正统地位。在《师说》中提出了"弟子不必不如师,师不必贤于弟子"的合理见解。

自汉朝确立儒学的正统地位以来,直至韩愈生活的中唐时期,封建社会的政治、经济、思想发生了很大变化。在安史之乱之后,由于社会矛盾加剧,传统儒家思想的局限性,尤其是在人生观方面的局限性凸显出来,作为封建社会精神支柱的儒家思想影响式微,而此时佛教、道教盛行。面对如此情景,韩愈并不像中唐诸多士人一样,"真乘法印,与儒典并用","统合儒释"①,更没有醉心于佛老,意志消沉,而是秉持儒家的理想信念,形成了勇于坚持、敢于批判的品格。韩愈认为,安史之乱以来,社会动荡

---

① (唐)柳宗元:《柳河东集》,422~423 页,上海,上海古籍出版社,2008。

和危机四伏的根本原因在于统治者放弃儒学，倾心佛老。儒学衰微、佛老兴盛，遂使仁义道德之学不传，天下反以佛老之说为"道"。他不惮贬谪，上书反对迎佛骨。针对佛老的"法统""佛统"，他撰写了《原道》，提出了恢复儒学"道统"的文化理想，倡导古文运动，强调文以载道，排斥佛老。韩愈将仁义归于道，倡导天下为公。韩愈所主张的"道"相对于仁义更具抽象性，也更具核心性，贯穿于人们生活的方方面面。"道统"贯穿儒家思想始终，从尧开始，经舜、禹、汤、文、武、周公到孔孟，构成了儒家的系统整体，形成了儒家思想谱系。韩愈首次把"道"作为儒家思想的一个核心概念重新阐释，并把"道"奉为自己的理想信念。在社会政治领域中，韩愈从"古""今"对立的角度分析儒道和佛老的天壤之别和不可调和之处，"以'先王之道'曾拥有的黄金时代映照佛老的虚妄祸害，更以佛老对中国社会政治的危害性鲜明地突出恢复和维护'先王之道'的必要性"①。

在人生观领域，佛老认为"道德"无仁无义，注重个人修持但消极避世，弃君臣去父子，禁相生相养之道，以求清净寂灭。韩愈强调经籍及礼乐刑政，继承儒家的经世精神，持肯定世界的态度。他倡导儒学的人生观，与佛老针锋相对地论身心性命，建立儒学的身心性命学说，并将《大学》的诚意正心、修齐治平思想作为人生学说的思想基础，强调内求心性诚明，外重社会责任担当，认为人生理想在于对国家和社会有所贡献；只有将个人的价值理想与社会、国家的相统一，自我价值才能真正得以实

---

① 叶赋桂：《韩愈之道：社会政治与人生的统一》，载《清华大学学报（哲学社会科学版）》，1996(1)。

现；修养心性的目的不在于单纯的个人满足，而要落在天下国家上，落在与儒学的社会政治相统一上，实现"个人内外一致，社会治教合一"①。如此，韩愈构建起了以"道"为形而上基础、以周初礼制为基本原则的儒家理想社会。② 这一社会的政治理想形态由君、臣、民三层社会地位的人构成。他们各自职责分工不同，各安其位，各司其职，相生相养。需要说明的是，韩愈所谓之民包括士、农、工、商，并且"四民并重"，无高低贵贱之分。这是对古代儒家重农思想的超越。

无论是复兴儒学，恢复"道统"，还是建立统一的，人人居其位、司其职、相生养的社会秩序，都离不开教育的作用。韩愈在批评佛老的同时，倡导古代的圣王之教，强调"学所以为道"③。他认为，教育的目的就是"为道"，教育的任务就是培养"载道""兴道"的人，培养治国兴邦的人才。韩愈一生积极参与教育活动，一方面直接参与教育，另一方面积极兴办教育。韩愈能为人师，敢为人师，善为人师，广收门人弟子；著名的有李翱、张籍、皇甫湜等，世称"韩门弟子"。韩愈曾任四门博士、国子祭酒等职，大力兴办教育。在任地方官时，韩愈也十分重视教育，曾写下《子产不毁乡校颂》，歌颂子产不破坏教育，批评当时社会不重视教育，并积极办学校、兴教化。

---

① 叶赋桂：《韩愈之道：社会政治与人生的统一》，载《清华大学学报（哲学社会科学版）》，1996(1)。

② 郭伟川：《韩愈政治哲学的核心思想在于儒家礼治——兼论韩学启于唐而盛于宋的历史背景》，载《周口师范高等专科学校学报》，1999(3)。

③ （唐）韩愈：《韩昌黎集》第五册，23页，上海，商务印书馆，1933。

　　韩愈不仅坚信教育的社会作用，而且从人性论的角度肯定了教育在个人发展中的作用。他认为人性分为上、中、下三品，有仁、义、礼、智、信五项道德内容。上品的人是善的，中品的人是可导而上下的，下品的人是恶的。韩愈所说的"性"是与生俱来的自然之性，是人出生时之"善恶"。人性中还有"情"的成分，"情"是人接触外物后所产生的内心反应，具有喜、怒、哀、惧、爱、恶、欲七种具体表现。"情"与"性"一样，也分为上、中、下三品。二者的关系是"性之于情视其品"，"情之于性视其品"，它们在层次上是双向对应的。在韩愈看来，教育主要对中、上两品的人起作用。教育者要通过教授儒家经典，将人性中的仁、义、礼、智、信激发出来。

　　韩愈鉴于当时世风日下、官学衰落、人们耻于为师从师的状况，抨击时弊，倡导师道，遂作《师说》。韩愈开篇即讲了教师的作用："师者，所以传道授业解惑也。"习近平总书记在同北京师范大学师生代表座谈时引用了这句话。可见，这是后世为师者的行为标准。"传道"，即传授儒家仁义之道，是教师的首要任务，是教师之所以为教师的根本所在，也是教师应坚持的理想信念。"授业"，即讲授"六艺"等儒家经典。"解惑"，是指对学生在学习中遇到的问题的解答，也指对学生在成长道路上遇到的人生疑惑的解答与指导。在古代教育中，为师的标准不同，或以年龄为标准，长者为师；或以地位为标准，尊者为师；或以职务为标准，以吏为师；等等。但在韩愈看来，教师的标准在于"道"。无论地位出身、年龄相貌如何，只要掌握儒道，学有所成，都可以为人师表。正所谓："无贵无贱，无长无少，道之所存，师之所存也。"韩愈还提出了"圣人无常师"的观点，并以

"孔子师郯子、苌弘、师襄、老聃"和"三人行，必有我师焉"之言为例进行说明，进而得出结论："弟子不必不如师，师不必贤于弟子，闻道有先后，术业有专攻，如是而已。"这颠覆了传统的师生角色固化观念，认为师生关系在一定条件下是可以转化的，其关键条件就是"道"。这否定了封建社会教师绝对权威的师道尊严，看似是对师道尊严的否定，实则是对民主平等的师生关系的宣扬，更符合时代发展的师生关系观。

## 四、王阳明的理想信念

王阳明（1472—1529），字伯安，余姚（今属浙江）人。尝筑室故乡阳明洞中，读书讲学，自号阳明子，后世称阳明先生。明代著名的理学家、教育家，具有高尚的品格、卓越的功勋和精微的学说，是公认的"立德、立功、立言"的真三不朽之人。

王阳明出身于书香门第。曾祖父王杰和祖父王伦均博览群书，通晓经籍。父亲王华，状元及第，官至南京吏部尚书，曾担任皇帝的日讲官。在浓厚的家庭文化氛围的熏陶下，王阳明从小就勤奋好学，饱览群书。11岁，王阳明与私塾先生在问对中提出"读书学圣贤"为第一等事，这也成为王阳明的人生理想。可见他立志之早、立志境界之高，后也证明其立志之坚定不移。15岁，游居庸三关，有经略四方之志。18岁，从江西归浙江，途中谒著名理学家娄谅，论程朱格物之学。21岁，根据朱熹之说，从事"格物"之学，格竹不得其理，引起旧疾复发才停止，将志向转向辞章之学。26岁，学习兵法。27岁，偶遇道士，与之谈养生之术。28岁，中进士。31 岁，告病回浙江，行道家导引之术。34 岁，在京城开始讲学。当时学者溺于辞章记诵，不知道身心学问为何，王阳明却倡导身心之学，教人先立圣人之志，并专志授徒。35 岁，因上书救言官戴铣等人，廷杖四十，下诏狱，被贬为贵州龙场驿驿丞。37 岁，始悟格物致知的道理，强调立志、勤学、改过、择善。38 岁，主持贵阳书院，始悟知行合一。39 岁，任庐陵知县，不事刑威，以开导人心为本；教人静坐自悟，认为功夫门径上尚无定法；与黄绾、应良论圣人境界，提出要廓清心体，方能真性始见。43 岁，因见学者流入"空虚"，只作新奇之论，遂颇感后悔，笃志圣学。47 岁，在病中仍继续平定诸寇，兴立社学，修建濂溪书院。48 岁，平朱宸濠之乱。54 岁，论述了"致良知""格物"的含义，并提出"天地万物一体"，修建阳明书院。56 岁，与钱德洪和王畿在天泉桥上讨论"四句教""四无之说"，即著名的"天泉证道"。57 岁，在田州等地大兴学校，后在北归舟中病逝。临终前，弟子周积垂泪问遗言，王阳明微笑回答："此心光明，亦复何言？"[①]遂瞑目而逝。

王阳明生活在明朝中叶，彼时政治腐败，皇帝昏庸、荒唐；官场黑暗，宦官专权；土地兼并日益严重，民不聊生，农民起义屡发，盗贼滋生，社会动荡。在王阳明看来，社会动乱的原因在于社会私欲严重，学术不明。因此，王阳明主张明学术，变世风，以成天下之治，安天下之民，从而建立"三代之治"的理想社会。

---

① 《王阳明全集》，115 页，武汉，华中科技大学出版社，2015。

《答顾东桥书》是王阳明对理想社会的"宣言书"①，在继承与创新中集中描绘了"三代之治"的理想图景。唐、虞、三代之世的圣人为挽救世道人心，用"天地万物为一体"的仁教化天下，使其"克其私、去其蔽，以复其心体之同然"，所教纲目为"道心惟微，惟精惟一，允执厥中"，讲求"父子有亲、君臣有义、夫妇有别、长幼有序、朋友有信"，教者学者都以恢复仁心、克除私欲、明人伦为目标。"三代之治"的社会，不仅可使人人得圣人之教，而且和谐有序，运行高效。在这里，人人以成德为务，人人各勤其业、各守其分、各履其责、各尽其能，同心一德、相生相养，志气通达、亲如一家，没有高低贵贱之分，没有希高慕外之心。在"三代之治"中，除了人与人、人与自我、人与社会之间的关系和谐有序外，人与自然也"同为一体"。综之，每一个成员都具有万物一体的仁心，怀着这种仁心，成为"大人""圣人"，在政治社会里，各司其职，各安其分，践行儒家的伦理道德，构建良好有序的社会生活，从而确立以万物一体为精神秩序的理想共同体。②

王阳明不仅勾勒了"三代之治"的理想蓝图，还积极实践这种思想。下面我们主要从倡导学术、勤于政治、兴办教育三个方面来说明。

一是倡导学术。既然学术不明是社会动乱的重要原因，那么要建立昌明安定的社会，就需要倡导学术。王阳明倡导的学术，简言之，就是"致良知"。他很早就悟得"良知"二字，只是没有将其理论化，后经实践体认

---

① 王中原：《王阳明政治伦理思想研究》，博士学位论文，中南大学，2010。

② 朱承：《治心与治世——王阳明哲学的政治向度》，84页，上海，上海人民出版社，2008。

才思虑清楚，开始"致良知"之教，并将其视为"真吾圣门正法眼藏"，可见"致良知"在王阳明思想中的地位和作用。"良知"是王阳明在继承孟子思想的基础上发展起来的。"良知"是"道""吾心"的本体，是天地道德的根本；是"天理"，是至高且最具普遍性的道德标准；是判断是非、识别善恶、检验真假的标准和尺度。"致良知"是将即物穷理的认知活动转化为道德实践活动，是要突破私欲，将自己的良知扩展到人人、事事、物物上。于是，"致良知"也成为实现道德理想的一种根本方法，其"最终目标则是通过良知实践以实现万物一体的理想社会"[①]。

二是勤于政治。王阳明从政三十余年，他从政是为了有一个实现社会理想的平台，从而促进政治安定，社会安宁。他数次领兵打仗，平叛乱，荡贼寇，尤其是在平定广西动乱的过程中，他采用招抚策略，不折一矢，不损一卒，保全了数万民众的性命。这是王阳明为建立有序社会所做出的努力，也是王阳明行德政的体现。王阳明认为，人心向善者多，关键在于执政者要治理得法，只有那样社会才能安定。他主张宽恤百姓，爱护人民，发展生产；注重移风易俗，通过颁告谕、立乡约、褒忠孝，倡导仁、义、礼、智、信，改鄙去弊，敦化风俗。

三是兴办教育。一方面，兴办社学，在各地设立学校或乡馆，聘请教师教学，歌诗习礼，规范礼仪，阐明正学，讲析义理。他还要求所辖各地官府要支持社学，通过改变民众的思想认知、社会风气，推进社会之治。

---

① 吴震：《万物一体——阳明心学关于建构理想社会的一项理论表述》，载《杭州师范大学学报（社会科学版）》，2010(1)。

另一方面，兴建书院，开门授徒。王阳明通过讲学，传播先哲及自己的思想学说，既能兴学术，又能培养认同自己学说、认同自己社会理想并践行之的人才，还能培养治理社会的人才。他在讲学时热情奔放，富有感染力，形式灵活，吸引了来自各方的学生前来问学。他曾在《诸生夜坐》记言："讲习有真乐，谈笑无俗流。缅怀风沂兴，千载相为谋。"由此可见，他热爱讲学并且与学生感情甚好。42岁时，他在越州，多在登山游水间启发学生；在滁州，"日与门人遨游琅琊、瀼泉间。月夕则环龙潭而坐者数百人，歌声振山谷，诸生随地请正，踊跃歌舞"①。53岁时于稽山书院，阐述"致良知"之学，试八邑诸生，选其优者升于书院。因其教学方法得当，人人学有所得。

在长期的教育实践中，王阳明形成了自己的教育理想信念。在教育目的上，他认为要培养"圣人"，培养具有很高道德修养的人——"纯乎天理""无人欲之杂"。他认为人人都有成为"圣人"的潜质，只要肯努力，凡人甚至"愚夫愚妇"都有成为"圣人"的可能。教育的作用是"去其昏蔽"，以"致良知"。教育的任务是"明伦成德"，培养明白父子、君臣、夫妇、长幼、朋友之道，具有仁、义、礼、智、信等儒家道德修养的学生。他还提出了道德修养的方法，要静处体悟，摒除一切私心杂念，发明本心；要在事上磨炼，结合具体事物、具体情境，"体究践履，实地用功"；要省察克治，不断自我反省和检查，自觉克制各种私欲；要贵于改过，在道德实践中坚持实事求是的精神和向前的态度。王阳明十分重视学生的个体差异，把学

---

① 《王阳明全集》，22页，武汉，华中科技大学出版社，2015。

生分为勇于进取的"狂者"和柔性保守的"狷者"。他认为两类学生各有长短，教师应在教学上灵活应对。他还认为，好的教师要因材施教，就如同良医会根据病人的虚实、强弱、寒热有针对性地进行调理。王阳明也十分重视教师的修养，认为教师只有道德修养高，对"道"坚信不疑，即"师严道尊"，才能为人师表。他继承了韩愈的"传道授业解惑""道之所存，师之所存"的传统，继承了孔子"诲人不倦"的风范，倡导师生相互"责善""问难"，以促进"教学相长"。他是这样倡导的，也是这样实践的，因此受到学生的爱戴。

## 五、徐特立的理想信念

徐特立（1877—1968），又名徐立华，原名懋恂，字师陶，湖南长沙人。中国无产阶级革命家、教育家，被尊为"延安五老"之一。党中央曾评价他"对自己学而不厌"，"对别人诲人不倦"，是"中国杰出的革命教育家"。毛泽东在徐特立六十大寿时在给他写的祝寿信中深情地说："你是我二十年前的先生，你现在仍然是我的先生，你将来必定还是我的先生。……你是革命第一，工作第一，他人第一……"①

徐特立4岁丧母，父兄种田，家境贫困。9岁入私塾读书，15岁辍学之后自学。18岁起充任塾师，在教书谋生的同时，更注重治学问道。20岁，制订"十年破产读书计划"，在研读古籍时，也涉猎了自然科学。28

---

① 《毛泽东文集》第一卷，477页，北京，人民出版社，1993。

岁，在革命学说方面，走上了"反康梁而相信孙文的道路"。31 岁，发动长沙全城学校罢课，反对湖广总督张之洞将"官督商办"的粤汉铁路筑路权收归"国有"。34 岁，参加辛亥革命。在辛亥革命受到严重挫折后，所期待的民主共和国化为泡影，于是决定回到教育界，决心"用教育来改革人心"，成为"教育救国论者"①。之后，徐特立积极兴办教育事业，参与教育工作，并自豪地说："长沙县的教育，民国八年以前，差不多都是我一手办的。"②徐特立在湖南省立第一师范学校任教期间，毛泽东、蔡和森、李维汉等都是他的学生。43 岁，赴法国勤工俭学，并考察欧洲的教育。对于一个有 20 余年教龄，在湖南政界、教育界均有影响力的教育者来说，"不怕人家笑话我是'扶拐棍的老学生'"③，决心求学，做一个有学问的新人物，实属难能可贵。49 岁，回到湖南家乡调研，发现家乡发生了翻天覆地的变化，看到了农民力量的强大，转变了之前"教育救国"的观念，积极投入国民革命中。50 岁，参加反蒋示威大会，毅然决然地加入共产党，踏上无产阶级革命的征途。51 岁，被派往苏联莫斯科中山大学学习。53 岁回到中央苏区，积极投身教育事业，被称为"红区教育的辛勤园丁"。④ 57 岁，随中央红军从瑞金出发踏上二万五千里长征路。58 岁起，在革命根据地不同地方主持教育行政工作，之后一直以高昂的斗志战斗在教育战线上。1949 年

---

① 湖南省长沙师范学校：《徐特立文集》，108 页，长沙，湖南人民出版社，1980。
② 湖南省长沙师范学校：《徐特立文集》，108 页，长沙，湖南人民出版社，1980。
③ 湖南省长沙师范学校：《徐特立文集》，586 页，长沙，湖南人民出版社，1980。
④ 湖南省长沙师范学校：《怀念徐特立同志》，14～17 页，长沙，湖南人民出版社，1979。

后，先后任中央人民政府委员会委员，全国人大常委会委员，中国共产党第七、第八届中央委员等。79 岁，因年龄太大，记忆力减退，主动让贤，提出辞去中共中央宣传部副部长职务。

1968 年 11 月 28 日，"平凡伟大马列真，一代师表启后昆"①的徐特立在北京逝世，享年 91 岁。他曾对好友谢觉哉说，人一天没停止前进，就没有老，一旦停止前进就老了。他一直践行"活到老、学到老、工作到老"的理念。为了勉励与鞭策自己，他制订了一个二十年学习和工作计划，并将其作为晚年的奋斗目标，积极投身教育事业，为教育事业发光发热。陆定一在《人民教育家》一文中高度评价了徐特立："人民教育家徐特立同志，就这样给全党同志上了第一课：困难时不要动摇，应当更坚定的奋斗，革命是一定胜利的。徐老给我们的教科书，就是他的入党，这本没有字的教科书，比什么教科书都好，也比什么教科书都重要。"②

徐特立在中国革命最危险的时候加入共产党，是共产主义理想信念的坚定信奉者。他把一生都献给了教育，从朴素的教育救国论者成长为人民教育家。他十分重视共产主义教育事业，并形成了较为系统的教育思想。在教育理论观上，他认为教育理论应该是联系实际的，而不是不可实行的高论、无内容的空论；是可行的，而不是束之高阁的泛论、无生命的教条；是能为实际工作者掌握并加以运用的，而不是供少数人研究的神秘化的理论、无规律无条理的常识。③ 这体现出了他教育的理论自觉性。在教

---

① 湖南省长沙师范学校：《怀念徐特立同志》，218 页，长沙，湖南人民出版社，1979。
② 梁堂华：《圣人风范徐特立》，247～248 页，北京，中国文联出版社，2010。
③ 陈桂生：《徐特立教育思想研究》，116～120 页，沈阳，辽宁教育出版社，1993。

育作用上，他认为教育可以培养一定的人格，为一定的社会服务，能够发现矛盾、解决矛盾、接受遗产、创造新产，有指针作用、桥梁作用。[①] 教育是唤起民众进行政治斗争的强有力的武器；是经济发展的必备条件，扩大再生产、产生新工具、产生新消费都离不开教育；是"国力的灵魂"、"社会发展的标志"、科学的基础性路径；是促进社会精神文明建设的根本途径。在教育目的上，他认为教育要"造就一定立场、一定方向而无限生动发展的人格"[②]。教育要培养的人，是德、智、体三方面发展的国民而不是顺民，是"敢于发展个性，有脑筋，辨别是非，有主张，有试验，有创造，有行动的青年"[③]，是"积极的觉悟的新社会的建设者"[④]。可见，教育的目的不仅在于促进人的发展，还在于为实现共产主义理想信念贡献人才。这一点也可以从他在 1963 年为湖南省幼儿师范学校建校 50 周年所写的校庆题词中明显地看出。题词内容为"认真搞好幼儿教育是共产主义事业中最光荣的任务"。在教育对象上，他认为在不同的社会，教育对象也不同，新民主主义时期的教育对象应是一切儿童青年，不分男女和成分，应以工农群众为主体。"群众本位"的教育观是徐特立的教育思想的核心理念，是徐特立的教育价值取向的最好体现。在文化教育上，他提出了"科

---

① 中央教育科学研究所：《徐特立教育文集》(修订本)，199 页，北京，人民教育出版社，1986。

② 吉多智、李国光、戴永增：《徐特立教育学》，85 页，广州，广东人民出版社，1990。

③ 吉多智、李国光、戴永增：《徐特立教育学》，332～333 页，广州，广东人民出版社，1990。

④ 吉多智、李国光、戴永增：《徐特立教育学》，56 页，广州，广东人民出版社，1990。

学化、民族化、大众化"三化一体的教育观。所谓"科学化"有两层含义，一是教育的科学化，即教育要采用科学的教学方法，培养具有科学精神和高度自觉性的人；二是进行科学教育，反对神秘化，"把生产的革命的经验和常识转化为科学"①，让人们抓住事物的根本和规律。科学"如果不民族化，就不能具体化和行动化，就会变成'为科学而科学'"②。所以，科学与教育要民族化，要从国情出发。一是要中国化，把普遍真理同民族的血肉相连，使一般的科学具有生命力；二是要地方化，结合地方条件和历史基础而进行；三是要乡土化，要编写乡土教材，要"鼓励青年以及一切教育者和受教育者，以研究地方乡土为出发点，进而认识本国，认识世界，认识整个宇宙"③。可见民族化并不是狭隘的民族主义、反动的非科学化和片面的复古。科学与教育的"大众化"是指："一是科学为大众把握，也就是普及教育；二是大众需要的科学不是拿来作娱乐品的，而是拿来改造社会、改造自然的，不是有闲阶级的科学，而是不脱离实践的科学，目的是为着大众，而不是为了个人；三是科学经过大众的批评，才能改正过去的谬误。"④人民大众既是教育的对象，又是参与教育、推动教育发展的动力，还是教育实践活动的出发点和落脚点。

徐特立认为，教师肩负着推动国家建设、社会发展的重任，教师的工

---

① 吉多智、李国光、戴永增：《徐特立教育学》，65页，广州，广东人民出版社，1990。

② 陈桂生：《徐特立教育思想研究》，129页，沈阳，辽宁教育出版社，1993。

③ 湖南省长沙师范学校：《徐特立文集》，415页，长沙，湖南人民出版社，1980。

④ 吉多智、李国光、戴永增：《徐特立教育学》，79页，广州，广东人民出版社，1990。

作光荣而崇高，强调要让教师的社会地位高，政治待遇高，要让教师受到社会的尊重。教师不仅要传授知识，更重要的是要教人，要"教育后一代成长为具有共产主义思想品质的人"①，这是徐特立对教师应该具有的理想信念的概括性的描述。徐特立还对教师提出了要求：教师要是先进分子，要热爱教育事业，钻研教育科学，努力成为专家；教师不仅要有爱国、爱乡土、爱人民的热情，还要有爱学生的热情；教师要尊重学生，现在的教育不是封建专制社会培养"顺民""奴仆"的教育，而是造就国民的教育，要培养学生的自信心、自尊心。他主张教学相长，强调师生关系既是一种相互平等的关系，也是一种相互学习的关系，认为教师也要向学生学习，同时提醒人们注意，不能片面夸大教师向学生学的意义。师生之间也可以相互批评，但批评的目的不在于指责、指出对方的缺陷，而在于积极地相互促进、相互帮助；批评是学生主动学习的体现，也是教育内化的必要途径。"师生关系从民主平等到相互学习、再到相互批评，是新型师生关系的内涵逐步深化的过程。"②教师是"人师"和"经师"的合一："人师就是教行为，就是怎样做人的问题"，要管学生的品质、作风、生活、习惯等；"经师是教学问的"。③ 教师不仅要教书，还要育人，"要有教育家的风度，要有热爱的心情，对学生要有很大的感染力，要有伟大的气魄"④；不仅要言

---

① 中央教育科学研究所：《徐特立教育文集》（修订本），318页，北京，人民教育出版社，1986。

② 陈桂生：《徐特立教育思想研究》，200页，沈阳，辽宁教育出版社，1993。

③ 湖南省长沙师范学校：《徐特立文集》，494～495页，长沙，湖南人民出版社，1980。

④ 陈桂生：《徐特立教育思想研究》，203页，沈阳，辽宁教育出版社，1993。

传还要身教，"身教重于言教"，要以身作则。徐特立本身就是一位"身教主义者"，这一点在不同时期、不同方面有不同的表现。[①] 一是教育领域中的多种社会角色的"身教主义者"——办学与教学并举，校务与教学并重，坚持为穷人服务，不受旧势力支配，"经师"与"人师"一体。他对学生关怀备至。一个典型的事例是，他在任长沙县立师范学校校长时，曾给一个生病的学生打洗脚水。他认为关心学生是教师应尽的职责。二是人民教育的"身教主义者"。他孜孜不倦地办学教学，甘为人梯，这并非单纯出于善意，而是为了提高劳动群众的文化水平与民主意识。三是"现代中国的一代宗师"。这不仅体现在直接教育活动过程中，而且体现在学校行政管理与教育行政管理工作中。他时时事事以身作则，不顾年迈，以饱满的热情和高昂的斗志积极参加各项政治活动、社会活动和学术活动；始终保持艰苦朴素的本色，不断学习，不仅是学生的"人师"，而且是教师的楷模、共产党员的模范、人民的教师。

## 第二节 西方教师理想信念的传统

本节选取柏拉图、卢梭、赫尔巴特、杜威、马卡连柯五位教师代表（分别代表古希腊、近代和现代西方教育思想家），介绍他们的理想信念。

---

① 陈桂生：《徐特立教育思想研究》，92～102页，沈阳，辽宁教育出版社，1993。

## 一、柏拉图的理想信念

柏拉图(公元前 427—前 347)是古希腊著名的哲学家和教育家。他是苏格拉底的学生、亚里士多德的老师。他在 20 岁时结识了苏格拉底，40 岁时建立了他的学派，即所谓"学园派"；60 岁时创作了被后人视作世界名著的《理想国》。

柏拉图出生在雅典一个奴隶主贵族家庭，在文法、修辞、写作、体育、音乐、美术等方面都受过良好的教育。公元前 407 年，柏拉图投到苏格拉底门下，被老师的哲学思想深深吸引，因而开始专心致志地学习哲学。公元前 399 年，受苏格拉底之死的影响，柏拉图满怀对雅典民主政体的绝望之情，离开希腊。他到地中海沿岸游历，到过麦加拉、埃及、南意大利、叙拉古等地，与当地的哲学家和政治家交流，试图寻找理想的政体。前后 14 年，柏拉图历经各种挫折，甚至被卖为奴隶，后经朋友营救，于公元前 387 年回到雅典。至此，柏拉图把他的政治兴趣转向了教育，在雅典城外创办了一所学校，史称"学园"。这是学园派的开端。是年，柏拉图 40 岁。此后 40 年，柏拉图基本上都在学园，从事教学著作编纂和学园事务主持工作。[1]

柏拉图试图寻找理想政体的行动在现实世界中遭遇了一次次失败，于是他把自己构建的理想政体写在了《理想国》里。柏拉图考察了五种政体，

---

[1] 李明德、金锵：《教育名著评介·外国卷》，3 页，福州，福建教育出版社，1992。

认为只有他在《理想国》里构建的政体才是"善的，正义的"，其余四种政体包括民主政体都是"恶的，谬误的"。[①]　在柏拉图所谓"理想的共和国"中，社会被分为三个阶层：统治者、守卫者和劳动者。统治者是研究哲学和政治艺术的哲学家兼政治家，负责治理国家。守卫者是勇敢和勤劳的军队和执法机构成员，负责保护国家的安全和秩序。劳动者是从事农业、手工业和商业等生产活动的人，他们的职责是为整个社会提供物质需求。那么，这种政治制度怎样才能实现呢？柏拉图认为："除非哲学家成为我们这些国家的国王。"[②]在柏拉图看来，只有哲学家统治者，才能确保社会的公正和公共利益的实现，避免权力的滥用和腐败。除此之外，柏拉图还认为这三个阶层应该相互合作和互相依赖，只有这样才能共同构建一个和谐、稳定和充满正义的国家。

　　一旦确定了理想的政体，自然而然就要转向如何培养哲学家统治者、守卫者和劳动者，柏拉图的政治理想信念也就自然而然转化成他的教育理想信念。在《理想国》中，柏拉图系统地论述了教育的作用，教育的目的，教育的制度、内容和方法等方面的问题。[③]　第一，柏拉图主张，国家应当把教育当作头等大事，教育应由国家办。教育不仅是国家有道德的生活的基石，而且具有筛选职能，能把人们分类挑选到最适当的行业中，其中最

---

①　[古希腊]柏拉图：《理想国》，郭斌和、张竹明译，177页，北京，商务印书馆，1986。

②　[古希腊]柏拉图：《理想国》，郭斌和、张竹明译，214页，北京，商务印书馆，1986。

③　李明德、金锵：《教育名著评介·外国卷》，20～21页，福州，福建教育出版社，1992。

重要的是挑选出未来的统治者。① 柏拉图认为，只有通过合适、正确的教育，才能培养公民的美德和才干，才能使他们具备为国家服务的素质和能力，才能建立一个和谐且充满正义的理想国家。第二，在柏拉图看来，教育的最终目的是使人能够认识并拥有最高的善的理念。这种理念是知识和真理的本源，能够赋予人以智慧和美德。第三，柏拉图强调音乐和体育在教育中的重要性。柏拉图认为音乐和体育是培养公民的重要手段，音乐和体育服务于人的两个部分——"爱智部分和激情部分"，虽然它们"顺便附带也为了心灵和身体"，但主要是为了"使爱智和激情这两部分张弛得宜配合适当，达到和谐"。② 这是雅典和谐教育的主要观点之一。第四，柏拉图强调早期教育的重要性。柏拉图认为儿童在成长过程中会形成很多习惯和观念，因此早期教育至关重要。他主张从小对儿童进行音乐、阅读、写作和算术等基础学科的教育，以培养他们的智力和美德。第五，柏拉图强调分层教育的重要性。柏拉图认为不同的人有不同的天赋和才能，因此应该根据不同层次的需求进行分层教育。他主张"含金质的人，应当受良好的教育，把他们培养成统治者（或哲学家）；含银质的人，要受次一等的教育，把他们培养成军人……含铜、铁质的人，不能也不需受学校教育"③。第六，柏拉图继承了苏格拉底教学法，通过谈话和提问由浅入深地引导学

① 李明德、金锵：《教育名著评介·外国卷》，13页，福州，福建教育出版社，1992。

② ［古希腊］柏拉图：《理想国》，郭斌和、张竹明译，123页，北京，商务印书馆，1986。

③ 李明德、金锵：《教育名著评介·外国卷》，11～12页，福州，福建教育出版社，1992。

生学习。他反对强迫学习，指出对小孩应该用游戏的方法进行教育，教育方式要自然。①

总的说来，柏拉图坚信只有通过教育培养公民的美德和才干，使他们具备为国家服务的素质和能力，才能进一步实现理想国家的目标。这种教育理想不仅在当时具有重要意义，而且对现代社会也具有重要的启示和影响。

## 二、卢梭的理想信念

卢梭(1712—1778)是法国著名的思想家、哲学家、教育家和文学家。卢梭自云："命运在前三十年间处处有利于我的天性的发展，而在后三十年，却事事与我的天性发生冲突。"②但实际上，卢梭可以说是一个一生坎坷的天才。他出生于日内瓦一个钟表匠家庭，母亲在生下卢梭几天后便去世了。卢梭在10岁时，因父亲和一位军官发生冲突，被逼逃往里昂，由姨妈抚养，并与他表弟一起被托付给清教徒牧师来教育。两年后，卢梭学习律师书记时拜师受挫，后改习雕刻五年。一天返家太晚，城门已关，因害怕受到雕刻师傅责罚，遂不辞而别，离开日内瓦，开始流浪生活。后遇天主教神父彭菲尔，由新教改宗天主教并被送到华伦夫人那里，后者对他的一生产生了重要影响。华伦夫人送卢梭去都灵研究天主教。离开都灵修

---

① 李明德、金锵：《教育名著评介·外国卷》，17页，福州，福建教育出版社，1992。
② ［法］卢梭：《卢梭全集 第2卷 忏悔录(下)》，李平沤译，3页，北京，商务印书馆，2012。

道院后，卢梭当过店铺伙计，在古旺伯爵家做过仆从并辅导伯爵儿子学习拉丁语和文学。1731年，卢梭回到华伦夫人身边。此后，他不断阅读，自学哲学、科学、历史和文学等。1740年，卢梭离开华伦夫人，去里昂担任马布里先生的两个孩子的家庭教师。在此，卢梭获得了教学经验，并孕育了日后的教育学名著《爱弥儿》中的卓越思想。至此，"卢梭在这里结束了他青年时代的幸福日子"①。

1742年，卢梭带着自己创作的新记谱法前往巴黎，后在巴黎定居。此后，除一度经人举荐出任法国驻威尼斯公使秘书外，仍以教音乐和替人抄写乐谱为生。卢梭结识了狄德罗等启蒙学者，并参加了《百科全书》的撰写工作，这对他启蒙思想的形成和发展产生了重大影响。② 1749年，卢梭在拜访狄德罗期间偶然得知了全国论文大赛的消息，于是他撰写了《论科学与艺术》并获得了一等奖。卢梭声名鹊起，被称为当时最伟大的哲学家之一。1755年，卢梭应第戎科学院的征文所写的《论人类不平等的起源和基础》正式出版。1762年，卢梭的《社会契约论》和《爱弥儿》出版。不幸的是，《爱弥儿》刚一出版就被视为异端邪说。教会和巴黎高等法院下令焚烧《爱弥儿》，并下令逮捕卢梭。卢梭被迫出逃，流亡国外，最后于1778年客死他乡。

卢梭自学成才，汲取各家之长，自视甚高，曾经认为"能超过我的作

---

① ［美］萨利·肖尔茨：《卢梭》，李中泽、贾安伦译，22页，北京，中华书局，2002。
② 李明德、金锵：《教育名著评介·外国卷》，88页，福州，福建教育出版社，1992。

家，没有几个"①。年轻时他也想过发财和得到提拔，但是，新记谱法的不被认可意味着他发财愿望的落空，做驻外公使秘书时的不快经历预示着他并不适合类似工作。种种挫折，让他感到沮丧。在《论科学与艺术》获奖后，卢梭却病倒了，有个医生说他只能再活 6 个月。这一诊断结果对于 37 岁的卢梭来说，犹如晴天霹雳，他决定在人生最后的 6 个月里独自生活。"在康复时期，我冷静地肯定了我在神志昏迷常说胡话时所下的决心。我永远抛弃了自己原先想要发财和得到提拔的所有计划。我决定利用最后的一点时间，独自生活在贫困之中，竭尽我灵魂中的所有力气，砸碎嫉妒的锁链，勇敢地做我认为正确的事情，不必在乎别人会怎么想。"②换言之，医生"时日不多"的诊断的打击，加上因诬陷马里昂的女仆而产生的"厌恶虚假"的心理，促使卢梭决心"回归真实"。③ 卢梭在自传《一位孤独漫游者的遐想录》里自白，他把古罗马讽刺诗人尤维纳尔的一句名言——"把一生献给真实"——奉为自己的座右铭。④《论人类不平等的起源和基础》《社会契约论》《爱弥儿》《忏悔录》等作品，毫无疑问，就是卢梭"不在乎别人怎么想"，对自己哲学、文学和教育洞见的真实表达。即使这种真实会给他招来教会的迫害，他也在所不辞。

对于《社会契约论》，卢梭在脑子里酝酿了许久，原来的书名为"政治

---

① ［法］卢梭：《卢梭全集 第 1 卷 忏悔录（上）》，李平沤译，158 页，北京，商务印书馆，2012。

② ［美］萨利·肖尔茨：《卢梭》，李中泽、贾安伦译，26 页，北京，中华书局，2002。

③ ［美］萨利·肖尔茨：《卢梭》，李中泽、贾安伦译，16 页，北京，中华书局，2002。

④ ［美］萨利·肖尔茨：《卢梭》，李中泽、贾安伦译，35 页，北京，中华书局，2002。

机构论"，写作的动念是在 1743—1744 年他任法国驻威尼斯公使秘书期间萌生的。卢梭声称，撰写此书的目的在于探讨什么样的政府性质最适合造就富有德行、清醒明智，也就是出类拔萃的人民。《社会契约论》和《论人类不平等的起源和基础》一起奠定了卢梭政治理论的基础，也是他政治理想信念最真实的表达。卢梭的政治理想信念如下。第一，在自然状态下，人们是自由平等的，而财产的私有制度，导致了人类不平等的产生。卢梭强调财产权仅仅是结束自然状态后"人类的惯例"，并非"自然赋予的权利"。① 也就是说，财产权并非天赋人权。第二，要恢复人们的自由平等，就必须通过社会契约来实现一个目标："要找到一种联合形式……通过这种集合了全体力量的任何方式，人们也许只需服从自己，维持以往的自由。"②第三，社会契约要建立在人民主权的基础上，政府的权力来源于人民的授权，要建立以人民主权和社会契约为基础的政府，政府的责任是维护人民的自由平等。第四，君主制是"危险的政府形式"，"君主的特定意志很容易剥夺国家的共同意志"。③ 第五，在自然状态下，人类的本性是善良的，但社会制度和不平等扭曲了人性，导致了人类的堕落，需要通过改革社会制度，恢复人性的善良和道德。第六，教育对于培养良好的公民和个人具有重要作用。

那么，如何培养出类拔萃的人民呢？换句话说，卢梭的教育理想信念

---

① ［美］萨利·肖尔茨：《卢梭》，李中泽、贾安伦译，90 页，北京，中华书局，2002。

② ［美］萨利·肖尔茨：《卢梭》，李中泽、贾安伦译，94 页，北京，中华书局，2002。

③ ［美］萨利·肖尔茨：《卢梭》，李中泽、贾安伦译，102 页，北京，中华书局，2002。

是什么呢？卢梭在《爱弥儿》一书中阐述了他以自然教育思想为核心的教育理想信念。第一，以培养身心和谐、独立自主和适应环境的自然人为目的。自然人不是指本性扭曲的专制社会里的公民，而是指在自然状态下保持美德的人。在理想社会中，国家代表了人民的利益，国家和社会的任务就是促进和引导个人自然本性的发展，把人的自然性引向社会性，使自然人成为国家的公民。在卢梭看来，最重要的问题不在于拿什么东西去教孩子，使他成为固守某种特定地位和职业的人，而是要指导孩子怎样做人。①第二，教育要适应儿童天性的发展。"在卢梭看来，儿童身心发展的年龄特征、各个儿童的个性特点和男女儿童之间的性别差异，都是人的'内在自然'的发展的表现，自然教育就是要以遵循这种自然发展作为确定其原则、内容和方法的基础。让儿童完全自由地进行活动，使儿童的本性得到自由发展。"②第三，反对死记硬背书本知识的教育，提倡学习实际有用的知识；反对教条主义的教学方法，强调让儿童在个人活动中学习。第四，主张对儿童进行劳动教育和自由、平等、博爱的教育。这些都对当时和后世的教育产生了划时代的影响，而卢梭本人则成为自然主义教育的旗手。③

---

① 李明德、金锵：《教育名著评介·外国卷》，95～96 页，福州，福建教育出版社，1992。

② 李明德、金锵：《教育名著评介·外国卷》，94 页，福州，福建教育出版社，1992。

③ 李明德、金锵：《教育名著评介·外国卷》，109 页，福州，福建教育出版社，1992。

## 三、赫尔巴特的理想信念

赫尔巴特(1776—1841)是德国著名的教育家和哲学家,在西方教育史上被誉为"科学教育学的奠基人"。赫尔巴特出生于德国西北部的小城奥尔登堡。他的祖父是当地颇有声望的医生,还曾担任当地文科中学的校长;父亲曾经是律师,后来升为枢密院顾问官;母亲美丽聪慧且具有深厚的文学修养。赫尔巴特从小就受到了良好的家庭教育。沃尔夫学派的哲学家于尔岑是他的家庭教师之一。在母亲的精心培养下,赫尔巴特接受了严格的德国古典教育,在数学、语言、逻辑和哲学等方面表现出色,是人们眼中的"神童"。[1] 11 岁时已能登台演奏钢琴,12 岁时进入奥尔登堡文科中学二年级学习,13 岁时写下第一篇哲学论文,16 岁开始研究康德的思想,17 岁时为毕业班的同学做了一场哲学方面的报告,18 岁进入当时德国哲学的中心——耶拿大学学习。他非常喜欢哲学,后在母亲的帮助下,结识了著名哲学家费希特。[2] 赫尔巴特的教育思想体系与他的三个阶段的教育实践经历关系密切。第一个阶段是教育思想形成的准备时期,分为:1797—1800 年,赫尔巴特应聘担任瑞士伯尔尼贵族施泰格尔家的三个孩子的家庭教师;1800—1802 年,他在不来梅从事裴斯泰洛齐教育理论的宣传和研究工作。第二个阶段是"科学教育学"基本学说的提出时期,也就是赫尔巴特

---

[1]　黄华:《赫尔巴特》,6 页,北京,北京师范大学出版社,2012。
[2]　黄华:《赫尔巴特》,6～8 页,北京,北京师范大学出版社,2012。

在哥廷根大学任教时期（1802—1809 年），也是赫尔巴特在教育理论创建上最富有成就的时期。正是在这一时期，他提出了"科学教育学"的基本学说。第三个阶段是教育理论体系的确立时期，也就是赫尔巴特在柯尼斯堡大学任教时期（1809—1833 年）。在此期间，他系统研究了心理学的理论，形成了较为系统的心理学理论体系，并致力于把心理学的理论运用于教育问题的研究。[1]

赫尔巴特 5 岁时被沸水烫伤，这导致他身体一直比较虚弱，人也变得胆小、怯懦和自卑。他受卢梭、康德、费希特等人的影响较深，反对封建等级制度，反对贵族特权。他赞同自由、平等、民主，反对法国式的暴力革命，追求稳定和秩序，提倡在秩序基础上的改良。他在《普通教育学》中指出，让学生"了解他在其一切社会关系中所具有的正确地位，并让他感到其生存的全部条件与对他人的依赖性。通过同情心把这种感觉化为对所有人相互依赖的了解，通过越来越清楚地了解和越来越如所期待的那样明白社会运动在不断进行，乃至反复来回摇摆，儿童必然会珍惜一般秩序，不损害这种秩序，甚至觉得值得为这种秩序作出牺牲，假如有一次可能要求他立即作出牺牲的话"[2]。赫尔巴特重秩序和改良，反对激烈对抗的社会政治主张，他的政治理想信念在"哥廷根七教授事件"中得到了全面的展现。

1837 年，哥廷根大学七名教授因联名抗议德国新国王即位以后废除

---

[1]　杨光富等：《赫尔巴特教育思想研究》，10～12 页，太原，山西人民出版社，2020。

[2]　［德］赫尔巴特：《普通教育学　教育学讲授纲要》，李其龙译，104 页，杭州，浙江教育出版社，2002。

1819 年带有民主主义色彩的宪法而被开除教职，这就是德国历史上著名的"哥廷根七教授事件"。身为哥廷根大学哲学学院院长的赫尔巴特拒绝加入签名抗议者的行列，并在国王开除这七名教授后，避免与他们来往。这引起了广大学生对他的不满，进而开始抵制他的课。赫尔巴特曾为自己辩解说，抗议不会有结果，只能给大学带来害处。他说："评判德国人的政治生活能做出什么样的改善，能改善多少，这不是我的事情。我只能说，大学精神不能模仿政治生活，因为大学的本质在科学中。"①

赫尔巴特的政治理想信念影响着他的教育理想信念。正如赫尔巴特在政治中重视秩序一样，他也想在教育中找到秩序，他把这个秩序建立在伦理学和心理学的基础上，并希望教师们遵循它。赫尔巴特的教育理论体系，对后世的教育学发展产生了深远影响。他的理想信念主要包括以下几点。第一，赫尔巴特反对法国式的暴力革命，认为社会变革的杠杆是教育，教育可以培养德行，传递文化，实现社会的道德进步，进而形成一个有秩序的、安定的社会。他终生孜孜以求的是培养出有德行的人，进而形成一个有序的社会，他认为这是对个人和国家最大可能的保障。第二，赫尔巴特把教育理论建立在伦理学的基础上，提出教育的目的在于培养人的德行和多方面兴趣。培养人的德行是教育的最高目的，而为了达到最高目的，必须设定一个近期的、直接的目的，这个近期的、直接的目的就是培养人的多方面兴趣。第三，赫尔巴特认为德育绝不是发展某种外表的行为模式，而是要在学生的心灵中培养起明智及适宜的意志。他系统地提出了

---

① 黄华：《赫尔巴特》，13 页，北京，北京师范大学出版社，2012。

内心自由、完善、仁慈、正义和公正五种道德观念并将其作为德育目标，指出人的行动、思想范围、素质和生活方式是影响人的道德和塑造人的性格的主要因素。他主张使五种道德观念成为学生自己的意愿，因此他尤其看重培养学生的道德判断能力和选择能力。第四，赫尔巴特把通常意义上理解的"学习是目标，而兴趣是手段"颠倒了过来，直接把培养多方面兴趣作为教育目的，并把兴趣分为六个方面，分别是经验的兴趣、思辨的兴趣、审美的兴趣、同情的兴趣、社会的兴趣及宗教的兴趣。赫尔巴特这么做，依据的是儿童未来生活的需要——因为社会分工的必要性和限度，未来社会中的每个人"都必须热爱一切工作，每个人都必须精通一种工作"，所以教育者"必须为使孩子顺利达到这些目的而事先使其做好心理准备"。赫尔巴特在把学生的个性视作教育起点的同时，认为"需要培养平衡的多方面兴趣，以便于学习者在将来可以自由地选择"。[①] 第五，赫尔巴特主张按照人类总体知识的起源和发展的进程安排教育内容，把人们对应到婴儿期、幼儿期、童年期和青年期进行教育。他要求遵照集中和相关两原则组织教学内容。第六，赫尔巴特对裴斯泰洛齐的教育心理化印象深刻，把自己的教育建立在心理学的基础上，根据他的"观念及其统觉的心理学假设和多方面兴趣的理论，细致地探究了传授新知识、形成新观念的具体进程和方法，从而提出了'形式阶段'的理论，把教学划分为四个阶段：明了、联合、系统、方法"。他"避免了卢梭的教育幻想，发扬了裴斯泰洛齐的实

---

① 黄华：《赫尔巴特》，40～41页，北京，北京师范大学出版社，2012。

践精神，使自己的教育学说逐渐走向科学和成熟，具有强烈的可操作性"。[1] 第七，赫尔巴特区分了德国教育学术传统中的"教育"与"教学"，提出了"教育性教学"的观点。他反对不经由教学所实施的教育，反对无知者操控和实施的教育，主张教育必须通过教学来实施。教学也因此获得了功能上的拓展，由原来单纯传授知识，扩展为通过知识的传授，形成必要的观念基础，从而走向最高的教育目的。它"不再是单纯'教授'意义上的教学，而是具有'教育'的意蕴"[2]。第八，赫尔巴特重视教学实践和教育实验，主张科学的教育学只能建立在经验之上，然而这种经验不是那种直觉经验。他主张具有科学意义的经验必须来自实验。赫尔巴特的研究班以及实验学校不仅为当时的学校培养了一批合格的教师，而且促进了赫尔巴特学术水平的提高，完善和实践了他的教育理论。[3] 第九，管理。第十，训育。

赫尔巴特的教育理念被他的学生们带到了世界各地。赫尔巴特热潮直到 20 世纪初进步主义教育运动的兴起才逐渐退却，对我国的教育也产生了深远的影响。

## 四、杜威的理想信念

杜威（1859—1952）是美国著名的哲学家和教育家，1859 年出生于佛蒙

---

[1]　黄华：《赫尔巴特》，57、65 页，北京，北京师范大学出版社，2012。
[2]　黄华：《赫尔巴特》，89 页，北京，北京师范大学出版社，2012。
[3]　黄华：《赫尔巴特》，95、100 页，北京，北京师范大学出版社，2012。

特州伯灵顿镇的一个杂货商家庭。童年的杜威羞涩，酷爱读书和思考。1875 年考入佛蒙特大学，毕业后在一所高中任教，讲授拉丁文、代数和科学。1882 年成为约翰·霍普金斯大学哲学系的研究生。1884 年获得博士学位，受聘于密歇根大学哲学系。1894 年应邀到芝加哥大学担任首席哲学教授，并对教育理论产生了兴趣。他在芝加哥大学创办了一所实验小学，先后出版了《学校与社会》《儿童与课程》这两本至今仍被视为经典的书。1904 年因在管理实验学校的问题上与大学当局存在分歧而离开芝加哥，1905 年到位于纽约市的哥伦比亚大学哲学与心理学系任教，甚至在 1930 年离开教职以后，依然活跃在哲学、政治学和社会活动领域。1952 年因肺炎去世。在他生前，历史学家亨利·科马格这样评价杜威——"成为了美国人民的领路人、导师和良心。可以毫不夸张地说，整整一代人都是因杜威而得以启蒙的"[①]。

　　"杜威的活动'从 19 世纪 80 年代的初期起，可以分成三个时期：10 年的门徒身份；10 年的摆脱影响和渐露头角；其后 50 年，杜威成了杜威。'"[②]而杜威的哲学思想主要受三个人的影响，分别是赫胥黎、黑格尔和威廉·詹姆士。在大学三年级时，赫胥黎的"生理学的要素"这门课程引发了杜威对哲学的极大兴趣。从赫胥黎的书中，杜威了解了自然的全景。赫胥黎强调生物界的有机统一性、有机体与环境之间的共生关系以及生命的延续性。这与杜威原先所接受的强调"自我与世界的分离、心灵与肉体的

　　①　[美]罗伯特·B. 塔利斯：《杜威》，彭国华译，1 页，北京，中华书局，2002。
　　②　李明德、金锵：《教育名著评介·外国卷》，306～307 页，福州，福建教育出版社，1992。

分离、自然与上帝的分离"的宗教教育相反。杜威这样描述他与赫胥黎的
生理学相遇："那些研究形成了一个相互依赖、相互关联的统一体，它使
得以往不健全的智力结构得以成型，同时还创建了一种万物生长的类型或
模式……赫胥黎的研究不但展示了人类有机体的图景，而且引导我向往与
这种图景有相同特征的世界和生命。"①

在约翰·霍普金斯大学攻读研究生期间，默里斯向杜威介绍了德国哲
学家黑格尔的绝对唯心论。黑格尔的哲学完全是反二元论的。在黑格尔的
哲学中，杜威发现了他从大学时代以来一直"朦胧向往"的东西。绝对唯心
论满足了杜威对延续性之哲学表述的"强烈的感情追求"。与此同时，杜威
放弃了黑格尔主义的深奥术语与唯心主义形而上学。② 杜威的思想最后坚
决地脱离了黑格尔主义，这源于杜威对詹姆士的《心理学原理》这部经典著
作的研读。与杜威一样，詹姆士也拒绝接受传统哲学的二元论。然而，与
杜威不同的是，詹姆士并不求助于黑格尔的唯心主义形而上学。相反，他
通过蕴含在进化生物学中的功能主义来解释延续性。在杜威看来，《心理
学原理》一书为他的思想导引出"新的方向和品性"。先是赫胥黎的影响打
下了自然主义的基础，后是詹姆士的帮助克服了绝对唯心论，杜威才得以
建立"经验自然主义"哲学思想。这一思想，按詹姆士 1904 年所言，"足以
被冠之为新哲学体系"，也使杜威成为美国实用主义哲学的代表人物
之一。③

---

① ［美］罗伯特·B. 塔利斯：《杜威》，彭国华译，3 页，北京，中华书局，2002。
② ［美］罗伯特·B. 塔利斯：《杜威》，彭国华译，5 页，北京，中华书局，2002。
③ ［美］罗伯特·B. 塔利斯：《杜威》，彭国华译，5～7 页，北京，中华书局，2002。

杜威是一个坚定的民主主义者，民主主义是其社会生活的理想信念。
"美国的民主制度基本上是美国人民处理西部的经验的产物"①，民主主义
在美国有悠久的传统。杜威教育理论形成的年代（19世纪90年代），正是
美国社会生活变革的历史分水岭。一方面，美国完成了近代工业化，从一
个发展中国家一跃成为世界第一经济大国；另一方面，工业化的完成，引
起了社会结构的重大调整和社会面貌的深刻变化。资本主义推动了物质与
技术的进步，却使社会精神文化的发展相对滞后，导致了社会生活的失
谐。物质力量不仅没能为社会服务，反倒成为社会进步的异化物。② 进步
主义教育运动的兴起，正是要解决这些棘手的社会问题。作为进步主义教
育运动的旗手，杜威看到了工业化的到来使旧民主赖以存在的农业社会成
为历史，民主问题成为经济民主、工业民主问题。他认为这是一个更严重
的问题，是一个关乎民主主义前途的问题。赫尔会所的创办人、著名进步
主义者简·亚当斯特别强调："民主不仅是一种政治制度的形式，更是一
种生活方式，一种真正有道德和有人性的生活方式。"③受亚当斯的影响，
杜威认为："民主主义不仅是一种政府的形式；它首先是一种联合生活的
方式，是一种共同交流经验的方式。各个人参与某一种有兴趣的事，每个
人必须使自己的行动参照别人的行动，必须考虑别人的行动，使自己的行
动有意义和有方向，这样的人大量地在空间上扩大开去，就等于打破阶
级、种族和国家之间的屏障，这些屏障过去使人们看不到他们活动的全部

---

① 褚宏启：《杜威教育思想引论》，32页，北京，教育科学出版社，2022。
② 褚宏启：《杜威教育思想引论》，19～20页，北京，教育科学出版社，2022。
③ 褚宏启：《杜威教育思想引论》，33～34页，北京，教育科学出版社，2022。

意义。这些数量更大、种类更多的接触点，表明每个人必须对更多种类的刺激作出反应；从而鼓励每个人变换他的行动。这些接触点使各人的能力得以自由发展。"①

杜威强调，实现民主主义的社会生活离不开教育，不仅要有适当的学校教育和家庭教育，而且要对传统的文化理想、传统的课程以及传统的教学和训练方法进行必要的改革。② 教育和民主的关系是杜威终其一生关心的问题。面对美国民主化和工业化带来的问题，杜威认为，"彻底解决问题的唯一的根本机构是公立学校制度"③。在杜威看来，教育是生活所必需的，也是民主社会所必需的。没有教育，人类生活就要停止；没有教育，民主也难以为继。除非选举人和受统治的人都受过教育，否则，民选政府是不能成功的。④ 当然，杜威理解的民主是一种联合生活的方式，而不仅仅是国家的政治制度，更不是狭隘的选举。有人甚至因此批判杜威的民主是绝对的民主，是一种"绝对民主的激进幻想"⑤。杜威批判国家主义和个人主义的教育，认为教育同时存在着个体性和社会性，是两者的统一。在杜威看来，"这样一种统一，只有在共同体或民主社会才有可能"⑥。经验

---

① 李明德、金锵：《教育名著评介·外国卷》，314 页，福州，福建教育出版社，1992。

② 李明德、金锵：《教育名著评介·外国卷》，314～315 页，福州，福建教育出版社，1992。

③ 褚宏启：《杜威教育思想引论》，26 页，北京，教育科学出版社，2022。

④ 李明德、金锵：《教育名著评介·外国卷》，308、314 页，福州，福建教育出版社，1992。

⑤ ［美］罗伯特·B. 塔利斯：《杜威》，彭国华译，2 页，北京，中华书局，2002。

⑥ 彭正梅：《现代西方教育哲学的历史考察》，54 页，上海，上海教育出版社，2010。

是杜威实用主义或者自然经验主义哲学的核心范畴。与传统经验论把经验视为感觉不同，杜威的经验"表现为生命体与物理环境及社会环境之间的交流"[①]。在杜威看来，民主社会的教育"只能是属于经验、通过经验和为了经验的教育"[②]。以经验为基础，杜威重新定义"生活"、"学校"和"教育"。"生活"这个词用来指明个人的与种族的全部经验。教育具有传递经验和交流经验两方面的作用。一方面，在最广泛的意义上，教育是社会生活延续的工具；另一方面，教育就是生活，教育就是经验的生长，教育就是经验的改造，而学校是社会生活的一种形式，学校即社会。在教育目的上，杜威主张教育过程自身即目的，教育过程之外无目的。杜威主张，良好的教育目的必须根据受教育者的特定个人的固有活动和需要，必须能转化为与受教育者的活动进行合作的方法，且通过受教育者的活动加以实现，必须提防外面强加的所谓一般的或者终极的目的。杜威认为，课程教材应该立足于学生的需要和能力，而不应立足于教师的教学内容，应该考虑社会生活的需要，其历程应该与儿童经验发展的历程相适应。在思维与教学方面，杜威提出了"思维五步"与"教学五步"。在学校生活方面，杜威认为，一切必要的教育措施都应该以促进儿童的成长为目的，要以儿童为中心。

　　杜威的教育思想在美国产生了深远的影响。后来随着杜威到日本、中国、墨西哥、苏联等国讲学，他的教育思想也被带到了世界各地。

---

[①]　［美］罗伯特·B. 塔利斯：《杜威》，彭国华译，54 页，北京，中华书局，2002。
[②]　彭正梅：《现代西方教育哲学的历史考察》，54 页，上海，上海教育出版社，2010。

## 五、马卡连柯的理想信念

马卡连柯(1888—1939)是苏联著名的教育家和作家。1888 年出生于乌克兰别洛波里城的一个铁路工人家庭。父亲早逝，母亲为了生计将他送到当地的孤儿院。在孤儿院的日子里，他饱尝了饥饿、孤独和被歧视的滋味，但也展现出了非凡的组织能力和领导才能。通过自己的努力，他从一个孤儿成长为孤儿院负责人。1905 年，他从克列缅丘格城市学校附设的一年制师资训练班毕业，开始了小学教育的生涯。工作 9 年后，于 1914 年进入波尔塔瓦师范专科学校学习。毕业后，担任一所铁路小学的校长。十月革命胜利后，马卡连柯先后在克留科夫和波尔塔瓦的小学任校长，并开始在教育实践中探索新的教育理论和方法。1920 年，被委派组建高尔基工学团，他确定了"要按新方法造就新人"的方针。从 1920 年到 1927 年，他突破了传统的教育模式，通过组织学员参加生产劳动，在教育实践中形成了自己的教育信念，并运用自己的教育机制，创造了教育奇迹。[1] 1927年，马卡连柯带领数十名工学团团员接管了捷尔任斯基公社的教育机构库里亚日教养院。在马卡连柯的领导下，高尔基工学团和捷尔任斯基公社将一批又一批的少年违法者和流浪儿童教育成为有文化、有道德的公民。马卡连柯先后在教育文艺著作《教育诗》和《塔上旗》中总结了高尔基工学团和捷尔任斯基公社的教育经验。1935 年，马卡连柯担任乌克兰苏维埃社会主

---

① 李明德、金锵：《教育名著评介·外国卷》，402 页，福州，福建教育出版社，1992。

义共和国内务人民委员部工学团管理局副局长，两年后辞去职务，迁居莫斯科，专职写作。1939 年，因突发心脏病去世。

马卡连柯出生于沙皇俄国统治的后期，在孤儿院里饱受欺凌和困苦。这些经历让他深刻体会到教育的重要性，也激发了他成为一名教育家的斗志。成年以后，马卡连柯迎来了苏维埃社会主义共和国联盟，迸发了无限的工作热情。马卡连柯深信，无论是个人问题还是社会问题，只有在没有压迫的社会主义制度下才能得到令人满意的解决。[①] 他指出，教师的教育活动首先是对他们政治信念的表现；相对于教师的政治信念，教师的知识只是次要的东西。作为人类灵魂工程师的教师和作家，必须忠于社会主义和共产主义的理想，并为这一理想的实现而努力奋斗。[②]

马卡连柯的教育理想信念源于他在高尔基工学团和捷尔任斯基公社的教育实践，主要表现在以下几个方面。第一，教育要为苏维埃社会主义共和国联盟服务。他在高尔基工学团时，根据俄共（布）第八次代表大会对苏联教育的要求确定工学团的工作目标，明确提出要培养苏维埃新人——不仅是受过锻炼的、坚强的人，而且是有知识、有技能的人。高尔基工学团的目标是"用坏的原料制造出好的东西"，是完成"政治上迫切需要的、真正的社会主义的任务"。[③] 第二，相信每一个人都是可以教育的，热爱每一个儿童，在每一个儿童身上发现积极因素。工学团的学员都是少年违法者

---

① 吴式颖等：《马卡连柯教育文集》上卷，12 页，北京，人民教育出版社，1985。

② 吴式颖等：《马卡连柯教育文集》上卷，12 页，北京，人民教育出版社，1985。

③ 李明德、金锵：《教育名著评介·外国卷》，405 页，福州，福建教育出版社，1992。

或流浪儿童。要把他们培养成苏维埃新人，马卡连柯认为，应该遵循人道主义。一方面要热爱每一个儿童，另一方面要善于从他们身上发现积极的因素并引导他们前进。马卡连柯认为，"每个跳蚤都有它的用处"，更何况是一个人，是一个能过合理生活的人，是一个社会财富的创造者。① 马卡连柯相信，只要有良好的社会制度与社会环境，即使是犯错误的少年儿童，也是可以教育好的。教育者的任务在于创造一个良好的教育环境，通过生产劳动来组织集体，并利用集体来教育学员。第三，马卡连柯要求把尊重学员和严格要求学员相结合的原则贯彻到工学团的生产、生活、教学等各方面。马卡连柯认为，既要尽量多地要求一个人，也要尽可能地尊重一个人。当我们对一个人提出很多要求的时候，这些要求里也就包含着对这个人的尊重。他指出，在尊重和信任学员的同时，也要严格要求学员，要用新的教育方法来"纠正"学员身上的各种恶习，培养他们的优良品德。他坚决反对对学生的错误和恶习采取姑息、迁就的"自由教育"的态度。② 第四，马卡连柯提出了"在集体中进行教育"的原则，强调通过集体生活来培养学生的道德品质和社会责任感。马卡连柯自我总结道："我在自己的16年苏维埃教育工作中，把主要的力量，都用在解决集体和集体机构的建立，解决职能的制度和责任的制度等等问题上。"③马卡连柯认为，组织儿

---

① 李明德、金锵：《教育名著评介・外国卷》，406页，福州，福建教育出版社，1992。

② 李明德、金锵：《教育名著评介・外国卷》，408页，福州，福建教育出版社，1992。

③ 李明德、金锵：《教育名著评介・外国卷》，410～411页，福州，福建教育出版社，1992。

童集体的第一个步骤是引导学员了解个人与集体的关系，并通过说服教育逐步形成集体舆论。当集体舆论在实际生活中逐步形成并发挥教育作用时，集体就成了个人的教师。第五，注重劳动教育。马卡连柯认为，劳动是教育的重要组成部分。通过劳动，学员不仅可以学到知识和技能，还可以培养勤劳、守纪律和尊重他人的品质。因此，劳动被赋予很高的地位。他在教育实践中实行半工半读，即半天劳动，半天学习，以谋求教学和生产劳动之间最健全、最自然的配合。[①] 第六，强调民主与纪律并存的集体才能充分发挥教育作用。马卡连柯领导的工学团，是以共青团为核心、以队长会议为中心环节、以联队为单位的劳动组织。"在这个集体里，有工作和组织上的分工，有公共集会的民主，有同志对同志的命令和服从，但决没有形成发号施令的一帮贵族。"[②]《队长制的教育法》规定，最优秀的学员担任队长，实行队长"轮换制"。在工学团里，队长没有任何"特权"。第七，教师要以身作则，以自己的心血去塑造学员的灵魂。遵循列宁关于共产主义道德教育的学说，依靠教师集体对学员进行思想教育，这是工学团工作的基本点。马卡连柯在《教育诗》中阐述了教师们采用的"新的教育方法"：运用实际的生产与生活来锻炼学员；坚持说服教育，反对"以力压人"；教师根据学员的个性特点，对他们"因材施教"；教师要以身作则，在生产、教学、纪律等方面为学员做出榜样；惩罚是必要的，当然，教师

---

① 李明德、金锵：《教育名著评介·外国卷》，410～421页，福州，福建教育出版社，1992。

② 李明德、金锵：《教育名著评介·外国卷》，411页，福州，福建教育出版社，1992。

应该注意，惩罚的措施与办法只有得到集体舆论的支持，才能发挥有益的教育作用。① 第八，提高学员的科学文化水平。

马卡连柯一生不断奋斗，从一个贫困的孤儿成长为一名杰出的教育家和作家，用自己的智慧和爱心改变了无数人的命运。他的教育理念和方法不仅对苏联教育产生了深远的影响，而且为全球教育提供了有益的借鉴。

# 第三节　教师理想信念的继承与创新

新时代教师应该树立哪些理想信念呢？2013 年 9 月 9 日，习近平总书记向全国广大教师致慰问信。他在信中勉励全国广大教师："牢固树立中国特色社会主义理想信念……牢固树立终身学习理念……牢固树立改革创新意识……为发展具有中国特色、世界水平的现代教育作出贡献。"②这是对新时代教师的要求。前文介绍的十位中西方伟大的教育者的理想信念都被深深地打上了时代的烙印，构成了他们教育主张的底层逻辑，是他们的教育理想信念最深厚的思想基础。一方面，我们要秉持"古为今用，洋为中用"的原则，学习和继承其合理部分；另一方面，我们要客观分析其时

---

① 李明德、金锵：《教育名著评介·外国卷》，417～419 页，福州，福建教育出版社，1992。

② 《习近平向全国广大教师致慰问信》，载《人民日报》，2013-09-10。

代局限性，辩证地看待，批判地继承。在分析以上十位教育者的理想信念的基础上，结合习近平总书记提出的关于新时代教师理想信念的要求，本节归纳了新时代教师应该具备的六条理想信念。

## 一、牢固树立中国特色社会主义理想信念

理想信念是一个系统，坚定的政治理想信念是教师树立教育理想信念的前提和基础。古今中外的教育家对教育的重视和对教育事业的热爱，往往是建立在对国家和社会的责任感之上的。

《礼记·礼运》有云："大道之行也，天下为公，选贤与能，讲信修睦。故人不独亲其亲，不独子其子。使老有所终，壮有所用，幼有所长，矜寡孤独废疾者，皆有所养。男有分，女有归。货恶其弃于地也，不必藏于己，力恶其不出于身也，不必为己。是故谋闭而不兴，盗窃乱贼而不作。故外户而不闭，是谓大同。"①这一段关于大同世界的理想谈话，是孔子对整个人类文明发展的理想憧憬。这一理想在当日之中国，演化成了共产主义理想。中国共产党在建党之初，就把实现共产主义作为全党的终极目标，并在新中国成立后，进行了不懈的努力和探索，在几代人持之以恒的努力下，把马克思主义基本原理同中国具体实际相结合，提出了中国特色社会主义的理论。

---

① 《十三经注疏》整理委员会：《礼记正义》，658～659 页，北京，北京大学出版社，1999。

具体来说，中国特色社会主义的内涵包括以下几个方面：一是坚持以马克思主义为指导思想，以保证中国特色社会主义事业的正确方向；二是坚持中国共产党的领导，以确保中国特色社会主义事业的顺利推进；三是坚持人民的主体地位，以保障人民群众的根本利益；四是不断深化改革、扩大开放，以适应时代发展的需要，不断推进中国特色社会主义事业向前发展；五是坚持走中国特色社会主义道路，这是实现中华民族伟大复兴的根本途径。

在中国特色社会主义理论体系的指导下，在中国共产党的领导下，我国顺利实现了第一个百年奋斗目标，正阔步迈向第二个百年奋斗目标。作为为民族复兴大业奋斗的一分子，教师首先应坚定中国特色社会主义理想信念，并用正确的理想信念指导自己的教育教学工作。正如苏霍姆林斯基所言："要成为真正的教育者，就应毕生都学习科学共产主义理论，用马列主义世界观教育自己。"[1]其次应以身作则，为学生树立中国特色社会主义理想信念做出表率，在学生心中种下共产主义理想的种子。最后应认识到教育事业的重要性，认识到自己献身社会主义教育事业的重要价值，认真贯彻科教兴国战略，将教育事业视为毕生追求，不畏艰难困苦，不计个人得失，为发展中国的教育、为建设社会主义现代化教育强国做出贡献。

---

① 蔡汀、王义高、祖晶：《苏霍姆林斯基选集》第2卷，646页，北京，教育科学出版社，2001。

## 二、牢固树立有教无类、人人可教的教育理想信念

教育平等思想在我国由来已久。早在两千多年前孔子就提出了"有教无类"的教育平等思想。孔子认为，教育的本质在于启发人性，提升人格，而非简单地传授知识。孔子、荀子都主张人不分贵贱、贫富和智愚，都有接受教育的权利和机会。但是，在漫长的封建社会历史中，教育依然是社会地位高、财富状况好的少数男性的特权。只有在中国共产党推翻了压在人民头上的三座大山，建立了人民民主专政的社会主义国家之后，教育不平等状况才得到了巨大改善，人们才有了平等接受教育的机会。

在教育机会得到切实保障之后，教师应牢固树立"有教无类"和"人人可教"的理想信念，努力追求教育过程中的平等。

首先，教师需要深刻理解教育平等的内涵和意义。一方面，教师应平等对待每一个学生。学生无论性别、相貌、家庭情况都应该享有平等的教育机会和教育资源。另一方面，教师应发掘每一个学生的个性、特长，为他们量身定制教育方案，从而提供适合每一个学生的教育，促进每一个学生的成长。

其次，教师应该消除偏见，建立平等和谐的师生关系。在教育过程中，教师应该避免以貌取人或以成绩论英雄，努力挖掘每一个学生的亮点和价值，尊重每一个学生。

最后，教师应该积极与学生沟通交流，了解学生的需求和困惑，为学

生提供及时的帮助和支持。教师只有与学生建立了平等和谐的师生关系，才能为教育平等打下坚实的基础，才能将"有教无类""人人可教"的教育平等思想落到实处，从而不断推进我国教育的高质量发展，确保教育强国建设事业阔步向前。

## 三、牢固树立立德为先的教育理想信念

立德为先是我国教育的优良传统。儒家主张"大学之道，在明明德"，把德行之树立作为修身之基础，同时将仁、义、礼、智、信作为君子和贤人所必修的内容。在儒家传统中，立德为先意味着无论处于人生的哪个阶段，人都应该将德行的培养放在首位；无论是修身、齐家，还是治国、平天下，都应该以立德为基础。教师是"传道授业解惑"的人，应把"传道"作为首要职责。韩愈在《原道》中解释，教师所传之道，应该是儒家的道德伦理规范。韩愈认为，人的善端乃至所具有的道德品质，并不能自然而然地形成，需要通过教师的教育和引导。教师只有提高道德认识，为学生提供道德榜样，才能激发学生的善端，提高学生的道德品质和修养。西方教育传统也非常重视道德教育。赫尔巴特认为，教育的最高目的是养成德行。赫尔巴特指出："我们可以将教育唯一的任务和全部的任务概括为这样一个概念：道德。""道德普遍地被认为是人类的最高目标，因此也是教育的最高目标。"[①]赫尔巴特系统地提出了内心自由、完善、仁慈、正义和公正

---

① 黄华：《赫尔巴特》，31页，北京，北京师范大学出版社，2012。

五种道德观念。赫尔巴特对教师的道德修养也提出了要求。他指出，教师应具备高度的责任感和敬业精神，应把促进学生的成长和进步视为己任，全心全意地投入教育工作中，不断提升自己的教育水平和能力。赫尔巴特强调，教师应时刻保持诚实、公正、宽容等高尚的道德品质，以身作则，成为学生的楷模。赫尔巴特还指出，道德目标的实现不是个别教师能完成的，需要多方面的、持续的努力。

作为新时代教师，首先，我们要深刻理解中国特色社会主义教育立德为先的内涵和重要性。这意味着在日常教育教学工作中，我们要始终把德育放在首位，并在学校教育的方方面面体现德育的要求。其次，我们要积极参与德育课程的开发和德育实践活动的组织实施，提高德育活动的效果。再次，在学科教学中，我们要有意识地结合社会热点和社会现象，潜移默化地推进课程思政和学科德育，引导学生深入思考，培养学生的社会责任感，落实社会主义核心价值观教育。然后，我们要按照《深化新时代教育评价改革总体方案》的精神，探索德育评价体系，将学生的德育表现纳入学科评价，通过评价激励学生道德品质的养成。最后，我们要加强自我修养，以身作则，为学生树立榜样。

## 四、牢固树立全面发展的教育理想信念

人类很早就认识到社会分工的必要性，并且认识到可以通过教育的再生产功能把人筛选到不同的岗位上。柏拉图在讨论国家的起源时，把严格的社会分工作为构成理想国的重要原则。他认为按照每个人的天性进行分

工，能够提高劳动生产率。他说："只要每个人在恰当的时候干适合他性格的工作，放弃其他事情，专搞一行，这样就会每种东西都生产得又多又好。"①相应地，理想国为不同的人提供不同的教育，使其具备适合不同岗位的知识和技能，然后把人分配到不同的岗位上，最终实现国家或社会更高效率的发展。从这个意义上讲，柏拉图是注重教育目的的社会效率论的代表之一。但是，柏拉图并没有要求教育完全服务于社会分工，他抛弃斯巴达教育中强调体育、轻视智育，导致年轻人片面发展的消极一面，强调体育与智育（或音乐教育）应该和谐发展。② 可是，柏拉图的和谐发展思想与全面发展思想相去甚远，后者的出现在历史上要晚得多。比较接近全面发展思想的可以说是赫尔巴特的"多方面兴趣"理论和空想社会主义者欧文的教育与实践相结合理论。马克思、恩格斯在对资本主义分工越来越细、劳动者的发展越来越片面的现状的深刻洞察和对前人教育实践经验的总结的基础上提出了人的全面发展学说。

随着社会生产力的发展，社会分工越来越细。到了近代资本主义社会，在生产资料私有制的背景下，社会分工从本质上来说是一种强制劳动，它致使劳动者丧失独立性和自由，导致劳动的异化和人的异化，造成劳动者的片面和畸形发展。工人被束缚在特定的生产岗位上，从事着单调、重复、机械化的劳动。劳动不仅导致工人的身心疲惫，还剥夺了工人的创造性。马克思洞察了资本主义的秘密。针对资本主义社会分工的弊

---

① 李明德、金锵：《教育名著评介·外国卷》，6～7页，福州，福建教育出版社，1992。

② 李明德、金锵：《教育名著评介·外国卷》，14页，福州，福建教育出版社，1992。

端，马克思认为，只有推翻资本主义制度，实现共产主义，才能实现人的自由和全面发展。在马克思看来，个体的自由和全面发展是人类的理想状态，也是社会进步的重要标志。马克思主义关于人的全面发展学说成为我国制定教育目的和教育方针的理论依据。在全面发展学说的指导下，德育、智育、体育、美育和劳动技术教育在学生全面发展中的作用都受到了重视。但是，受社会效率论或者功利主义教育观念的影响，教育实践中存在着唯分数、唯智育、唯升学的苗头和现象。进入 21 世纪，世界各国的竞争出现了新形势，未来竞争的关键在于科技的竞争和人才的竞争，而在人才培养中，创新精神和实践能力的培养尤为关键。作为新时代教师，我们要深刻领会党中央精神，牢固树立全面发展的教育理想信念，关注学生的个体差异，尊重学生的个性发展，确保学生获得全面而有个性的发展。同时，我们要扎实落实五育并举和五育融合的方针，为学生全面而有个性地发展创造条件。

## 五、牢固树立终身学习理念

孔子被尊称为"万世师表"。他从 15 岁"志于学"，"老而好《易》，居则在席，行则在橐"，"读《易》，韦编三绝"，是"活到老，学到老"的典范。柏拉图 20 岁拜苏格拉底为师，28 岁游历地中海，40 岁创办学园，之后终身从事教学工作，笔耕不辍。孔子、柏拉图都是奉行终身学习理念的榜样。

从进化论的角度看，学习是一种适应性行为——生物体通过不同机制积累经验和改变行为，以帮助自身在面对环境变化时做出更明智的决策，从而增加生存和繁衍后代的机会。与其他生物相比，人类不仅学习能力强，而且创造出了有目的地促进人类学习行为发生的活动，即教育。原始的教育最初是与原始人类的生产劳动和社会实践结合在一起的。随着生产力的发展，一部分人(先是统治阶级，后是普通劳动者)把教育从劳动和生活中分离出来，成立了专门机构——学校——负责组织和实施教育，即学校教育。学校教育的产生和发展，使人类适应和改造环境的能力迅速提高，为社会的进步做出了巨大贡献。在较长的一段时期里，人们形成了一种比较固定的观念：人的一生可以分为几个阶段，即婴幼儿阶段，在家庭中度过；青少年阶段，主要在学校中度过，其主要任务是学习；壮年阶段，从学校毕业后进入职场，主要在工作岗位上度过，其主要任务是工作；老年阶段，劳动能力下降，退出职场，退休养老直至死亡。在学校接受教育被视作一生中的学习阶段，这个阶段又被视作为工作做准备的阶段。

随着生产力的发展，尤其是科学技术的进步，人类知识的产生方式发生了巨大的变化，人类来到了"知识爆炸"的时代。这个时代的特征是知识总量呈指数级增长，知识更新速度越来越快，知识在社会生产中创造的价值所占比例越来越大。以往，人们接受一次学校教育就足以应付一生的工作，然而现在，人们为了胜任工作的需要，必须不止一次地接受教育或者培训，必须自主地开展学习。"生命不息，学习不止"，不再仅是古代社会哲人们的一种优秀品质，而且成为现代社会对民众的基本要求。

学习是一项耗费脑力和体力的活动，加上教师职业具有周期性(重复性)较强和稳定性较高的特点，所以随着时间的推移和经验的积累，工作的挑战性下降，教师容易产生倦怠感。再加之教师在师生关系中处于主导地位，学生轻易不敢挑战，所以一部分教师心态封闭，缺乏终身学习的意识和态度，临近退休时容易"躺平"或者"吃老本"。这样无论对教师自身，还是对其所教的学生，都容易造成不良影响。

作为新时代教师，我们要牢固树立并践行终身学习理念。首先，深刻认识到终身学习的重要性。终身学习是大势所趋，是保持教师岗位胜任力的必要条件。其次，保持好奇心和对世界变化的开放心态。好奇心是人类天生就有的，而学习是满足好奇心最主要的途径。教师只要对世界、对教育工作、对未来保持好奇心，对世界变化保持开放的心态，就会永远"年轻"，就会是终身学习理念的践行者。再次，促进教学相长。教师应该珍惜上课的机会，认真备课上课，在教学过程中与学生共同学习，共同成长，相互促进。最后，养成反思的习惯。子曰："学而不思则罔，思而不学则殆。"反思能够促进学习，提高学习效果。

## 六、牢固树立改革创新意识

在过去的 40 余年间，我国经济和社会发展取得了巨大成就，改革开放政策厥功至伟，甚至可以说，没有改革开放，就没有今天欣欣向荣的大好形势。但是，因为改革会涉及利益的调整和再分配，所以必定有人会因获益而赞成，而有人会因利益受损而反对。教育领域的改革也是如此。一遇到改革，可能一小部分教师就会抱怨："又要改革啦，那是不是意味着前面的改革失败啦?"持有这种态度的教师,往往只从自身角度考虑问题,害怕改革会打破自己的路径依赖,会增加自己的工作量和工作难度,会逼迫自己走出舒适区,而不考虑改革是不是对学生的发展有利,是不是对学校的发展有利,是不是对教育事业的发展有利。即使是对学生的发展有利、对学校的发展有利、对教育事业的发展有利的改革,只要是对自己不利,有些教师也会持反对意见或者进行消极抵制,从而导致教育改革难以推进。

作为新时代教师,我们要牢固树立改革创新意识,坚决拥护改革,积极参与改革。首先,要提高认识,认识到我们的教育事业只有改革,才可能进步。世界总是发展变化的,教育工作亦是如此。如果教师在面临新情况、新问题时得过且过,故步自封,那么教育就没有出路。我们要向改革要出路,靠创新谋发展。其次,要积极参与学校教育教学改革,主动承担教育教学改革任务。改革不只是头脑风暴,还是伟大的实践。教师需要在改革中学习改革,在实践中实现改革,成长为教育改革的坚定拥护者。再次,要持续学习,开阔眼界,眼界宽了,方法就多了,改革就容易成功了。最后,要树立科研思维。所谓科研思维,就是把日常工作中的问题转化成科学研究的课题,组织力量,运用科学方法进行研究,利用集体的力量,创新性地解决问题。

教师的理想信念,不仅可以指导教师的行动,而且可以为教师的行动提供不竭动力。荀子曰:"知之不若行之。"作为新时代教师,我们不仅要坚定理想信念,而且要在日常教育教学实践中践行之。

## 小　结

本章通过介绍十位优秀教育者的理想信念，粗略呈现了教师理想信念的传统。尽管这些教师所处时代不同，身处环境各异，但他们无一不展示了自己的理想信念和对教育事业的热爱之情。对于前人的经验，作为新时代教师，我们应理性地思考，批判地继承，并创新地发展。

作为新时代教师，面对新形势、新问题，面对实现第二个百年奋斗目标的挑战，我们要积极响应习近平总书记的号召，牢固树立中国特色社会主义理想信念，牢固树立有教无类、人人可教的教育理想信念，牢固树立立德为先的教育理想信念，牢固树立全面发展的教育理想信念，牢固树立终身学习理念，牢固树立改革创新意识，继承和创新并举，开拓进取，向人民交出满意的答卷。

# 第四章

新时代背景下的教师理想信念

　　党的十九大庄严宣告，中国特色社会主义进入新时代。以习近平同志为核心的党中央统筹把握中华民族伟大复兴战略全局和世界百年未有之大变局，强调中国特色社会主义新时代是"承前启后、继往开来、在新的历史条件下继续夺取中国特色社会主义伟大胜利的时代，是决胜全面建成小康社会、进而全面建设社会主义现代化强国的时代，是全国各族人民团结奋斗、不断创造美好生活、逐步实现全体人民共同富裕的时代，是全体中华儿女勠力同心、奋力实现中华民族伟大复兴中国梦的时代，是我国日益走近世界舞台中央、不断为人类作出更大贡献的时代"。党的二十大则以更为宏大的视野和更为长远的眼光，深入探讨了在新时代背景下全面建设社会主义现代化国家的若干重大议题。在这个充满深刻历史意义的新时代，我们党和国家正迎来前所未有的机遇，同时也面临着错综复杂的挑战。人民有信仰，民族有希望，国家有力量。在新时代背景下，广大教师的理想信念被赋予了更为深远且重要的时代内涵。

# 第一节　新时代背景下的教师政治理想信念

习近平总书记曾在讲话中指出："一个国家，一个民族，要同心同德迈向前进，必须有共同的理想信念作支撑。"①只有坚定不移地以共同的理想信念为精神支柱，我们才能集聚起磅礴伟力，确保中国特色社会主义在新时代的征程中行稳致远。理想信念是支撑国家发展的重要力量，是我们党坚守初心和使命的精神支柱，是照亮新时代教师引领教育强国建设前行之路的灯塔。

在同北京师范大学师生代表座谈时，习近平总书记强调："一个人遇到好老师是人生的幸运，一个学校拥有好老师是学校的光荣，一个民族源源不断涌现出一批又一批好老师则是民族的希望。"②在新时代背景下，习近平总书记就教育领域提出了一系列富有时代特色、契合我国实际的重要论述，并将教师队伍建设提升到了一个全新的战略高度。新时代教师已不再是传统意义上的"教书匠"，而是肩负着引领社会、创新文化、培养人

---

①　《习近平谈治国理政》第二卷，323 页，北京，外文出版社，2017。

②　习近平：《做党和人民满意的好老师——同北京师范大学师生代表座谈时的讲话》，载《人民日报》，2014-09-10。

才、奠基未来等重要使命的人类灵魂的工程师。[①] 教师这一职业所承担的责任，远超过一份工作的定义，深深牵动着成千上万孩子与家庭的福祉。教师的每一分耕耘，都在不知不觉中影响着新一代的成长，为国家的繁荣昌盛和民族的美好未来播下希望的种子。在新时代背景下，为了培养能够担当民族复兴大任的时代新人，教师的理想信念被赋予了更加深厚的政治、文化和专业内涵。教师的理想信念不仅关乎个人的成长发展，而且与整个社会的进步息息相关。

长期以来，党和国家高度重视教育事业的发展，坚持把加强教师队伍建设作为教育事业发展的基础性工作。《中华人民共和国教师法》对教师的职责与使命做出了明确的规定：教师是履行教育教学职责的专业人员，承担教书育人、培养社会主义事业建设者和接班人、提高民族素质的使命。教师应当忠诚于人民的教育事业。这一规定明确了教师肩负的国家使命和公共教育服务的职责。

当前，我国正处于中国特色社会主义新时代。新时代并不仅仅是一个时间概念，更蕴含着鲜明的政治意义。[②] 在这个崭新的历史节点上，教师作为新时代教育事业发展的中坚力量，肩负着弘扬民族精神、培养时代新人的崇高使命。在推进教育高质量发展的今天，教师不仅要具备扎实的专业知识与能力，而且要坚守正确的政治理想信念。政治理想信念对其他理

---

① 张志勇、史新茹：《"中国特有的教育家精神"的演进逻辑、本质内涵和时代价值》，载《中国教育学刊》，2023(11)。

② 王敏：《新时代高校青年教师理想信念教育研究》，博士学位论文，中国矿业大学，2021。

想信念的树立与形成具有决定和制约作用。① 在此情境下，教师的政治理想信念无疑具有举足轻重的地位。

教育是国之大计、党之大计。人才的培养，基础在于教育，关键在于教师。教师是立教之本、兴教之源。在新时代背景下，作为教师，我们必须全面贯彻党的教育方针，坚持教育为社会主义现代化建设服务、为人民服务，培养担当民族复兴大任的时代新人，培养德智体美劳全面发展的社会主义建设者和接班人。要全面贯彻党的教育方针，推动我国教育事业取得更大成就，离不开众多具备坚定政治理想信念的好老师。广大教师不仅是教育事业发展的稳固基石，而且是培养社会主义建设者和接班人、提升民族整体素质的关键力量。

2013 年 9 月 9 日，习近平总书记向全国广大教师致慰问信，对全国教师表达节日问候和殷切期望。他指出："希望全国广大教师牢固树立中国特色社会主义理想信念，带头践行社会主义核心价值观，自觉增强立德树人、教书育人的荣誉感和责任感，学为人师，行为世范，做学生健康成长的指导者和引路人；牢固树立终身学习理念，加强学习，拓宽视野，更新知识，不断提高业务能力和教育教学质量，努力成为业务精湛、学生喜爱的高素质教师；牢固树立改革创新意识，踊跃投身教育创新实践，为发展具有中国特色、世界水平的现代教育作出贡献。"②在这封信中，习近平总书记强调了三个"牢固树立"，而其中"牢固树立中国特色社会主义理想信

---

① 乔东亮、易帅东：《新时代青年学：2018 青年学与青年工作论坛文集》，138 页，北京，北京理工大学出版社，2019。

② 《习近平向全国广大教师致慰问信》，载《人民日报》，2013-09-10。

念"被置于首要位置，这充分反映了他对全国广大教师政治理想信念的殷切期望。2014 年 9 月 9 日，习近平总书记与北京师范大学的师生代表进行了座谈。在座谈中，习近平总书记深刻指出，好老师没有统一的模式，可以各有千秋、各显身手，但有一些共同的、必不可少的特质——有理想信念、有道德情操、有扎实学识、有仁爱之心。① 习近平总书记以"四有"好老师的标准勉励广大师生。其中，"有理想信念"被列为"四有"之首。由此可见，党和国家对于我国教师理想信念的正确培养给予了极高的重视。

在 2017 年召开的中国共产党第十九次全国代表大会上，习近平总书记在报告中着重强调了理想信念教育的重要性。他明确指出，我们需要"广泛开展理想信念教育，深化中国特色社会主义和中国梦宣传教育，弘扬民族精神和时代精神，加强爱国主义、集体主义、社会主义教育，引导人们树立正确的历史观、民族观、国家观、文化观"②。这一观点不仅赋予了理想信念深厚的政治意义，而且凸显了理想信念在党的建设中的基石作用及其在推动党和国家事业发展中的不可替代性。在 2018 年的全国教育大会上，习近平总书记特别指出："教师是人类灵魂的工程师，是人类文明的传承者，承载着传播知识、传播思想、传播真理，塑造灵魂、塑造生命、塑造新人的时代重任。"③正因为教师承载着如此重要的职责和使命，

---

① 习近平：《做党和人民满意的好老师——同北京师范大学师生代表座谈时的讲话》，载《人民日报》，2014-09-10。

② 习近平：《决胜全面建成小康社会 夺取新时代中国特色社会主义伟大胜利——在中国共产党第十九次全国代表大会上的报告》，载《人民日报》，2017-10-28。

③ 《习近平在全国教育大会上强调 坚持中国特色社会主义教育发展道路 培养德智体美劳全面发展的社会主义建设者和接班人》，载《人民日报》，2018-09-11。

所以党和国家对教师的政治理想信念给予了极高的重视。

2023 年 5 月，习近平总书记在中共中央政治局第五次集体学习时强调："要把加强教师队伍建设作为建设教育强国最重要的基础工作来抓。"此外，习近平总书记还强调："加强师德师风建设，引导广大教师坚定理想信念、陶冶道德情操、涵养扎实学识、勤修仁爱之心。"①习近平总书记用了坚定、陶冶、涵养、勤修这四个动词，不仅重申了"四有"好老师的理念，而且对其内涵进行了更为深入和丰富的阐释。

## 一、坚定心有大我、至诚报国的理想信念

2023 年 9 月 9 日，习近平总书记在致全国优秀教师代表的信中，首次阐述了中国特有的教育家精神。在对教育家精神的重要阐述中，关于理想信念的要求依然占据首位，这足以彰显理想信念在教师成长与发展中的不可替代性。作为新时代教师，我们应当树立坚定的政治理想信念。这种信念，不仅源于对教育事业深沉的热爱，而且基于对党的教育事业的坚定拥护与高度认同。教师的政治理想信念，直接关系到学生的健康成长，也深刻影响着我国教育事业的前进方向以及社会主义现代化建设事业的繁荣发展。从"牢固树立中国特色社会主义理想信念"，到"做好老师，要有理想信念"，再到"心有大我、至诚报国的理想信念"，始终凸显了理想信念在

---

① 《习近平在中共中央政治局第五次集体学习时强调 加快建设教育强国 为中华民族伟大复兴提供有力支撑》，载《人民日报》，2023-05-30。

教育工作中的关键地位。

正如习近平总书记所言："正确理想信念是教书育人、播种未来的指路明灯。"①理想信念作为教师职业精神的内核，根植于教师对教育事业的深厚情感，并在知识的传授与探索过程中得以彰显。一位优秀的教师，必然怀揣坚定的教育信仰，以高尚的师德，引领学生在知识的海洋中航行。教育不仅是传授知识的过程，而且是塑造灵魂、培养品德的过程。因此，广大教师应坚守教育初心，为学生的未来播撒希望的种子。更进一步说，理想信念是教师工作和教育事业的重要基石。因此，教师应始终坚守正确的理想信念，并将其融入教育教学的每一个环节，引导学生树立正确的世界观、人生观和价值观。教师只有牢固树立正确的政治理想信念，才能为中国的教育事业贡献自己的力量，为国家的繁荣富强和民族的伟大复兴添砖加瓦。心有大我、至诚报国的理想信念，体现了党和国家对教师理想信念要求的新高度以及对筑牢教师信仰之基的新标准。

## (一)"心有大我"：中国教师的自觉使命与担当

"心有大我、至诚报国"源于习近平总书记对黄大年同志的先进事迹做出的重要指示。2017 年 5 月，习近平总书记对黄大年同志为我国教育科研事业做出的突出贡献给予了高度认可，号召全社会"学习他心有大我、至诚报国的爱国情怀，学习他教书育人、敢为人先的敬业精神，学习他淡泊

---

① 习近平：《做党和人民满意的好老师——同北京师范大学师生代表座谈时的讲话》，载《人民日报》，2014-09-10。

名利、甘于奉献的高尚情操"①。这一号召，不仅是对黄大年同志的赞誉，而且是对新时代教育工作者提出的殷切期望。黄大年，一个闪耀着光芒的名字，他以卓越的科研成就和高尚的道德品质，成为无数教育工作者学习的楷模。在面对国外公司的挽留时，他以谦和而坚定的态度回应："只有一个理由，就是我的祖国更需要我。"②这句话，不仅表达了他的个人选择，而且代表了众多海外留学人员、科研工作者心中的信念与追求。他们以国家和人民的利益为重，将个人的发展与国家的需要紧密相连，用实际行动诠释着"心有大我、至诚报国"的深刻内涵。黄大年同志的光辉事迹永远铭刻在人们心中。他的爱国情怀像烈火般燃烧，敬业精神似磐石般坚定，高尚情操如清泉般流淌。他以国家和人民为重，用"大我"的精神为国家的教育科研事业做出了巨大贡献。

从黄大年到黄大年式教师团队，黄大年式的"星火"在各学科门类，在全国各地燃起。在新时代的征程中，我们需要更多像黄大年同志一样的教育工作者，他们有着坚定的政治理想信念，有着高尚的爱国情怀和敬业精神，有着淡泊名利、甘于奉献的高尚情操，以国家和人民的利益为重，用自己的知识和才华为国家的建设和发展贡献力量。"人的生命是有限的，可是为人民服务是无限的。我要把有限的生命，投入到无限的为人民服务

---

① 《习近平对黄大年同志先进事迹作出重要指示 强调心有大我、至诚报国，把爱国之情、报国之志融入祖国改革发展的伟大事业之中、融入人民创造历史的伟大奋斗之中》，载《人民日报》，2017-05-26。

② 张学森：《新时代知识分子榜样》，98页，北京，人民日报出版社，2018。

中去。"①黄大年同志用他的一生，诠释了这段话的深刻内涵。在黄大年同志身上，我们看到了一个真正的共产党员的品质："心有大我"，始终把人民的利益放在首位；"至诚报国"，无私地奉献自己的知识和力量。黄大年同志的一生，是对"心有大我、至诚报国"理想信念的生动诠释。他不仅在教育科研领域取得了卓越的成就，而且用自己的行动展示了共产党员的责任与担当，让我们深刻感受到了一个真正的教育工作者所应具备的品质和情怀。

"心有大我"意味着教师应具备全局观念，要有广阔的胸怀和远大的志向，不仅要关注学生的个体成长，还要将个人的追求与民族的未来紧密相连。教师不仅要传授知识，而且要引导学生树立正确的世界观、人生观和价值观，把他们培养成为具有高尚品质和远大理想的新时代好青年。教育是国之大计、党之大计。培养担当民族复兴大任的时代新人，是每一位教师的神圣使命。在这方面，黄大年同志是我们的杰出楷模。他放弃国外优厚的待遇，毅然回国，投身到教育和科研事业中，将个人的智慧和力量奉献给了国家和人民。

在人类历史的长河中，每一个个体都是短暂而渺小的存在，如同大海中的浪花。然而，当我们把目光投向那些伟大的灵魂时，他们仿佛成为永恒的星辰，照亮了我们前进的道路。正如毛泽东同志所言："一个人能力有大小，但只要有这点精神，就是一个高尚的人，一个纯粹的人，一个有

---

① 窦芒：《情怀：雷锋当年连长在上海》，50 页，上海，上海三联书店，2022。

道德的人，一个脱离了低级趣味的人，一个有益于人民的人。"[①]这种精神，便是我们今天所谈论的"大我"精神。"小我"的生命短暂，而"大我"却具有穿越时空的魅力。那么，新时代教师应如何将"小我"融入"大我"，为国家和民族的发展贡献自己的力量呢？这正是广大教师需要深思的问题。黄大年同志用自己的一生诠释了什么是真正的"大我"精神。他的事迹告诉我们，一名教师不仅要有扎实的专业知识和过硬的教学能力，而且要有高尚的师德修养和坚定的政治理想信念。

### (二)"至诚报国"：以真挚的爱国情感书写教育篇章

"至诚报国"表达了教师对教育事业的忠诚和热爱，以及对国家和人民的深情厚谊。这种忠诚和热爱不仅体现在教育教学工作中，而且融于教师的日常言行中。在我国这片文化底蕴深厚且充满活力的土地上，一代又一代教育工作者秉持"心有大我、至诚报国"的政治理想信念，潜心耕耘，无私奉献，为国家的繁荣富强和人民的幸福安康贡献着自己的力量。

张桂梅老师就是其中的一位杰出代表。她扎根山区，创办了全国第一所免费女子高中，帮助了上千名山区女孩圆了大学梦。她用自己的坚守和奉献，诠释了新时代的"至诚报国"。许许多多的像张桂梅一样的好老师，不辞辛苦，数十年如一日地坚守在教育一线。他们深知，教育是国之大器，是民族振兴的基石，更是国家未来的希望。

扎根乡村教育的支月英老师深知教育对孩子们的重要性，因而毅然决

---

① 《毛泽东选集》第二卷，660页，北京，人民出版社，1991。

然地选择了留在大山中，为那里的孩子们传授知识，点燃他们心中的希望之火。支月英老师用自己的实际行动诠释了"心有大我、至诚报国"的政治理想信念的内涵，用自己的青春和热血为乡村教育事业做出了巨大贡献。

在中国人民大学附属中学任教的李永乐老师通过短视频平台向大众普及科学知识，激发了无数人对科学的兴趣。他用自己的专业知识和热情，为提升国民的科学素养和科技创新能力做出了积极的贡献。

这些正是"心有大我、至诚报国"的政治理想信念在教育实践中的生动体现。

在中国教育的广阔天地里，无数教师以"心有大我、至诚报国"的政治理想信念为指引，默默耕耘，无私奉献。他们用自己的智慧和力量，为培养担当民族复兴大任的时代新人而不懈努力。这些教师，有的站在讲台上，用生动的语言和满满的激情，点燃学生求知的火花；有的站在幕后，为教育事业的发展提供坚实的支撑和保障。他们看似平凡实则不平凡的坚守和付出，为中国的教育事业奠定了坚实的基础。他们用自己的实际行动，诠释着教育的崇高使命和时代价值，为中华民族的伟大复兴贡献着自己的力量。

无论是"修身、齐家、治国、平天下"的宏大愿景，还是"穷则独善其身，达则兼善天下"的处世哲学，都体现了个人与国家、集体紧密相连的价值观。在新时代背景下，广大教师以"心有大我、至诚报国"的政治理想信念为精神灯塔，不仅追求个人的成长，而且将个人的"小我"融入国家与人民的"大我"之中。在新时代，这种将"小我"与"大我"紧密结合的理念显得尤为重要。教师作为教育事业的骨干力量，其坚守的政治理想信念不仅对自身的发展具有深刻影响，而且对广大学生的发展具有深远影响，还在无形之中塑造着振兴中华的国家力量。

习近平总书记在纪念五四运动 100 周年大会上指出："只有把自己的小我融入祖国的大我、人民的大我之中，与时代同步伐、与人民共命运，才能更好实现人生价值、升华人生境界。"①这句话深刻阐释了"大我"与"小我"的关系，也为新时代教师指明了发展方向。广大教师既要有远大的志向，又要付诸实际行动；既要忠诚于党的教育事业，用自己的智慧和汗水为培养担当民族复兴大任的时代新人贡献力量，又要以身作则，用自己的言行影响和感染学生，让他们在成长的过程中树立正确的世界观、人生观和价值观。我国教育事业取得的辉煌成就，离不开广大教师的坚定信念和辛勤付出。

我国教育事业在取得辉煌成就的同时，也面临着不少挑战和困难，实现从教育大国到教育强国的转变仍然是一条漫长而艰难的道路。"心有大我、至诚报国"的政治理想信念，是广大教师立身从教、教书育人的信仰基石，更是推动我国教育事业持续发展的强大动力。在新时代背景下，广大教师应将"躬耕教坛、强国有我"的承诺化为实际行动，不断提升自我，努力成为党和人民满意的好老师。让我们共同珍惜并弘扬这种"心有大我、至诚报国"的精神，将个人的"小我"融入国家与人民的"大我"，携手共进，为实现中华民族伟大复兴的中国梦贡献智慧和力量！

---

① 习近平：《在纪念五四运动 100 周年大会上的讲话》，载《人民日报》，2019-05-01。

## 二、忠诚于党和人民的教育事业，与民族复兴同向同行

"我们党之所以能够经受一次次挫折而又一次次奋起，归根到底是因为我们党有远大理想和崇高追求。"①这种理想和追求，如同明灯，照亮了我们党在历史长河中不断前行的道路。

### (一)忠诚教育，矢志不渝跟党走

教育的政治属性，决定了教师必须始终坚守正确的政治方向。在新时代的征程中，这一点显得尤为重要。广大教师，作为塑造未来、引领风尚的重要力量，更应自觉提升政治站位，把握正确的政治方向，保持坚定的政治信仰。教师的角色定位远不止知识传授者，更是道德的楷模、品质的典范。他们肩负着培养社会主义建设者和接班人的崇高使命，他们的言传身教将深刻影响年轻一代的世界观、人生观和价值观。因此，对于教师而言，坚定的政治理想信念不仅是提升自身专业素养的基石，而且对未来社会的主流价值观有重要的引领作用。教师的政治素养，直接关系到下一代的成长环境和国家未来的发展方向。

新时代教师的政治理想信念，可以说是我们党和人民教育事业的"定海神针"。教师的政治理想信念与培养学生的方式、方向和目标息息相关。

---

① 习近平：《在庆祝中国共产党成立 95 周年大会上的讲话》，载《人民日报》，2016-07-02。

就像顾明远先生提到的那样，教师要树立两方面的信念：一是坚持中国特色社会主义道路，担负中华民族伟大复兴的历史使命；二是热爱教育事业、热爱学生，把学生培养成国家的栋梁。以张桂梅老师为例，她对教育事业与学生的热爱，源于她坚定的政治理想信念。张老师曾表示："我所做的一切，都是为了党和人民。"正是这样的政治理想信念，激励着她和众多优秀教师，以教育事业为舞台，培养出了一代又一代的社会主义建设者和接班人，书写着为共产主义事业奋斗终身的人生信仰。

### (二)携手民族复兴，共筑中国梦

新时代教师的政治理想信念，承载着民族复兴的使命与担当。教育强国建设是我国从国情出发，为实现教育现代化而制定的重要战略。在面临百年未有之大变局的背景下，我们更需要坚定自己的政治理想信念，坚持中国共产党的领导，发挥党对教育事业的全面领导优势，坚持走中国特色社会主义教育道路。

张桂梅老师曾说："如果说我有追求，那就是我的事业；如果说我有期盼，那就是我的学生；如果说我有动力，那就是党和人民。"[①]理想信念教育不仅是华坪女高的鲜明特色，而且是张桂梅老师的育人特色。坚定的政治理想信念是人民教师的精神支柱和政治灵魂。教师是人类灵魂的工程师，是人类文明的传承者，承载着传播知识和真理、塑造灵魂和生命、培育新人的时代重任。正是在这一理想信念的指引下，黄大年、张桂梅等众

---

① 李延国、王秀丽：《张桂梅》，269 页，昆明，云南人民出版社，2022。

多杰出教师，以教育事业为载体，培养了一代又一代社会主义建设者和接班人，用自己的实际行动书写了"为共产主义事业而奋斗终身，为实现中华民族伟大复兴的中国梦而努力拼搏"的人生信仰。也正是在这样一批批优秀教师的培育下，一代又一代的社会主义建设者和接班人茁壮成长，为国家的繁荣发展贡献了力量。在全球大变革的时代背景下，国际意识形态和价值观冲突愈发激烈，而理想信念领域是意识形态斗争和价值观冲突的核心领域。[①] 因此，理想信念不仅是个人的精神支柱，还是一个国家、一个民族稳健前行的关键动力。对于肩负着培养下一代重任的教师而言，保持坚定的政治理想信念显得尤为重要。

"忠诚于党和人民的教育事业"不仅是对教师职业精神的高度概括，还是广大教师在面对复杂多变的国际形势和国内改革发展任务时所必须坚守的初心和使命。这种忠诚绝非空洞的口号，而是要通过日复一日的教学活动，潜移默化地引导学生树立正确的世界观、人生观和价值观，将爱国主义的种子播撒在每一个学生的心中。同时，"与民族复兴同向同行"则是对教师政治理想信念的更高要求。民族复兴是中国人的共同梦想，而教师是这一梦想的播种者和传承者。因此，教师必须深刻理解民族复兴的丰富内涵，将个人的奋斗与国家的发展紧密结合起来，以实际行动支持和推动这一梦想的实现。简言之，教师的政治理想信念，不仅关乎教师个人的成长和发展，还影响着学生的思想和国家的未来。培养什么人、怎样培养人、为谁培养人是教育的根本问题，也是建设教育强国的核心课题。在这个充

---

① 石中英、耿博雅：《谈谈新时代青少年的理想信念教育》，载《中国德育》，2022(21)。

满变革的时代，我们需要更多有着坚定政治理想信念的教师，引领学生在复杂多变的社会环境中健康成长，共同为实现中华民族的伟大复兴而奋斗。

## 三、培养德智体美劳全面发展的社会主义建设者和接班人

2018 年 9 月 10 日，习近平总书记在全国教育大会上提出努力构建德智体美劳全面培养的教育体系。2023 年 5 月 29 日，习近平总书记在中共中央政治局第五次集体学习时指出："我们建设教育强国的目的，就是培养一代又一代德智体美劳全面发展的社会主义建设者和接班人，培养一代又一代在社会主义现代化建设中可堪大用、能担重任的栋梁之才，确保党的事业和社会主义现代化强国建设后继有人。要坚持不懈用新时代中国特色社会主义思想铸魂育人，着力加强社会主义核心价值观教育，引导学生树立坚定的理想信念，永远听党话、跟党走，矢志奉献国家和人民。"[①]这一重要论述，强调了教育的政治属性。在德智体美劳全面培养的教育体系中，教师的角色显得尤为重要，其政治理想信念直接影响教育质量和培养人的成效。新时代教师要承担起把学生培养成为一代又一代拥护中国共产党领导、具有共产主义远大理想和中国特色社会主义共同理想的坚定信仰者和忠实实践者的重任。

---

① 《习近平在中共中央政治局第五次集体学习时强调 加快建设教育强国 为中华民族伟大复兴提供有力支撑》，载《人民日报》，2023-05-30。

　　教育的根本目的在于实现人的全面发展。马克思主义关于人的全面发展学说，是在深刻分析社会历史条件的基础上提出的。不同时期对人的全面发展思想的论述彰显着时代特征和发展所需。毛泽东同志结合我国严峻复杂的革命斗争环境以及新中国成立初期百废待兴的困顿局面，强调要发展德智体教育，提出"三育并重"、德育为先的人的全面发展思想。邓小平同志在深刻认识与准确把握社会主义建设规律的基础上，提出培养"四有新人"的思想，即培育"有理想、有道德、有文化、有纪律"的人。[1] 江泽民同志在对人类社会发展规律的深刻认识中，发展与丰富了"四有新人"的内涵。胡锦涛同志在深刻把握社会主义现代化建设规律的基础上，从确立"以人为本"的主体性思想出发，提出了全面协调可持续的人的全面发展观。

　　习近平总书记立足于中华民族伟大复兴中国梦的历史方位，深刻把握新时代的内涵与要求，强调要"坚持中国特色社会主义教育发展道路"，"培养德智体美劳全面发展的社会主义建设者和接班人"[2]。从"德智体"到"德智体美"，再到"德智体美劳"，全面发展的理念始终蕴含其中。"五育"并举、"五育"融合是人类生存和发展的本质需求，具有深刻的价值意蕴。[3]在教育实践中，教师要努力促进学生的全面发展，使之成为具有良好道德品质、聪明才智、健康体魄、审美情趣和勤劳精神的时代新人。

---

① 《邓小平文选》第三卷，205 页，北京，人民出版社，1993。
② 《习近平在全国教育大会上强调 坚持中国特色社会主义教育发展道路 培养德智体美劳全面发展的社会主义建设者和接班人》，载《人民日报》，2018-09-11。
③ 陈甜：《新时代五育融合的价值意蕴与逻辑转向》，载《教育导刊》，2022(3)。

## (一)教师的政治理想信念与全面发展教育

在新时代的征程中,教师肩负着培养德智体美劳全面发展的社会主义建设者和接班人的重任。这不仅是一个教育目标,还是每一位教育工作者面临的挑战。在这个过程中,教师的政治理想信念将直接影响学生的成长发展。具备坚定政治理想信念的教师,忠诚于党和人民的教育事业,全心全意为学生服务。他们注重德育、智育、体育、美育和劳动教育的有机融合,引领学生全面发展。他们在教育教学中发挥示范作用,通过自己的言行,将信仰的力量传递给下一代,引导他们在成长过程中树立正确的世界观、人生观和价值观。

例如,一位历史教师在课堂上通过讲述革命先烈的故事,引导学生理解什么是信仰、什么是责任。当谈及那些为了国家、为了人民英勇斗争的英雄时,他的眼中闪烁着坚定的光芒。这种光芒,就是教师的政治理想信念所发出的,会温暖和照亮学生的心灵。

又如,一位体育教师在教学生如何打篮球、踢足球时告诉学生团队合作的重要性,以及如何面对挫折。他常说的一句话是:"体育不仅是一种运动,还可以培养坚韧不拔、勇往直前的精神。"这种精神,正是这位教师的政治理想信念在学生心中的投影。

再如,一位美术教师经常带学生去户外写生,感受大自然的美丽。她告诉学生:"美,是无处不在的,我们要学会发现它,欣赏它。"在她的引导下,学生不仅学会了如何用画笔捕捉生活中的美好,还学会了如何用心去感受这个世界。这种感受力,是她的政治理想信念在学生身上开出的花朵。

他们是广大中小学一线教师的缩影。他们用自己的言行,将信仰的力量传递给学生,用自己的政治理想信念去引领学生树立正确的世界观、人生观和价值观。这样的教育才是有意义的、有价值的教育。

## (二)教师的引领作用与示范效应

广大中小学一线教师深知教育的重任和教师的引领作用。在日常教学中,他们不仅注重传授知识,还注重培养学生的品德和能力。他们知道,自己的教育理想信念不仅会塑造个人的教学风格,还会在无形中影响学生的成长轨迹。好的教育应该培养终身运动者、责任担当者、问题解决者和优雅生活者。这不仅是教师的教育目标,还是教师的行动指南。"培养德智体美劳全面发展的社会主义建设者和接班人"的政治理想信念,成为教师引领学生走向全面发展之路的强大动力来源。

在日常教学中,教师不仅要做知识的传授者,还要做学生心灵的引导者——关注学生的情感需求,倾听学生的心声,化解学生内心的困惑和烦恼。在当前信息化、网络化的时代背景下,教师还需要不断学习新知识、新技能,以适应教育的新需求。广大教师深知自我提升的重要性:他们通过参加各种培训、研讨会,与同行交流经验,不断提高自己的教育教学能力;他们关注教育改革的最新动态,积极参与课程改革和教学方法创新,力求为学生提供更优质的教育资源。他们积极探索线上线下相结合的教学方式,为学生提供更加丰富的学习体验。教师的言传身教对学生的影响是深远的。一位对工作充满热情、对教育抱有浓厚兴趣的教师,必然会成为学生心目中的榜样。他们用自己的实际行动诠释着教育的真谛，引领着学生不断进步和成长。在培养德智体美劳全面发展的社会主义建设者和接班人的伟大事业中，教师若想帮助学生"筑梦、追梦、圆梦"，自己首先要有坚定的理想信念。① 只有这样，才能更好地激发学生追求真理、为民族和国家奋斗的信念。作为新时代的教育工作者，我们需深化思想认识，为学生的全面发展贡献智慧和力量。在新时代的教育事业中，我们要致力于增强教育的韧性，激发其内在活力，成为驱动其持续发展的动力。

## 第二节　新时代背景下的教师文化理想信念

2005 年，习近平在《文化育和谐》一文中提出了关于"文化之人"的深刻见解："人，本质上就是文化的人，而不是'物化'的人；是能动的、全面的人，而不是僵化的、'单向度'的人。"②这是他在思考素质教育究竟要培养什么样的人的背景下提出的论点。随着我国对文化建设和教育事业的日益重视，特别是党的十八大以来，我们更加强调将马克思主义基本原理与中国的具体实际和中华优秀传统文化相结合。这种结合不仅为国家构筑了坚实的精神基石，而且为中华民族注入了灵魂之光。习近平总书记多次强

---

① 教育部新闻办公室、教育部新闻中心：《我以我心荐教育：做党和人民满意的好老师征文集》，4 页，北京，人民教育出版社，2015。

② 习近平：《之江新语》，150 页，杭州，浙江人民出版社，2007。

调："文化是一个国家、一个民族的灵魂。文化兴国运兴，文化强民族强。没有高度的文化自信，没有文化的繁荣兴盛，就没有中华民族伟大复兴。"①

在第三十九个教师节到来之际，习近平总书记向全国的优秀教师代表致信，深刻阐释了中国特有的教育家精神。他特别提到了教师应有的"胸怀天下、以文化人的弘道追求"。这一追求对教师提出了更高的要求，即在新时代背景下，教师不仅需要具备专业的教育素养和教学能力，还需要树立坚定的文化理想信念。民族的复兴不仅需要坚实的物质基础，还需要强大的精神支撑。教师，作为文化的传承者与创新者，肩负着培养学生的文化自信的重要使命，对于推动文化繁荣和实现民族复兴具有难以估量的深远影响。

## 一、树立胸怀天下、以文化人的弘道追求

中国特色社会主义昂首迈进新时代，这既是一个充满无限机遇的时代，也是一个充满多重挑战的时代。随着经济全球化浪潮的不断推进，国与国之间的交流变得日益频繁与深入，世界正逐渐融合成一个相互依存、休戚与共的人类命运共同体。在新时代背景下，教师作为教育事业的中流砥柱，肩负着弘道的重任。然而，在弘道之路上，教师首先需要明确要弘

---

① 习近平：《决胜全面建成小康社会 夺取新时代中国特色社会主义伟大胜利——在中国共产党第十九次全国代表大会上的报告》，载《人民日报》，2017-10-28。

扬的道究竟是什么。对于这一关键问题，习近平总书记给出了答案，即追求"胸怀天下"的博大之道，以及秉承"以文化人"的传统师道。① 习近平总书记的答案如同一盏明灯，为我们指明了前行的方向。这不仅是对教师的殷切期望，还是对新时代教育事业的展望。

当站在中国特色社会主义新时代的起点上时，我们不仅能感受到国家的强大，而且能感受到一个民族的文化自信。在新时代背景下，每一位教师都像是文化的使者，引导着学生去探寻、去感悟中华五千多年的文化。

## (一)胸怀天下，筑梦中国教育新征程

"天下"观念，是中华民族深厚的文化底蕴中所包含的独特的宇宙观、时空观、世界观和政治观。这种观念，不仅是对地域的界定，还是对责任感和担当精神的体现。"胸怀天下"这四个字，深深植根于中国读书人的血脉之中，是他们的情感与责任的象征。他们心系家国，关注人民的生活、国家的兴衰、民族的未来。这种深切的关怀，不仅展现了中国读书人的使命意识和责任感，而且铸就了中华民族不屈的脊梁。

中华优秀传统文化具有尚和合、求大同的精神特质与价值追求。从"大道之行也，天下为公"到"为天地立心，为生民立命，为往圣继绝学，为万世开太平"，再到"天下兴亡，匹夫有责"，无不折射出胸怀天下的高尚追求。人民教育家陶行知先生主张"教育为公"。作为人类灵魂的工程师、人类文明的传承者，教师应当涵养家国天下的深厚情怀，传承胸怀天

---

① 罗容海：《胸怀天下、以文化人的弘道追求》，载《兵团日报》，2023-10-27。

下的责任担当，教育并引导青少年立大志、明大德、成大才、担大任，把爱国情、强国志、报国行自觉融入实现中华民族伟大复兴的奋斗之中。

## （二）以文化人，传承师道育时代新人

"以文化人"，旨在通过文化教育引导和感化学子。这一理念源远流长，可以追溯至《周易》中的"观乎人文以化成天下"，足见我们的祖先早已深知文化育人的深远意义。谈及"以文化人"，我们不能不提及诸多教育大家。例如，秉持"使先觉觉后觉"理念的伊尹，通过自己的智慧和品德去感化他人，起到了"以文化人"的典范作用。又如，"敏于事而慎于言，就有道而正焉"，无疑是孔子"以文化人"的生动体现。再如，"捧着一颗心来，不带半根草去"的陶行知先生，一生都致力于教育事业，用自己的行动诠释着"以文化人"的真谛。此外，顾明远先生认为，教育的本质是传承文化，培养人才。"以文化人"、润泽心灵是顾明远先生多年来的育人追求。在"以文化人"的价值指引下，中国特有的教育家精神数千年来绵延不绝，至今生生不息。[①]

在新时代背景下，许多教师也在践行着"以文化人"的理念。例如，有的教师会通过组织丰富多彩的课外活动，让学生在实践中感受中国文化的魅力，从而提升学生的文化素养和审美情趣；有的教师在课堂教学中注重德育渗透，通过讲解历史文化知识、引导学生讨论社会热点问题等方式，培养学生的社会责任感。这些实践都体现了新时代教师对"以文化人"理念

---

① 罗容海：《胸怀天下、以文化人的弘道追求》，载《兵团日报》，2023-10-27。

的深入理解和积极实践。

"以文化人"理念既承载了中国古代师道的精髓，也是新时代教师应该坚守的文化理想信念。新时代教师要秉持师道，肩负起育人的使命，成为传递正面思想的使者，做学生成长路上的灯塔。

## 二、夯实以天下为己任的价值基座，筑牢文化自信的精神基石

文化是一个民族的精神内核。中华优秀传统文化是中华民族生生不息、发展壮大的丰厚滋养，是中国特色社会主义植根的沃土，是当代中国人文化自信的坚实根基。新时代教师应勇担传承与弘扬中华优秀传统文化之重任，深入挖掘传统文化之精华，将其与现代教育相结合。只有这样，我们才能培养出一代又一代具有文化自信、充满民族自豪感的人才，从而为中华民族的伟大复兴注入源源不断的动力。

### (一)肩负责任，以文化理想信念筑牢天下担当之基

教师不仅肩负着传授知识的责任，而且承载着培育学生文化理想信念的重要使命。教师的文化理想信念，是教师坚守教育初心、践行教育使命的精神支柱，它深刻影响着学生的成长和发展。无论是"修身、齐家、治国、平天下"的家国情怀，还是"为天地立心，为生民立命，为往圣继绝学，为万世开太平"的崇高志向，抑或是"天下兴亡，匹夫有责"的担当精神，都体现了中华民族千百年来积淀的深厚文化底蕴。这些文化理念不仅是对个人品德修养的提炼，而且是对理想社会的期望和追求。

在当今社会变革与文化交融的大背景下，新时代教师应当具有全局视野与文化担当，以"胸怀天下、以文化人的弘道追求"，夯实以天下为己任的价值基座。教师不仅是知识的传授者，还是肩负着搭建学生与世界沟通桥梁重任的筑梦人。福建农林大学的林占熺教授，以"为民谋利、为国争光、造福人类"为己任，致力于将菌草技术推向全球，使之成为造福广大发展中国家人民的"幸福草"。他的这种文化理想信念，恰是每一位教师可以汲取力量的源泉。

虽然我们可能无法像林占熺教授那样在科研领域取得瞩目的成就，但我们可以将这种文化理想信念注入日常教学中，用我们的行动去诠释"以天下为己任"的价值追求。我们应肩负起教育的文化使命，以文化理想信念构筑学生的未来之基。我们应常常审视自己的文化理想信念，反思自己的教学理念和方法，帮助学生在学习的旅程中持续成长，不断进步。

(二)增强文化自信，点亮学生心中的那束光

提到文化自信，我们总会想起那句铿锵有力的话："文化自信，是更基础、更广泛、更深厚的自信。"①它如同明灯，照亮了我们前行的道路；如同甘泉，滋养着我们的精神世界。在历史的长河中，中华民族历经沧桑，却始终保持着强大的生命力、创造力和凝聚力。这源于我们对自身文化的深刻认同和坚定信念。

---

① 习近平：《在庆祝中国共产党成立 95 周年大会上的讲话》，载《人民日报》，2016-07-02。

教师，作为文化的传承者与创新者，不仅要有"胸怀天下、以文化人的弘道追求"，还要在课堂上，在每一次与学生的交流中，流露出对中华优秀传统文化、革命文化、社会主义先进文化的深沉的热爱之情。当我们深情地讲述那些古老的故事时，学生眼中闪烁着的对中华民族伟大历史与文化的好奇与敬意，正是文化自信的萌芽。而这份文化自信，是教师坚定教育理想信念的基石。在日常教学中，我们应如何将文化瑰宝与教育智慧相融合呢？是让学生在诵读古诗文时感受韵律之美，还是在讲述历史故事时生发对英雄人物的崇敬之情？无论哪一种，都是文化理想信念在课堂上的生动展现，都是教师对培育具有文化自信和正确价值观的新一代的理念的践行。

文化自信不是一句空洞的口号，需要教师去感受，去践行。教师只有自己充满文化自信，真心实意地拥抱这份自信，相信自己所传承的文化价值，才能更好地将这份自信传递给学生，点亮他们心中的文化之光。

## 三、担当共同价值使命，贡献中国教师力量

作为新时代教师，我们承载着非凡的历史使命，不仅要传授知识，还要引导学生理解并珍视全人类共同的价值追求。我们要立足中国大地，以教育为桥梁，为推进人类和平与发展贡献中国教师的力量。在这个多元文化的交汇点上，我们要以更加开放的心态和更加广阔的视野，去拥抱世界，去理解不同，去传播爱与和平；要厚植爱国情怀，涵养文化底蕴，同时积极借鉴人类文明的一切优秀成果，为学生搭建起一个更加丰富多彩的

精神世界。为此，我们必须深入理解全人类共同价值的内涵，并将其内化为自身的文化理想信念，坚守教育初心，勇于承担起弘扬全人类共同价值的使命。

## (一)坚守教育初心，承担弘扬全人类共同价值的使命

教育初心，既体现教师对教育事业的热爱与执着追求，又彰显教师对学生成长的热切期盼与悉心关怀。百年大计，教育为本，教育大计，教师为本。一个国家的未来，取决于教育；一所学校的文化，来源于教师。培养时代新人，是每一位教师义不容辞的责任。要做好新时代教师，我们就要牢记历史，永葆爱国教育初心；落实立德树人根本任务，铸造民族文化灵魂；扎实钻研教学，培养全面发展的人才。教师应利用自己的学识和经验，激发学生对社会主义核心价值观的学习兴趣、对国家的认同感，帮助学生理解并珍视全人类共同的价值追求，使其成长为德智体美劳全面发展的社会主义建设者和接班人。

新时代的社会主义建设者和接班人，不仅需要具备广博的知识，还需要对这个世界有深刻的认识和包容心；不仅要有家国情怀，还要有国际视野。张志勇说："广大教师要坚守三尺讲台，潜心教书育人，教育引导学生肩负起建设国家的使命，承担起为构建人类命运共同体作贡献的责任。"[1]教师作为教育的引领者和实践者，必须具备宽广的视野和博大的胸

---

[1]　吴月：《落实立德树人根本任务——代表委员谈加快建设教育强国》，载《人民日报》，2024-02-26。

怀，只有这样，才能有效引导学生拓宽视野，关注全球发展动态，从而为构建人类命运共同体贡献自己的力量。

德国哲学家雅斯贝尔斯曾说："教育的本质意味着，一棵树摇动另一棵树，一朵云推动另一朵云，一个灵魂唤醒另一个灵魂。"[1]教育不仅是对外在的塑造，还是对内在的雕刻。每个学生都是这个世界上独一无二的存在。因此，我们要珍视教育的力量，悉心培育每一棵树，用爱呵护每一朵云，用智慧唤醒每一个灵魂。我们常说，教师是人类灵魂的工程师。在这个多元化的时代，教师更需要用自己的灵魂去触动每一个学生的灵魂，引导他们拓宽视野，增长见闻。在当今世界，全人类共同价值是国际合作的重要基石。我国应承担起弘扬全人类共同价值的使命，关注全球发展，站在世界的坐标系中看中国。只有这样，我们的教育才能真正成为推动全人类共同进步的力量之源。

### (二)践行教育家精神，为推进人类和平与发展贡献中国教师的力量

在新时代背景下，对文化的深刻理解、对当今社会的准确认知，以及对国家发展和人类未来所面临挑战的敏锐洞察，都成为教师文化理想信念不可或缺的组成部分。这种文化理想信念不仅关乎个人的教育追求，而且关乎整个国家乃至人类文明的进步。

教育家是教师和教育工作者的引领者和精神标杆，而教育家精神和教育家是相互关联又不完全相同的两个概念。我们并不奢求每一位教师都能

---

① 张宏：《雅斯贝尔斯之本真教育》，144～145 页，太原，山西人民出版社，2018。

成为教育家，但我们热切期望每一位教师都能怀揣教育家精神，通过培养人来实现其社会理想和抱负①，在教育教学活动中建构起求实、求新、求变的创新探索精神②。

教育家是指通过教育实践做出重大教育业绩，对一定时期、一定范围内的教育思想和实践产生重要影响的优秀教育工作者。教育家也是一个荣誉称号，代表了教育行业、政府和公众对杰出教育工作者的高度认可，而教育家精神则是每一位教师都可以拥有并应当追求的。我们深知，践行教育家精神并非易事，需要教师拥有卓越的学识、高尚的情操和坚定的信念。作为教师，我们在践行教育家精神的过程中，要注重培养具有大视野、大格局的新一代。我们要用自己的学识和能力去引导学生关注国际局势，理解多元文化，从而培养能够担当民族复兴大任的时代新人。

教师的文化理想信念是教育教学工作的核心和灵魂。它不仅为教师提供育人的方向和目标，而且深刻地影响着他们的教学方式和育人理念。当教师在课堂上传授知识时，他们实际上也在传递自己对文化的理解。例如，在语文课堂上，教师不仅是在讲解文学知识，而且是在诠释中国文化的博大精深。他们对中国文化的认同和热爱，化作一股力量，深深地感染着学生，激发着学生的文化自觉和文化自信。因此，作为新时代教师，我们应该深刻理解并践行教育家精神，通过教育教学实践，传授知识、传承文化、塑造心灵，为推进人类和平与发展贡献中国教师的力量。

---

① 刘旭东：《教育学的学术品格与教育学学者的担当》，载《贵州师范大学学报（社会科学版）》，2016(5)。

② 游旭群：《教育家精神的阐释与培养》，载《国家教育行政学院学报》，2023(08)。

# 第三节 新时代背景下的教师专业理想信念

在新时代背景下，教师的专业理想信念变得尤为重要。在中华民族伟大复兴的进程中，教育强国建设是基础工程之一，教师队伍建设成为推动教育事业高质量发展的关键。只有高质量的教师才能带来高质量的教育。党的十八大以来，我国教育事业取得了显著成就，这离不开 1800 多万名教师的辛勤耕耘和默默奉献。"国运兴衰，系于教育；三尺讲台，关乎未来。"教育成败，系于教师。教师肩负着教书育人的神圣使命，而专业理想信念则是教师担负起这一使命的重要保障。

## 一、做"经师"和"人师"的统一者

"经师"和"人师"是教育行业中对教师角色的两种不同定位。"经师"是指那些学识渊博、专业技能扎实的教师。他们通常能够熟练地传授某一领域的专业知识，相当于学术典范。在古代，"经师"主要负责教授经典文献，如儒家的四书五经等。在现代社会，"经师"则体现为对专业知识的精通，他们能够有效地将基础知识和基本技能传授给学生。"人师"则强调教师的道德品质、人格魅力和对学生的全面影响。他们不仅引导学生学习知识，而且在品德上为学生树立榜样。"人师"的目标是培养学生的良好思想品德，帮助他们在生活中做出正确的选择。"人师"除了有广博、精深的专业知识，还有高尚的道德情操和良好的人格素养，能够以身作则，教给学生做人的道理。新时代教师要做"经师"和"人师"的统一者，只有这样，才能够真正承担起教书育人的使命。

2022年4月，习近平总书记在中国人民大学考察时，专门看望了老教授、老专家和中青年骨干教师代表，并同他们亲切交谈。习近平总书记深刻指出："培养社会主义建设者和接班人，迫切需要我们的教师既精通专业知识、做好'经师'，又涵养德行、成为'人师'，努力做精于'传道授业解惑'的'经师'和'人师'的统一者。"①这一要求不仅体现了对教师专业素养的期待，而且指明了办好中国教育、打造优秀教师队伍的重要方向。

教师的专业理想信念应与这一要求紧密相连。教师必须坚定自己的教育理想信念，明确教育的目标和方向。教师不仅要以"传道授业解惑"为己任，而且要将高尚的师德融入日常教学中，引导学生形成正确的世界观、人生观和价值观。教师应在教育教学实践中不断探索，将专业理想信念转化为具体的教学行动。这种理想与现实的结合，使得教师能够更好地履行自己的职责和使命。此外，教师的理想信念并非自然而然产生的，需要通过不断的学习和实践来培养。在成为精通专业知识的"经师"的同时，教师还要涵养德行，成为"人师"，并力求在"传道授业解惑"的过程中实现"经师"与"人师"的统一。

---

① 《习近平在中国人民大学考察时强调 坚持党的领导传承红色基因扎根中国大地 走出一条建设中国特色世界一流大学新路》，载《人民日报》，2022-04-26。

陶行知先生曾说："千教万教，教人求真；千学万学，学做真人。"①这不仅是对教育学说的精练诠释，而且是对教师职责的深刻揭示。教育在本质上是培养人的过程，而教师作为培养者不仅要传授知识，还应教导学生为人处世之道，培养具有社会责任感和良好道德品质的人。所以说，教师这一职业，不仅代表着一份工作，而且代表着一种深沉的信念。教师在讲台上向学生传授知识，在课余时间激发学生思考，在无形中雕琢学生的品格，从而对学生产生深远影响。因此，坚定的专业理想信念，对教师而言是不可或缺的。在教育的征途上，即便面临重重挑战，教师也能凭借这份理想信念，保持对教育的热爱与坚守。一位好老师，应是学术与德行的双重典范，不仅以深厚的学识启迪学生，而且以高尚的品格涵养学生。

### (一)"经师"之才：以专业知识铸就教育之基

精通专业知识既是"经师"的核心特点，也是教师履行"传道授业解惑"职责的基础。试想，一个缺乏专业知识的教师，如何为学生答疑解惑、指明方向？因此，教师必须具备扎实的专业知识和过硬的专业技能，并通过持续的学习和实践，提升自身的专业素养，从而更好地肩负起教书育人的重任。

以一位数学教师为例。在课堂上，他利用生动的案例和实践操作环节，使数学学习变得既有趣又富有挑战性，不仅让学生学到了数学知识，还激发了学生对数学学科的热爱之情和对未知世界的探索欲。这位数学教

---

① 黄正平、孟晓东：《行知学校的担当》，2页，南京，南京师范大学出版社，2020。

师的专业知识是引领学生探索数学奥秘、打开未知世界大门的金钥匙。这位数学教师始终致力于自我提升，不断更新专业知识储备，密切关注数学领域的最新研究进展，并将这些前沿知识融入日常教学之中。这是一位具有"经师"之才的教师，他以扎实的专业知识为支撑，为学生提供了优质的教育服务，为学生的全面发展奠定了坚实的基础。这样的教师培养出的学生，不仅学识渊博，还具备独立思考的能力和创新精神，能成为未来社会主义建设的栋梁之材。

### (二)"人师"之德：立德树人，引领学生砥砺前行

教师不仅需要掌握扎实的专业知识，还需要修炼高尚的品德，力求成为受人尊敬的"人师"。学识渊博的教师更容易激发学生的兴趣，从而引领他们探索未知的领域。然而，教育的真谛远不止知识的单向传授。《礼记·学记》中的"记问之学，不足以为人师"就深刻地揭示了这一点。苏霍姆林斯基曾对教师说："请你记住，你不仅是自己学科的教员，而且是学生的教育者、生活的导师和道德的引路人。"[①]这肯定了教师在学生品德培养方面所承担的重任。

因此，教师的眼界绝不应局限于所教学科，而应借助学科这一桥梁，引领学生穿越历史的长河，体验社会的多彩，将学生培养成为具有高尚品德、健全人格和卓越能力的未来之星。此外，教师还需要以敏锐的洞察力

---

① ［苏联］瓦·阿·苏霍姆林斯基：《给教师的建议》(修订本 全一册)，杜殿坤编译，99 页，北京，教育科学出版社，1984。

关注学生的个体差异，做到因材施教，引导他们形成积极向上的世界观、人生观和价值观。在新时代的教育背景下，教师应积极树立全面发展的教育理念，以立德树人为己任，努力成为真正的"人师"。唯有如此，才能源源不断地为国家培育出优秀的社会主义建设者和接班人，为实现中华民族伟大复兴的中国梦贡献力量。

"经师"以学识为贵，"人师"以品行为重，但这两者并非二选一的问题，而是一道全选题，新时代呼唤"经师"和"人师"的统一。[①] 简言之，教师要努力成为学识渊博、品德高尚的好老师。

顾明远先生便做到了"经师"和"人师"的统一。他的教育轨迹从小学延伸至大学。在这个过程中，他积累了丰富的教育经验，也形成了独特的教育理念——"没有爱就没有教育，没有兴趣就没有学习。教书育人在细微处，学生成长在活动中"[②]。他所强调的"没有爱就没有教育"，凝聚了他对教育的深邃理解。爱是教育的灵魂，它代表着教师对学生无私的关怀与期望，也是引领学生走向成熟的关键力量。在他的教学实践中，爱始终是核心，他用心倾听学生的声音，用爱照亮他们前行的路。同时，顾明远先生强调"没有兴趣就没有学习"。他认为，兴趣是学习最好的老师，是激发学生主动学习、深入探究的内在动力。因此，他在教学中十分注重培养学生的兴趣，激发他们的好奇心，引导他们去发现问题、解决问题，让他们在探索中感受学习的乐趣和成就感。顾明远先生还认为，"教书育人在细微

---

① 赵玉平：《"经师"与"人师"，不是一道单选题》，载《上海教育》，2023(33)。

② 原绿色：《好老师会这样做》，3页，青岛，中国石油大学出版社，2021。

处，学生成长在活动中"。他在日常教学中注重捕捉教育的契机，通过点滴细节来影响和塑造学生的品格。顾明远先生的教育理念与实践，为我们树立了典范。他不仅诠释了什么是真正的教育、什么是真正的教师，而且以其教育理念和实践推动了中国教育事业的发展。

和顾明远先生一样，张桂梅老师也把自己的一生奉献给了教育事业。她在偏远山区一待就是几十年。尽管环境艰苦，身体欠佳，但她始终站在讲台上，用教育热情点燃孩子们的求知欲。张桂梅老师的事迹如春风化雨，润物无声，深深地触动了人们的心灵，令人为之动容。她用实际行动诠释了她对党的教育事业的忠诚，展现了新时代教师的责任与担当，为许多孩子照亮了前行的路。她用实际行动诠释了什么是专业理想信念，也让我们看到了教育事业的崇高与伟大。正是这份坚守与信念，让张桂梅老师成为人们心目中的楷模。她的精神激励着我们，让我们更加坚定地走好自己的人生道路。同时，她也让我们更加深刻地认识到，教育事业的成功，离不开教师的付出和努力。

在教师群体中，不论是深耕教育多年的老教师，还是初到岗位的新教师，都肩负着为党育人、为国育才的责任和使命。教育是生命之间的深度交流。教师用自己的一言一行，生动诠释着教育的深刻内涵，引领着学生的未来。他们不经意间的一句话或一个举动，都可能在学生心中播下梦想的种子，激发出他们内在的无限潜能。正是这样一群可亲可敬的人，他们坚守在教育一线，为国家的明天培养了一批又一批的人才。在这个充满机遇和挑战的时代，广大教师都在积极探索创新，不断学习新知识，掌握新技能，努力提升自己的专业素养和教育能力，以便适应时代的发展需求，更好地引领学生前行。在课堂上，他们用心倾听每一个学生的声音，关注每一个学生的成长，他们运用多样化的教学方法和手段，激发学生的学习兴趣和潜力；在课外，他们是学生的良师益友，关注学生的身心健康和全面发展，积极组织各种课外活动，拓宽学生的视野，增强学生的实践能力，让学生在丰富多彩的活动中健康成长。一线教师用智慧和汗水，为学生的未来铺设了一条坚实的道路，用自己的实际行动诠释着教育的崇高与伟大。

教师既要精通专业知识做好"经师"，又要涵养德行成为"人师"。一方面，我们要以"经师"之才推动"人师"之德。知识的传递是塑造学生灵魂的基础，而思想的启蒙则能引导学生探索更深层次的真理。在这一过程中，教师的专业素养和知识储备显得尤为重要。另一方面，我们需以"人师"之德引领"经师"之才。子曰："其身正，不令而行；其身不正，虽令不从。"此言便强调了教师自身品德的重要性。教师唯有身正为范，才能对学生产生深远的影响，使其自觉遵循正确之道。教育是以生命启迪生命、以智慧点燃智慧的过程。在这一过程中，教师不仅是知识的传递者，而且是学生精神成长的引领者。教师对学生的关爱与尊重，都在无形中塑造着学生对生命价值的正确认识。

专业理想信念，是教师在教育工作中坚守的初心，深刻影响着教师的教育行为和教育态度，进而影响着学生的成长和发展。每一位教师都应该有自己独特而坚定的专业理想信念，这不仅是他们热爱教育事业的体现，而且是他们不断前行的动力。例如，有的教师坚守"以人为本"的教育理念，他们认为教育的核心在于培养学生的综合素质，关注学生的全面发展。这样的教师不仅注重知识的传授，而且致力于培养学生的思维能力、创新能力和实践能力，以期培养出适应未来社会的优秀人才。有的教师秉持因材施教的教育原则，他们深知每个学生都是独一无二的个体，因此注重根据学生的个体差异为其量身定制个性化的教育方案，以激发学生的学习潜能，帮助学生实现自己的价值。还有的教师强调终身学习的重要性，他们善于激发学生对知识的渴望和好奇心，并注重培养学生的自主学习能力。这些专业理想信念既是教师对教育事业的深刻理解和独特见解，也是他们不断提升自身专业素养和教育教学能力的动力源泉。教师对这些理想信念的践行既是对习近平总书记提出的"努力做精于'传道授业解惑'的'经师'和'人师'的统一者"这一希冀的回应，也是对当前中国教育改革的积极响应和实践。

"经师"与"人师"如同教育的双翼，相互依存，共同飞翔。缺少任何一个，教育的天平都将失衡。只有既具备扎实的专业知识，又拥有高尚道德情操的教师，才能真正做到教书育人，培养出既具备专业素养又拥有健全人格的学生。

## 二、做"为学、为事、为人"的好老师，当好学生成长的引路人

教育之质量，源于教师之素质。教师队伍建设是习近平总书记心中始终的牵挂。习近平总书记回信勉励全国高校黄大年式教师团队代表，强调

要"真正把为学、为事、为人统一起来，当好学生成长的引路人"[1]。这一回信对广大教师而言，既是勉励，也是期许和要求。

清代著名学者王国维在《人间词话》中说："古今之成大事业、大学问者，必经过三种之境界：'昨夜西风凋碧树。独上高楼，望尽天涯路。'此第一境也。'衣带渐宽终不悔，为伊消得人憔悴。'此第二境也。'众里寻他千百度，回头蓦见，那人正在灯火阑珊处。'此第三境也。"[2]这"三境界"之说具有跨越时空的魅力。

### (一)追求卓越，做"为学、为事、为人"的好老师

若要成为"为学、为事、为人"的好老师，新时代教师也要经历三种境界。"为学"，是不断求知、自我提升的过程，恰如"昨夜西风凋碧树。独上高楼，望尽天涯路"的境界。"为学"的好老师，不仅具备深厚的学识根基，而且懂得自我提升，追求知识的拓展与深化。他们不仅在教育领域内深耕，而且会主动"跳出教育看教育"，以更宽广的视角审视和理解教育的内涵。已逾鲐背之年的高铭暄老师，就是一位典型的"为学"之师。他以丰富的学识为基石，以不懈的自我提升为驱动力，倾其智慧与爱心，为学生的成长和进步播撒下希望的种子。怀揣"为学"专业理想信念的教师视教育为毕生追求，他们既致力于个人的学术成长，又将学生的成长和进步视为己任，以卓越的专业素养和无私的奉献精神，照亮了无数学子的前行

---

① 《习近平书信选集》第一卷，353页，北京，中央文献出版社，2022。
② 王国维：《人间词话》，姜金元注评，80页，武汉，崇文书局，2018。

之路。

"为事"，是对全身心投入、尽职尽责的诠释，正如"衣带渐宽终不悔，为伊消得人憔悴"的境界。"为事"的好老师，面对教育事业中的种种艰辛与挑战，始终保持全身心投入的状态。在他们眼中，学生的每一次小小的进步和成长，都是他们最大的幸福和满足，也是他们坚持不懈的动力源泉。"世上并无天生的英雄，只有挺身而出的普通人。"张桂梅老师，对偏远山区女孩辍学现象进行了深入剖析，无数次走家串户做家长工作，为创办免费女子高中积极争取社会援助。正是她对教育的这份执着与坚守，为上千名山区女孩点亮了人生灯塔。张桂梅老师的故事并非个例，我国教师群体中有许多和张桂梅老师一样的人。他们用实际行动诠释着教育的真谛和价值，他们是我国教育事业中的中坚力量。他们以无私的奉献和卓越的付出，点亮了一个又一个年轻的心灵，引领着孩子们走向更加美好的未来。

"为人"，是教师教育理念和人格魅力的综合体现，恰似"众里寻他千百度，回头蓦见，那人正在灯火阑珊处"的境界。"为人"的好老师，不仅倾心于帮助学生积累知识，而且致力于培养学生的品格和价值观，引领他们在人生的道路上踏实前行。这些老师是在以人文关怀滋润学生的心田，用智慧之光启迪学生的心灵。新时代人民教育家于漪认为，在课堂上，不只教师是一个发光体，人人都应该是发光体，每个学生都是发光体。在教育这片沃土上，"为人"的好老师用智慧和爱心浇灌着每一棵幼苗，期待着它们能够茁壮成长。他们珍视每个学生的独特之处，深知每个学生都蕴藏着无限的可能。因此，他们总是耐心倾听，感知每个学生的需求与困惑，用温馨的话语和积极的行动为他们筑起坚实的后盾。"为人"的好老师愿意去了解充满可能性的世界,他们主动去观察,去倾听,并愿意向学生学习。"为人"的好老师,眼里有光,心中有爱,看得见"人"。他们怀着对生命的敬畏之心与尊重之情,以实际行动诠释着专业理想信念。

## (二)照亮学生前行之路,当好学生成长的引路人

在教育活动中,教师与学生的互动是双向的生命成长。在照亮学生前行之路、引领学生成长的过程中,教师也在实践自身的专业理想信念。广大教师用辛勤耕耘、默默付出和教育智慧书写美好华章,也推动着社会的进步。教育之路上涌现出许多值得我们敬佩的教师,他们用实际行动诠释了"照亮学生前行之路"的真谛。湖南省衡阳市特殊教育学校有一位名叫刘玲琍的教师,她的事迹让人深受感动。刘老师扎根讲台多年,致力于让听障孩子在有爱的环境中学会开口说话。这项任务对于普通人来说或许难以想象,但刘老师却用实际行动证明了一切皆有可能。为了帮助学生更好地学习说话,刘老师自创了唇舌操、触摸法和情境教学法。她每天进行一对一的教学,耐心地引导学生感受气流的大小、声带的振动,从而帮助他们逐渐掌握发音和说话的技巧。在刘老师的帮助下,这些听障孩子逐渐学会了用语言来表达自己的思想和情感。

刘老师的故事是一个关于教育的故事,更是一个关于爱、坚持和奉献的故事。她用自己的智慧和爱心为这些听障孩子照亮了前行的道路,让他们看到了未来的希望和可能。刘老师在 33 年的教育生涯中,成功帮助 20 多名听障学生考上了大学。这是对她的教育方法和教育理念最好的肯定。

这些学生不仅学会了说话，还在刘老师的引导下，发现了自己的潜能和价值，从而勇敢地去追求自己的梦想。刘老师的故事，不仅展现了教育的深远影响力，而且凸显了一名教师对专业理想信念的坚守与实践。她的故事让我们看到了教育的力量与温度，也使每一位在教育战线上奋斗的教师受到鼓舞和激励。

在这条充满挑战的教育之路上，教师们以各自独特的方式践行着教育的真谛，悉心挖掘每一个学生的潜能，助力他们实现生命的价值。与此同时，教师们也在这一过程中不断磨砺自己，坚定理想信念，提升专业素养。他们深知，只有不断提升自己，才能更好地照亮学生们的前行之路，成为他们成长道路上的坚实后盾。在新时代背景下，教师的专业理想信念闪耀出璀璨光辉，这既为学生指明了方向，也为他们提供了前进的动力。

## 三、把立德树人根本任务的要求落实到教书育人的全过程

"立德"一词见于《左传》："太上有立德，其次有立功，其次有立言，虽久不废，此之谓不朽。"这句话阐述了人生不朽的三要素，即立德、立功和立言。"太上"是指最根本、最高的境界，即最上等的是"立德"。"树人"这一概念则出自《管子》一书，其中提到"一年之计，莫如树谷；十年之计，莫如树木；终身之计，莫如树人"。培养一个人的过程，要比树谷、树木更长期、更艰巨、更复杂。由此可见，"立德树人"的观念不仅历史悠久，而且具有显著的中国特色。

"人无德不立，国无德不兴。"2012 年，党的十八大报告首次明确提

出，把立德树人作为教育的根本任务。党的十八大以来，习近平总书记高度重视立德树人在教育中的重要地位和作用，多次走进大、中、小学，在与师生座谈时深入阐述了立德树人的深远意义和实施途径。

2013年11月，《中共中央关于全面深化改革若干重大问题的决定》强调："全面贯彻党的教育方针，坚持立德树人，加强社会主义核心价值体系教育，完善中华优秀传统文化教育，形成爱学习、爱劳动、爱祖国活动的有效形式和长效机制，增强学生社会责任感、创新精神、实践能力。"这一决定进一步明确了立德树人的具体内涵，并进一步深化了党的十八大报告中关于立德树人的论述。2015年12月，《中华人民共和国教育法》被修正，明确规定："教育应当坚持立德树人，对受教育者加强社会主义核心价值观教育，增强受教育者的社会责任感、创新精神和实践能力。"2016年9月，习近平总书记在北京市八一学校考察时强调："基础教育是立德树人的事业，要旗帜鲜明加强思想政治教育、品德教育，加强社会主义核心价值观教育，引导学生自尊自信自立自强。"[①]同年12月，在全国高校思想政治工作会议上，习近平总书记进一步指出，高校立身之本在于立德树人，凸显了立德树人的重要性。2017年10月，党的十九大报告再次明确提出，要全面贯彻党的教育方针，落实立德树人根本任务，发展素质教育。2022年10月，党的二十大报告指出："全面贯彻党的教育方针，落实立德树人根本任务，培养德智体美劳全面发展的社会主义建设者和接班人。"德是成

---

① 《习近平在北京市八一学校考察时强调　全面贯彻落实党的教育方针　努力把我国基础教育越办越好》，载《人民日报》，2016-09-10。

人、为人的根基。教育作为培养人的特殊社会活动，理应承担起立德树人的重任。落实立德树人根本任务和实现教育现代化发展的目标，对新时代教师的育人行为和育人能力提出新的更高的要求。

## （一）教师的专业理想信念与立德树人根本任务

广大教师要落实立德树人根本任务，关键在于坚守正确的育人方向。在教育的历史长河中，无数先辈已为我们树立了典范。南开大学校长张伯苓的"爱国三问"（你是中国人吗？你爱中国吗？你愿意中国好吗？）是对教育方向的深刻思考。2019年1月，习近平总书记来到南开大学考察调研，深情回顾并强调了"爱国三问"的时代意义。我国是中国共产党领导的社会主义国家，办的是社会主义教育，旨在培养德智体美劳全面发展的社会主义建设者和接班人。因此，广大教师须深入理解和贯彻立德树人的核心思想，通过言传身教，引导学生树立正确的世界观、人生观和价值观。

人才培养，关键在教师。广大教师应时刻铭记育人方向，坚定社会主义理想信念，落实立德树人根本任务。这是推进教育现代化、建设教育强国必须正视的重大原则问题。在新时代背景下，教育被赋予了更深的中国特色与印记。人民教育家于漪老师，从众多教育者中脱颖而出，用多年的教育实践为我们深刻诠释了"做教师是一篇大文章"的深刻内涵。她曾语重心长地说："我们所从事的，是具有中国特色的社会主义教育，这与西方的教育有着本质的不同。因此，我们必须从战略的高度进行深入的思考。"这番话既揭示了教育的深远意义，也让每一位教师都感受到肩上沉甸甸的责任，更真切地意识到教育一头挑着学生的现在，一头挑着国家的未来。

成尚荣先生倡导做中国立德树人的好老师，强调中国好老师要致力于为国家和社会培养出有德行、有才干的新一代。教师不仅要传授知识，而且要注重学生德行的培育。两位老师的专业理想信念都源于对教育事业的深沉热爱和对学生未来的殷切关怀。他们的教育理念，就像那一抹鲜艳的中国红，彰显着教育的自觉与自信。成尚荣先生在《做中国立德树人好教师》一书中多次提及"种子的力量"，强调教师不仅是种子的培育者，自身也是那颗蕴含着生机与希望的种子。正如于漪老师所言："（教师）一个肩膀挑着学生的现在，一个肩膀挑着国家的未来。"教师的专业理想信念，对学生与国家的未来发展具有深远的影响。因此，我们期望每一位教师都能成为真正的好老师，让教育的根深深扎在中国的沃土之中。

### （二）以专业理想信念引领教书育人之路

在 2019 年 3 月的全国学校思想政治理论课教师座谈会上，习近平总书记深刻指出："思政课是落实立德树人根本任务的关键课程。"习近平总书记还强调："思政课教师给予学生的不应该只是一些抽象的概念，而应该是观察认识当代世界、当代中国的立场、观点、方法。"[1]思政课教师应教会学生如何用正确的立场、观点和方法去观察和理解这个日新月异的时代。

习近平总书记对思政课教师寄予了厚望，提出了政治要强、情怀要

---

[1]　习近平：《思政课是落实立德树人根本任务的关键课程》，14 页，北京，人民出版社，2020。

深、思维要新、视野要广、自律要严、人格要正六大要求。其中，"人格要正"尤为引人注目。习近平总书记特别指出："有人格，才有吸引力。亲其师，才能信其道。"只有人格高尚的教师，才能赢得学生的尊敬和信任。这六大要求不仅适用于思政课教师，而且适用于其他各科教师。

教师在教书育人的过程中，应该注重自身人格的塑造和提升，用人格魅力去感染和影响每一个学生，引领他们走向更加美好的未来。对全国1800 余名中小学教师的调查研究表明，教师的理想信念与其从教的态度、对政治理论学习的兴趣程度、竞争意识、运用现代化教学设备的频率、对教育法规的掌握程度、对教育目标的认识程度、组织活动的能力和开展活动课的频次及所教学生获奖频次等，均呈正相关。教师的具体教育教学行为，就是其理想信念最基础、最原始、最具体的表现形式。人的理想信念与其社会性行为是相互联系的、统一的，人的理想信念对其社会性行为具有导向和推动作用，并对群体具有凝聚作用。崇高的理想信念，是教师做好教育教学工作的精神支柱与动力源泉。教师不仅是知识的传递者，而且是学生价值观的引导者，还是学生成长道路上的良师益友。这是教师的专业理想信念所在，也是教师教书育人的真谛。因此，教师要时刻铭记自己的责任和使命，以专业理想信念为引领，为学生的成长奠定坚实的基础。广大教师只有树立崇高的专业理想信念，把教书育人当作自己的伟大使命，教育才会灿烂，学生才有希望。

理想信念是教书育人的指路明灯。正是坚定的理想信念，才点燃了一代代教育工作者内心的火焰，使他们矢志不渝地坚守着教育的初心和使命，激发着学生对真理与美好的热切向往。在新时代背景下，教师肩负着双重使命：一方面，致力于促进学生的全面发展，激发其生命的无限可能；另一方面，以崇高的教育理想信念，绘制国家未来的宏伟蓝图。得遇良师，人生之幸；良师云集，校之荣光；良师辈出，民族之望。具备坚定的理想信念是合格教师的标志，是教师立身、从业、育人的基石和灵魂，也是好老师的精神支柱和应对人生风雨的精神脊梁。只有秉持坚定理想信念的教师，方能在青少年心中播撒梦想的种子。身为新时代教育工作者的我们，必须坚定理想信念，并把自己的理想信念同祖国、时代乃至全人类的命运紧密相连，做"为民族""为世界"的好老师，不辜负党、国家和人民对我们的殷切期望。

## 小　结

本章从政治、文化和专业三个维度深入探讨了新时代教师的理想信念。首先，剖析了新时代教师的政治理想信念，这体现了教师对党的教育方针的深刻领会和全面贯彻。其次，深入解析了新时代教师的文化理想信念，这既体现了教师对师道的传承，又彰显了教师对"胸怀天下、以文化人的弘道追求"的坚守。最后，阐明了新时代教师的专业理想信念，这反映了教师对教育事业的专业追求和持续发展的期望。通过本章的探讨，我们希望能为新时代教师坚守自身的理想信念提供理论及实践指导。

第五章

教师理想信念的形成与发展

教师担当着培养人才的重要使命，是基础教育与高等教育各个学段的中坚力量。我们应当重视教师理想信念的形成与发展，在总结教师理想信念的形成机制的同时，探究教师理想信念的发展特征，为探索教师理想信念的教育路径提出可行的策略与建议。

# 第一节　教师理想信念的形成机制

## 一、理论与实践相结合的形成机制

教师的理想信念在理论与实践相结合的机制中逐渐形成与发展。一方面，教师不断地学习理论知识，汲取理论知识中的养分；另一方面，教师践行自身对理论知识的理解，通过教育实践获得情感体验并深化理论认识，最终在理论与实践相结合的发展机制中逐渐形成理想信念，丰富并完善自身的理想信念体系。

教师在学习马克思主义理论时，要联系实际，并在教育实践中运用相关知识，从而不断地检验自己对理论的理解，加强对理论的认识。教师在学习马克思主义理论的过程中，应结合当今时代的新变化，为马克思主义的理论发展注入新活力。教师在学习马克思主义理论时，只有与中国实际和社会实践相结合，才能使马克思主义理论入心、入脑，从而树立起社会主义的理想信念。

此外，教师还可以向榜样学习。优秀的教师能够真正做到以身作则，成为教师群体的榜样。作为学习者的教师能够基于榜样教师"身教"的可靠性，提高对榜样教师"言传"的真实性与可行性的信任度。作为学习者的教师在建构理想信念时，能够主动听从榜样教师的理论传授，并学习榜样教师的实践方法，了解榜样教师对马克思主义理论的理解，探索将马克思主义理论转化为实践的可能性。斯霞老师，就将人民教育家陶行知先生的话作为教育信条。她曾经说过一段话："人民教育家陶行知先生说过，'从农业文明过渡到工业文明，自然科学是唯一的桥梁。小学教师必须拿着科学的火把引导儿童过渡'。我们中小学教师正是肩负着'引导'的重任。"斯霞老师认为，教师就应当承担引导学生发展的责任。这一坚定的理想信念也如同火把一样，以斯霞老师的童心母爱为依托，在斯霞老师的内心熊熊燃烧。童心母爱是斯霞老师的道德与情感的体现。斯霞老师以爱为基础，将研究儿童、认识儿童、发现儿童当作自己的"第一专业"，遵循儿童的身心发展规律以及教育发展规律，把爱心、童心与科学结合起来。①

此外，教师在学习理论的过程中，应时刻注意与错误思想做斗争，明确马克思主义的立场，坚定自身的理想信念。教师在接受思想教育的过程中，应通过提高分辨是非的能力，与错误思想划清界限，避免错误思想对教师理想信念体系的侵袭。在面对错误思想时，我们"只有采取讨论的方法，批评的方法，说理的方法，才能真正发展正确的意见，克服错误的意见，才能真正解决问题"②。教师也应当在科学分析错误思想的背景与内容之后，再来澄清并接受正确的思想。与错误思想做斗争，也是教师不断发展自己、锻炼自己、提高教师队伍建设水平的方式。教师只有不断提升自

①　成尚荣：《做中国立德树人好教师》，93～94 页，上海，华东师范大学出版社，2021。

②　《毛泽东文集》第七卷，232 页，北京，人民出版社，1999。

身的马克思主义理论水平，才能在错误思潮侵袭时，自觉地站在马克思主义的立场来识别问题、分析问题和解决问题，从而提高抵御错误思想的能力和自觉性，进一步增强对马克思主义立场的认同感。因此，教师辨析、批判错误思想，以及与错误思想做斗争的过程，就是抵御错误思想影响的过程，是逐渐坚定马克思主义理论指导下的理想信念的过程。

教师理想信念的形成与发展离不开社会实践。教师理想信念的形成分为两个阶段，一是内化阶段，二是外化阶段。内化是指教师在社会实践活动中深化对马克思主义理论的理解，从而形成坚定的理想信念；外化是指教师用马克思主义理论指导下的理想信念引导自己的实践活动。可见，社会实践活动在教师理想信念形成的两个阶段发挥着不可忽视的重要作用。社会实践活动是教师积累个人经验的主要来源。教师在积累马克思主义理论知识的基础上，结合社会实践活动中的情感体验，生成对教育行为的意志目标，再在高度确认自身意志目标的同时，逐渐将马克思主义理论和共产主义理想内化为自己的理想信念。之后，教师在内化并建立自身理想信念的基础上，通过社会实践活动，外化教师理想信念体系中的具体思想。教师的理想信念也只有在不断地外化成具体的社会实践活动的过程中，才能接受来自社会实践场域的行动反馈，从而进一步推动理想信念的完善与发展。教师的理想信念也正是在社会实践活动的不断锤炼中，才愈加完善与坚定，成为激励教师不断进取的强大动力。这也体现了理论与实践相结合的教师理想信念形成机制的意义。

因此，教师的理想信念是一个在理论与实践相结合的机制作用下不断发展的过程。教师不断汲取马克思主义理论的营养，在社会实践中逐渐坚定理想信念，并将坚定的理想信念进一步付诸社会主义教育实践。

## 二、主体因素与环境因素相互影响的形成机制

教师的理想信念是在主体因素与环境因素相互影响的机制中逐渐形成与发展的。不同的教师具有不同的主体因素。影响教师理想信念的主体因素主要包括教师的内在需求、价值观等。

由于生长与生活环境不同，因此无论是对客观世界的认识，还是对教育实践的理解，每个教师都有自己独特的视角。这些独特的视角使得每个教师都具有个性化的内心世界。他们能够从自身的精神世界出发进行思考，并试图理解个体内在与外在环境之间的关系。在这一过程中，教师对自身的心理需求更加明确，也能将自身的注意力与关注点聚焦在感兴趣的事物上。所以，教师在开展教育实践时，也会基于主体经验，将主要的精力与关注点放在与教师内在需求相契合的方面，有选择地接受理论知识或价值取向，并将其纳入个体已有的知识体系中。教师在内化新的理论知识或价值取向时，会有意识地调动个体的情绪情感，生成自我视角下的经验认识与价值评判。教师通过反思，会将符合自身内在需求和价值评判体系的思想观念纳入理想信念体系，将不符合的排除在外。随着理想信念的建构与发展，教师会自觉地将理想信念转化为可以理解和实践的思想或观念，并在日常的教育实践活动中主动落实这些思想或观念。教师会在具体的活动方案中展现自己在理想信念方面的觉悟与认识，同时在开展具体的教育实践活动时进一步深化对理想信念的理解。此时，教师的内在需求会

得到充分满足，教师也会因此获得更加完整的个体发展。

教师的理想信念也会受到价值观的影响。教师的价值观不同，在接收外界信息并将其转化为个人经验时的侧重点就不同，对经验所赋予的价值判断与情感体验也存在差异。例如，强调教育公平的教师会从马克思主义理论体系中汲取与公平相关的理论知识，再结合自身在教育实践活动中的经历与感受，确立自身对教育公平的追求，然后完善自身的理想信念体系。

教师的理想信念还会受到环境因素的影响。教师所处的社会关系，对教师理想信念的形成与发展有着不可忽视的重要作用。正如马克思所指出的："人的本质不是单个人所固有的抽象物，在其现实性上，它是一切社会关系的总和。"①也就是说，人并非孤立存在的，而是处于一定的社会关系中。社会关系不仅指向人际互动关系，还体现为政治、经济、文化等多方面因素带给个体的信息联结，让个体能够在多维度的关系中开展具体的活动。教师在复杂的社会关系中发展自我，逐渐把握人的本质并不断地从把握人的本质的过程中获得精神力量，从而坚定理想信念。

我们所讨论的影响教师理想信念的环境因素包括教师的生活环境与社会环境。社会成员所拥有的信念和态度代表了他们的文化系统，又体现于他们的活动中。② 小到家庭环境、学校环境，大到社会环境，都会对理想信念的形成产生影响。家庭成员对理想信念的理解以及对马克思主义理论

---

① 《马克思恩格斯选集》第一卷，135页，北京，人民出版社，2012。

② 俞国良、辛自强、林崇德：《反思训练是提高教师素质的有效途径》，载《高等师范教育研究》，1999(4)。

的阐释，都会成为教师理想信念形成的基石。教师在学校以及社会环境中所受到的积极影响，也会推动教师理想信念的发展与完善。我国著名的教育家和教育史专家陈景磐先生出生于福州一个宗教工作者家庭。受父亲工作的影响，陈景磐的家中常有外国传教士出入。与外国传教士的接触，为他提供了了解西方文化的渠道。陈景磐曾说，一些传教士在言谈中流露出的对中国人的藐视和对中国文化的贬低曾深深刺伤了他的心，这也是他后来坚持从事中国文化教育研究的动因之一。陈景磐在教会学校接受教育时始终坚持学习和研究中国文化，立志为弘扬中华优秀传统文化和民族精神做出贡献。1924年，陈景磐进入上海圣约翰大学攻读本科，1927年毕业，获教育学学士学位，并在该校大学研究院攻读哲学，于1929年获哲学硕士学位。1931年，陈景磐进入北京燕京大学研究院专攻教育学，并于1934年获教育学硕士学位。1936年，陈景磐赴加拿大留学，并于1940年获多伦多大学哲学博士学位。陈景磐学贯中西，博洽多识，著述甚丰。从20世纪30年代开始，他发表了有关哲学、教育、儒学等方面的论文数十篇，在教育史学界产生了巨大的影响。陈景磐一贯主张教育史教学与科研必须为弘扬中华优秀传统文化和建设社会主义精神文明服务，注重马列主义史学方法论对教育史研究实践的指导。他治学严谨，为创建具有中国特色的中国教育史体系做出了贡献。①

　　教师的理想信念也会受到社会环境的影响，成为具有时代特色的产

---

① 石中英、朱珊：《新中国教育学家肖像》，19、23页，北京，教育科学出版社，2019。

物。吴玉章从参加同盟会到参加中国共产党，从参加孙中山先生领导的旧民主主义革命到参加中国共产党领导的新民主主义革命、社会主义革命，为社会进步、民族解放和社会主义建设、党的事业奋斗了一生。1921年4月，吴玉章成立全川自治联合会，面向人民群众开展教育工作，试图实现"建设平民政治，改造社会经济"的总目标。但由于军阀试图控制和利用自治联合会，吴玉章被迫将自治联合会迁往成都。不久即宣布解散。之后，吴玉章到成都高等师范学校(四川大学前身)任校长。在那里，吴玉章既是一名教师，也是一名革命者。他通过写文章、演讲等多种方式宣传马克思主义，将对马克思主义的理解渗透在教育活动与革命活动中，使成都高等师范学校成为新文化、新思想在四川的传播点之一。吴玉章对国家安危的深切担忧，使他孜孜不倦地寻找着救国之道，建立了马克思主义的坚定信仰。这也成为他开展教育活动的信念来源，使他在重要的历史变革时期，通过宣传马克思主义思想来推动人民群众的思想解放。正是在这样特殊的社会环境中，吴玉章最终建立了"为生民立命"的理想信念。[1]

我国正处在经济转轨和社会转型的加速期，教师的思想观念、价值取向多样。个别教师存在信仰淡漠、精神空虚等问题。值此关键时期，培育和践行社会主义核心价值观，用核心价值观引领社会发展航向，培育和弘扬民族的精气神，更显重要和急迫。教师应当在教育实践活动中总结经验，明确自身的教育理想信念，认清教育发展的意义，为我国社会主义建设培养合格的接班人。

---

[1] 李新：《吴玉章回忆录》，244～249页，北京，中国青年出版社，1978。

教师的理想信念会在社会环境中不断得到建构与检验。随着社会的发展，教师理想信念的内涵也会发生变化。随着科学技术的迅猛发展，信息的传递更加快捷、高效，大量的信息会对个体的价值观产生冲击，对个体的理想信念产生影响。因此，教师应学会对多元的价值观念与思想进行鉴别、比较和有意识的筛选，基于自身的价值判断标准，选择与自身精神世界相契合的价值观念与思想进行内化，逐渐完善自身的理想信念体系，不断坚定自己的理想信念。

## 三、现实性与超越性相统一的形成机制

教师理想信念的形成机制是现实性与超越性相统一的机制。要想理解教师理想信念的形成机制，我们有必要先理解理想信念发展的基本矛盾，即社会期望教师所具备的理想信念与教师已有的理想信念不完全一致的矛盾。当教师已有的理想信念体系不断地向社会所期望的理想信念体系靠近时，个体会不断突破当前理想信念体系的现实性，努力实现社会所期望的理想信念体系的超越性内涵。因而，个体会在理想信念的现实性与超越性相统一的形成机制中，不断地促进理想信念体系的形成与发展。

教师不断地处理自身理想信念的现实性与超越性之间的矛盾，使自身的理想信念实现现实性突破与超越性发展，进而不断提高理想信念水平，最终达到社会所期望的标准。

教师理想信念的形成机制主要体现在两个方面：一是教师理想信念的现实性不断获得超越性发展，二是教师理想信念的超越性发展受到现实性

的制约。

　　理想信念的本质，就是让人站在比现实更高或者更靠前的位置上去表达一种深切的希望，这种希望与社会现实存在一定程度的差异。这种差异既是实际与应然之间的差异，也是已知与未知之间的差异。这种差异成为理想信念的力量来源。卢乐山出生在教育世家，是我国学前教育学科的重要奠基人、幼儿教育工作者。卢先生的祖父卢木斋、外祖父严修都怀抱着教育救国的理想，兴办新式学堂，努力探索中国式的现代教育发展路径。卢先生的母亲、姑母和两个表姐也都是幼儿教育工作者。中华人民共和国成立时，卢先生正在多伦多大学进修，且怀有身孕。卢先生与爱人坚定地认为：毕业就得回国，要为新中国工作，要把孩子生在中国。正是在教育兴国理想信念的支撑下，卢先生担任北京师范大学教育系学前教育专业的主任直至退休，勇挑在我国建设学前教育专业的重任。为了培养学前教育专业的人才，卢先生摸索着前进，设计了新中国第一个高等师范院校学前教育专业的教学计划与课程体系，并编写了全部教材，面向北京师范大学的本科生开展教学工作，面向全国各省（区、市）开办教师研修班，培养学前教育专业的人才。卢先生将一生都献给了幼儿教育事业，始终带领我国幼儿教师向着更先进的发展方向努力，带头与北京师范大学实验幼儿园的教师合作开展实验研究，实现了我国幼儿教育专题研究中零的突破。卢先生始终站在幼儿教育思想研究前沿。即使退休之后，卢先生也出版了多部专著、译著以及大型工具书，引领着我国学前教育事业的发展。卢先生大爱无疆，她为贫苦人家的孩子办幼儿园，教当地青年怎样当老师，竭尽所能地为基层的幼儿教育事业做出贡献，促进我国幼儿教育事业的建设与完善，向着理想的教育愿景不断迈进。①

教师理想信念的现实性意味着教师要从实际情况出发，去构建理想信念体系。教师理想信念的超越性意味着教师要不断实现自我超越。教师要在理论学习与实践过程中，促进理想信念由不坚定到坚定、由低级向崇高转化，从而使教师自我的理想信念体系得到不断更新与超越，向着积极的方向与目标发展。教师的自我超越可能需要教师教育者进行引导，对教师理想信念的转变方向进行目标性的指引。教师教育者通过对理想信念发展目标的制定、对内容方法的选择、对教师教育实践活动过程的引导，以及对教师教育环境以及教育实践发生环境的改造，来帮助教师提升自身的理想信念水平，不断促进教师的理想信念由现实性向超越性转化与发展。

教师理想信念的超越性发展离不开教师理想信念的现实性。根据马克思主义唯物史观的基本理论，即社会意识的内容来源于社会存在，社会意识随着社会存在的发展而变化，我们对各种思想意识的发展过程的分析与研究，离不开对社会存在的认识与判断。所以，我们应该以教师的教育实践活动为基础，从个体的社会存在出发来理解教师的理想信念的形成与发展。应该说，教师的理想信念是建立在一定的社会政治、经济、文化基础之上的。特定的社会政治、经济、文化不仅影响着教师理想信念的发展状况，而且影响着教师理想信念的具体内容与发展路径。具体而言，从政治角度来看，教师应当坚决拥护中国共产党的领导，以马克思列宁主义、毛泽东思想、邓小平理论、"三个代表"重要思想、科学发展观、习近平新时

---

① 顾明远：《北师大的先生们》，115 页，北京，北京师范大学出版社，2022。

代中国特色社会主义思想为行动指南，培养社会主义建设者和接班人。从经济角度来看，不同的经济制度决定了不同的社会存在，孕育出具有不同特色的社会意识及思想体系。在坚持"以公有制为主体，多种所有制经济共同发展"，以及"以按劳分配为主体，多种分配方式共同发展"的经济制度上，我国也呈现出以集体主义为主流的思想体系。因而，教师作为人才培养过程中的中坚力量，其理想信念的形成与发展也应以集体主义为原则，树立为人民服务的社会主义核心思想，为我国经济发展提供正确的方向与持久的思想动力。从文化角度来看，文化传统、风俗习惯、价值取向等，都会在教师的教育实践活动中得到体现，影响着理想信念的具体内容与发展方式。

于永正先生曾说："谁也说不准天上哪块云彩会下雨。"他用一句通俗但富有哲理的话，描述了儿童发展的无限可能。于永正先生将他的教育教学信念转化为自己独有的风格，并生成了自己的名片。他曾这么介绍、阐释他的名片："我会向学生交出这样一张'名片'——正面写着两个大字——微笑；下方写着三个关键词——尊重、理解、宽容。反面写着两个大字——负责；下方也写着三个关键词——严格、顶真、耐心。"于永正先生的名片就是他的座右铭，是他与儿童进行交流互动时的教育宣言，也是他的核心教育思想。这张名片代表着于永正先生的核心价值观以及教育观，凝结着他的儿童观，作为坚定的理想信念，指导着于永正先生的教育教学实践。[1] 教师理想信念的超越性还意味着教师要按照超越现实的理想

---

[1]　成尚荣：《做中国立德树人好教师》，95 页，上海，华东师范大学出版社，2021。

期待去促进理想信念体系的发展，从而以饱满的精神，去追求一种理想的精神境界，成为一个富有精神力量与理想情怀的人。

总之，认识到教师理想信念的现实性和超越性有机结合的形成机制，有助于教师理想信念水平的提高。教师应当努力从"基于现实，而又高于现实"的视角发展理想信念，超越对物质的功利性认识，去追求教育理想。

# 第二节　教师理想信念的发展特征

教师的理想信念是在一定的系统与模式中进行发展的，是一个长期的、复杂的过程。教师理想信念的发展也会因与环境客体当中的诸多因素存在多种多样的关系、受到各种因素的影响，而呈现出几个突出的特征。总体来说，教师理想信念的发展具备互动性特征、一致性特征与阶段性特征。

## 一、教师理想信念发展的互动性特征

教师理想信念发展的互动性特征表现为教师与教师教育者、其他个体之间的互动。教师与教师教育者之间的互动影响着教师理想信念的形成与发展；教师与其他个体，如学生、家长、同事等之间的互动，也对教师理想信念的形成与发展起着重要作用。

以教师与教师教育者之间的互动关系为例。理想信念教育在教师理想信念的形成与发展过程中是极其重要的环节。教师教育者在面向教师开展工作坊或者教育课程时，可以组织教师对师德进行讨论，引导教师分享自己对教育事业的理解和看法。教师教育者可以主动参与教师们的讨论，在积极的氛围中开展对话，并鼓励教师们从对话中汲取营养，丰富自身的理论知识，并在进一步反思、提炼教育实践经验的过程中，发展适合自身价值体系的理想信念。教师在与教师教育者的互动中不断地坚定自身的理想信念，促进自身理想信念体系的发展。教师教育者也在与教师的互动中加深对教育实践经验的理解，在积累一线教育经验的同时，丰富自身对教育事业的认识，厚植教育情怀，强化理想信念体系。

教师教育者作为教育活动的主导者与组织者，往往会成为教师与教师教育者之间互动关系的发起者。他们制定教师理想信念发展的目标，设计教师理想信念讨论的话题，制订合理的方案，并对教师的理想信念发展情况进行评估。教师教育者组织并鼓励教师朝着正确的理想信念方向发展，并对教师起到示范与榜样作用。教师在与教师教育者的互动关系中，根据自己的教育工作经验与生活经验，结合内在的心理需求，推动教育对话过程的发展，从而有意识地建构自身的理想信念体系。虽然教师教育者与教师在互动关系当中的作用不尽相同，但二者是相互联系的。一方面，只有教师积极参与并主动接受教师教育者所传授的教育内容，教师教育者才能发挥主导作用；另一方面，教师要想在理想信念教育对话中发挥建构作用，就离不开教师教育者的引导，需要教师教育者激发自己的潜力，为自己的理想信念发展指出正确的方向。

教师在发展理想信念的征途上，既需要与教师教育者共同构建一种对话模式，也需要与其他主体开展对话。比如，教师在教育过程中引领和指导学生理想信念的发展，而学生在与教师的对话中所展现的世界观、人生观和价值观，为教师的理想信念发展提供思想上的启迪。这种互动不仅是理论知识的传递，而且是心灵与思维的碰撞。正是在这种动态的互动过程中，教师的理想信念得到进一步发展，学生也逐渐形成正确的理想信念。教师在与学生互动的过程中，作为探索精神世界的掌舵者，应精心设计教学策略，创造充满活力和启发性的学习环境。在此环境中，学生被鼓励提出问题、思考问题，并在实践中充满热情地寻找答案。教师在受到学生学习热情的感染后，其内在动力会被激发，教学热情会被点燃，理想信念会更加坚定。人民教育家于漪曾说："一走上讲台，我的生命就开始歌唱。"这首语文教学的生命之歌，是教师与学生的合唱，领唱者是教师，但有的时候也会是学生。儿童正处在生命力最旺盛的时期，像一条奔流不息的河流，唱着歌奔向未来。儿童对世界有着本能的好奇心和探索欲，想要不断地汲取养分，盛开生命之花。倘若教师所开展的语文教育如同干涸的河床，那么儿童在这样的教育面前也会失去活力，儿童的生命之花也会枯萎、凋零。但是，如果教师所开展的语文教育充满活力与魅力，那么儿童的生命也会焕发更大的活力。于漪老师认为，语文教师最真诚、最美好、"最教育"的状态，就是"一走上讲台，我的生命就开始歌唱"。语文教学最为精彩、最为神圣的时刻莫过于此。①

---

① 成尚荣：《做中国立德树人好教师》，82～83 页，上海，华东师范大学出版社，2021。

教师还会与家长、同事等个体产生互动关系，并在互动过程中发展、完善自身的理想信念体系，从而在教育实践道路上不断前行，为构建和谐社会、实现民族复兴的伟大梦想贡献自己的力量。

## 二、教师理想信念发展的一致性特征

中共中央、国务院印发的《关于加强和改进新形势下高校思想政治工作的意见》明确指出："把理想信念教育放在首位，切实抓好马克思列宁主义、毛泽东思想学习教育，广泛开展中国特色社会主义理论体系学习教育，深入学习习近平总书记系列重要讲话精神，引导师生深刻领会党中央治国理政新理念新思想新战略，坚定中国特色社会主义道路自信、理论自信、制度自信、文化自信。"如何保障教师在社会多方面的复杂影响下朝着正确的方向发展自身的理想信念呢？解决这一问题的关键在于各方力量协同合作，以确保教师所受到的理想信念影响是具有一致性的。为什么我们要强调这种一致性呢？因为教师不可避免地会受到复杂、多样的社会影响，而社会影响当中的不一致的部分会让教师在接收信息时感到困惑，从而影响教师对有效信息的接收与理解，也会对教师理想信念的发展产生一定的负面影响。

一般而言，教师在日常工作和生活中会受到各个方面的影响，包括家庭的影响、学校的影响和社会的影响。这些影响有正面的，也有负面的，它们之间的相互作用会影响教师理想信念的形成效果。例如，如果教师对教育的理想信念得到家人的肯定与支持，那么教师就会更加坚定自身的理想信念，从而对教育工作呈现出更高的热情和积极性。相反，如果教师对教育的理想信念得不到家人的肯定与支持，那么教师就会对自身的理想信念产生怀疑，从而对教育工作失去兴趣和激情。有人说，教师是人类灵魂的工程师，承载着培养社会主义建设者和接班人的重要使命。但是，也有人说，教师只是一份用于谋生的工作，并没有那么崇高。来自不同场域的信息可能会对教师理想信念的发展产生正面影响或者负面影响。如果正面影响大于负面影响，教师就会更加坚定自身的理想信念，其理想信念也会得到巩固和强化。反之，如果负面影响占据上风，教师的理想信念就可能会弱化，甚至崩塌。

在当前的时代背景下，深入理解教师理想信念发展的一致性特征，对于塑造和强化教师的理想信念具有至关重要的作用。教师教育者应在教学过程中，不断反思哪些因素阻碍了教师理想信念的发展。我们也需要构建起学校、家庭、社会三者紧密结合的思想道德教育体系，确保这三者在影响教师理想信念的发展过程中保持一致。

教师教育者在实施理想信念教育的过程中，可以结合教师的实际工作和生活，引入生动的案例，让他们能够切实感受到理想信念对教育实践工作和生活的重要性。例如，在讲解社会主义核心价值体系时，教师教育者可以引入一些优秀党员、教育模范的事迹，让教师了解这些价值观在现实生活中的具体体现。教师也可以与家长展开对话，彼此分享自己的经历和感悟，阐释自身的理论信仰，在对话中坚定正确的理想信念，树立正确的人生目标。社会上的公益组织和文化机构，可以通过举办各种形式的活动，宣扬正确的理想信念，引导教师树立积极向上的价值观念。

在促进教师形成并发展正确的理想信念体系的过程中，我们必须恪守一条基本原则，那就是要营造一个连贯一致的教育环境。这个环境由家庭、学校和社会三方面共同构筑，它们在教育的内容、目标以及基本要求上应保持一致。

另外，由于教师理想信念发展的一致性特征，教师在职业生涯的不同时期，应当关注理想信念教育过程中的每一个环节，确保教育目标与阶段性任务的一致性。职前教师应当着重培养基本道德观念和社会责任感，在学习专业知识、提高专业能力的同时，建立起对教育美好未来的憧憬和对社会的热爱。在职教师应基于自身的教育实践经验，深入思考教师个体的职业生涯发展道路与理想信念体系建构的关系，充分理解教师角色与社会发展之间的密切关联，进一步提高批判性思维能力和问题解决能力，丰富精神世界。

总的来说，为了有效地促进教师理想信念的发展，家庭、学校、社会等多方力量应当共同努力，消除环境中可能会对教师理想信念产生负面影响的因素。教师理想信念发展的一致性特征要求教师教育培养机构与家庭、社会携手合作，通过营造积极的教育环境，帮助教师坚定理想信念，为教育事业的蓬勃发展奠定坚实的基础。

### 三、教师理想信念发展的阶段性特征

理想信念发展的阶段性源于人们在接受理想信念教育时的心理特征和认知发展过程，体现为理想信念在人的思想深处形成的阶段性与周期性。

因此，教师教育者需要不断地重复、深化理想信念教育，以达到坚定教师理想信念的效果。

首先，我们需要认识到，一个人的理想信念不可能在短时间内迅速形成，也不可能在一次讲座、一次谈话或者一次报告中就能建立。人的理想信念体系是建立在知识、经验和价值观基础之上的，其建立需要经历萌芽、初步形成、成熟和坚定等不同阶段。因此，要想帮助教师建立正确的理想信念体系，教师教育者就要耐心、细致地进行重复教育，逐步推动教师个体思想观念的进步和信念的升华。例如，面对一名刚开始学习社会主义核心价值观的教师，教师教育者不能期望仅通过一次简单的讲解就让教师深刻理解社会主义核心价值观的内涵，而是需要通过一系列的课程、活动和社会实践，让教师在反复的学习和实践中逐渐深化理解，从而形成稳定的理想信念体系。其次，教师的理想信念应该被用以指导实践。因此，教师教育者不仅要帮助教师建立正确的理想信念，还要引导他们将其内化为自己的行动准则，使之成为推动个人和社会发展的力量。在这一过程中，教师教育者应当注重教育的深度和广度，努力将教育内容系统化、科学化，使之成为教师理性认识的一部分。例如，在讲解社会主义核心价值观时，教师教育者不仅要让教师了解其表层含义，还要引导教师深入理解其背后的历史逻辑、理论基础和实践意义，从而使教师自觉地将其作为自己的行动准则。再次，理想信念可能会受到外界环境的影响，甚至可能会出现弱化现象。因此，为了避免教师理想信念出现弱化现象，教师教育者就要有预见性地进行教育，及时应对外部环境的变化，防止错误思想侵蚀教师的理想信念。教师教育者应该积极引导教师分析外来信息，辨别是非，不断地更新自己的价值观体系，坚守正确的理想信念。例如，在多元文化的影响下，教师教育者需要帮助教师建立正确的世界观、人生观和价值观，使其在面对各种诱惑和挑战时，能够坚定自己的理想信念，不受外界消极因素的影响。最后，教师理想信念的阶段性还体现在教育的整个周期中。在从认知到实践，再到认知的不断循环过程中，每一步都需要教师教育者的耐心指导和教师的积极参与。教师教育者应当通过丰富多样的教育方法和手段，激发教师的学习兴趣，调动他们的积极性，使他们在实践中不断检验和锻铸自己的理想信念。例如，通过组织社会实践活动、开展主题教育活动、举办理想信念交流工作坊等多种形式，让教师在实践中感受理想信念的力量，从而强化对理想信念的理解和认同。

理想信念的重要意义在中国共产党的百年奋斗历程中也得到了体现。在党的百年奋斗历程中，我们见证了一种坚定的信仰是如何引领一个政党从初创走向辉煌的。可以说，坚定的理想信念是塑造人们精神世界的重要手段，也是中国共产党始终坚守的宝贵财富。理想信念，如同璀璨的星辰，照亮着共产党人前行的道路。

理想信念发展的阶段性提醒我们，理想信念的塑造不是一蹴而就的，在追求理想信念的过程中，思想波动和认识反复是正常现象。教师教育者需要有足够的耐心，去发现教师的点滴进步，去鼓励和引导他们在迷茫中找到方向。在对教师进行理想信念教育时，教师教育者要避免简单的知识重复或者知识灌输，应根据教师的职业发展阶段和认知特点，设计具有时代感和创新性的理想信念教育内容，真正触及他们的心灵，从而促进教师理想信念的发展。

教师理想信念发展的阶段性还意味着，教师的理想信念是有时代特点的。正如习近平总书记所言："广大青年要紧跟时代、肩负使命、锐意进取。"①也就是说，在发展理想信念时，教师不仅要贴近时代脉搏，反映时代的要求，而且要有针对性地适应不同发展阶段的需要，不断调整和改变理想信念发展的路径。

南宋理学家、教育家朱熹将教育划分为小学和大学两个阶段。他认为在小学阶段应根据学生的认知特点，培养学生对道德的基本理解，让学生具备基本的道德行为和习惯；在大学阶段，由于学生具备更高水平的道德判断能力与认知水平，因此教师对学生的培养应更强调提升学生的道德理解能力和实践能力。这种分阶段、有针对性的教育方法，对我们设计教师理想信念教育课程具有重要的启示意义。若教师的理想信念发展水平较低或正处于发展的低谷期，教师教育者就应当更加关注教师对理想信念基本概念的正确理解，唤起教师对发展理想信念的热情；若教师的理想信念发展水平较高或正处于发展的高峰期，教师教育者就应当更加关注教师对理想信念的辩证理解，进一步启发教师在实践中对理想信念展开思考。这也意味着，教师教育者在促进教师理想信念发展的过程中，既要注重理论灌输，又要注重实践，让教师通过具体的案例、社会实践活动等方式，感受真理的力量，在理论指导中感受体验的升华。教师理想信念发展的每一步都离不开理论的指导和对实践的探索。所以，教师的理想信念体系是在心

① 习近平：《在知识分子、劳动模范、青年代表座谈会上的讲话》，载《人民日报》，2016-04-30。

灵与心灵的交流、思想与思想的碰撞中建构的。作为教师，我们肩负着培养下一代的重要责任。我们要深耕党史，深刻领悟共产党人对真理的执着追求，并将这种信念融入我们的教育实践。我们要以坚定的理想信念为纽带，连接过去和未来，连接理想和现实，不断推动中国特色社会主义教育事业向前发展，为培养担当民族复兴大任的时代新人而不懈努力。

# 第三节 教师理想信念的教育路径

《中共中央 国务院关于深化教育改革全面推进素质教育的决定》对全体教师的理想信念提出了明确的发展目标："教师要热爱党，热爱社会主义祖国，忠诚于人民的教育事业；要树立正确的教育观、质量观和人才观，增强实施素质教育的自觉性；要不断提高思想政治素质和业务素质，教书育人，为人师表，敬业爱生。"新时代教师肩负着为党育人、为国育才的崇高使命，必须不断提高思想素质，并进一步坚定理想信念。教师理想信念的教育路径如下。

## 一、职前教师理想信念的教育路径

教师的理想信念会影响他们的知觉、判断，而教师的课堂行为又在此基础上生发，因此，理解并促进教师理想信念的完善对改进教师的职业准备和教育实践都是非常必要的。① 教育可能发生于个体所处的各类环境（如家庭、学校和社会等）中。教师理想信念体系的形成与发展，也会受到家庭、学校和社会等环境中的各种思想观念的影响。教师的理想信念在不同阶段具有不同的发展特征，所受到的环境刺激也不尽相同。

在职前阶段，教师往往以学生的身份在学校中接受培养与锻炼。大学作为教师教育发生的重要场所，通过制订和实施培养方案，发展学生的基本道德修养。随着互联网的发展，他们可能会经历不同思想观念与价值观之间的冲突与碰撞。他们一方面会受到多元文化的启发，另一方面又会因繁杂的信息而感到迷茫与不知所措。因而，帮助他们在职前阶段建构并发展理想信念体系并非易事。有学者基于研究数据发现，教师的教育理想信念在大学读书阶段就已经建立了。所以，高校教育者对于学生理想信念的培养是有着不可忽视的意义的。高校应将促进高质量教师队伍建设作为重要使命之一，将构建学生的理想信念体系作为重要的教育环节，力求把学生培养成为坚定不移地与国家站在一起的可靠力量。高校教育者要充分认识到思政教育的必要性，在专业课程教学中融入思想教育内容，丰富学生的精神世界，引导学生树立正确的世界观、人生观和价值观，并着力培育和践行社会主义核心价值观。高校教育者要强调对马克思主义理论的阐释，在课堂中加强对学生的思想引导，让学生在面对社会各类思想观念时，能够以扎实的马克思主义理论为指导，对社会各类思想观念进行审视，审慎且理智地树立正确的理想信念，坚定理想信念的发展方向，完善

---

① 林崇德：《教育的智慧：写给中小学教师》，41～45 页，北京，开明出版社，1999。

自身的理想信念体系。无论在任何发展阶段，高校教育者都不应降低对理想信念教育的重视程度，而应充分发挥学校的教育作用，为学生提供正确的引导，根据社会对教师队伍的理想期待，有组织、有计划地向师范生或者有意向成为教师的学生传授知识技能，在言传身教中培养学生的道德品质，提升学生的专业知识水平、思辨能力以及教学实践能力，力求将他们培养成有坚定共产主义理想和中国特色社会主义信念的教师。

教师在职前阶段接受理想信念教育，有利于在教师角色形成的初期，确定正确的发展方向。习近平总书记指出："马克思主义奠定了共产党人坚定理想信念的理论基础。我们要全面掌握辩证唯物主义和历史唯物主义的世界观和方法论，深刻认识实现共产主义是由一个一个阶段性目标逐步达成的历史过程，把共产主义远大理想同中国特色社会主义共同理想统一起来、同我们正在做的事情统一起来，坚定中国特色社会主义道路自信、理论自信、制度自信、文化自信，坚守共产党人的理想信念，像马克思那样，为共产主义奋斗终身。"①要知道，学生在高等教育阶段深入学习马克思主义理论知识，可以为自身的理想信念体系构建坚实的思想基础，提高自身对各类思想观念的理解力与鉴别力。高校教育者往往从环境中的各类有利因素出发，为学生提供发展理想信念体系的各种路径。比如，高校教育者在课程设计中会制定明确的理想信念发展目标，并在课程实施过程中，结合学科知识与专业特色，阐释正确的理想信念对学科人才发展的重要意义。高校教育者还会邀请马克思主义理论的专家开展讲座，为学生讲

---

① 习近平：《在纪念马克思诞辰 200 周年大会上的讲话》，载《人民日报》，2018-05-05。

授马克思主义理论中与教育有关的思想论述；或者邀请教师榜样或模范人物与学生交流，向学生分享自己的教育工作经历、人生体验与感悟，使学生能够有机会感受优秀教师的思想魅力，并对优秀教师的理想信念发展历程有所感悟；或者组织学生去中小学实习、见习或参加调研活动，让学生能够实地感受教育的魅力，加深对教育事业的理解。高校教育者应当重视对消极或错误思想的处理。一方面，要坚定地指出错误思想的消极意义，阐释错误思想的漏洞所在，为学生明确正确的立场；另一方面，要注重培养学生辨别及处理消极或错误思想的能力，使学生坚决抵制错误思想，主动拒绝思想内容不健康的信息。

此外，理想信念的培养应当是循序渐进的，理想信念教育活动的开展也应当是符合个体身心发展规律的。高校教育者应根据学生的实际情况，如学科专业背景、个体学习特质，制订有针对性的培养方案，做到因材施教，利用多样化的理想信念教育方式，设计能够激发学生主动参与并积极思考的理想信念教育活动，让学生在符合自身发展特点的学习节奏中，不断建构自身的理想信念体系。

总之，在职前阶段开展的理想信念教育是为了让教师在职业生涯的初期阶段，坚定共产主义理想，树立以马克思主义理论为指导的世界观、人生观和价值观，从而能够坚定不移地为我国社会主义建设贡献力量，为实现共产主义理想而奋斗。大学阶段开展的理想信念教育有助于深化学生对马克思主义理论和共产主义理想的认识和理解，从而促进并保障我国教师队伍的高质量发展。

## 二、在职教师理想信念的教育路径

教师进入真实的教育实践场域之后，逐渐积累经验，在与环境的互动中完善理想信念体系。教师可以通过参与教师工作坊、与其他学校教师交流，或者与校长进行深入交谈，激发对教育事业的热情，生发教育情怀。

首先，在职教师需要主动学习和理解马克思主义的理论精髓，并用以指导自己的实践，使自己的实践活动朝着正确的方向前进。在这个过程中，教师教育者需要不断地反思和修正自己的教育方法，确保它们能够与时俱进，符合教师发展的实际需求。教师教育者可能以教师发展中心的教师的身份出现，也可能以教师的师傅的身份出现。他们应该积极地参与到一线教师的成长过程中，帮助一线教师提升理论素养，坚定信念。教师在提升了理论素养之后，就要用自己的实际行动去影响其他教师的信念轨迹，并为学生理想信念体系的发展打好基础。只有这样，教师的理想信念体系才算得到了有效的发展。这是一条充满挑战的道路，但同时也是一条可以获得成就感的道路。我们期待每一位教师都能在理想信念的发展道路上找到自己的位置，发光发热。

其次，教师教育者在进行理想信念教育时应避免使用强制性手段，而要持民主和平等的态度，积极引导，使教师主动地调整个人的价值观，使之与共产主义理想信念保持一致，并将共产主义理想信念内化为自己的信仰，继而转化为个人的行动。也就是说，在建立共产主义的理想信念时，教师的主动性是至关重要的。同时，教师的情感需求应该受到关注。学校应当关心教师的日常工作和生活，了解他们的需求，帮助他们解决实际问题，使他们在工作中感到温暖和安全，从而强化对教育事业的热爱及从事教育事业的坚定信念。有研究表明，教师的理想信念在转化成教育实践时会影响学生的思想观念。因此，教师可以为学生创设轻松的教育氛围，鼓励学生大胆质疑，勇于发表自己的见解，从而为教师提供看待问题的多重视角，启发教师对自身的理想信念进行反思，促进教师理想信念体系的完善，为教育事业的发展增添活力。

再次，在职教师的理想信念发展尤其强调与时俱进。当今世界正经历百年未有之大变局，中国也正处于社会转型期和战略机遇期。对于作为为国家培养人才的主力的教师来说，坚定理想信念显得尤为重要。教师的理想信念应以国家发展为核心，以民族复兴为目标。随着互联网的迅猛发展，新媒体拓展了教师获取信息的渠道，然而教师的理想信念却更容易受到侵蚀。因此，加强理想信念教育，引导教师将自我价值和社会价值相结合、将个人利益和国家利益相结合也显得尤为重要。

最后，教师教育者应当注重培养教师的信息甄别能力。教师在日常教育实践活动中，应当具备识别和选择可靠的思想教育信息，并建构正确的思想框架的能力。教师在与外界互动时也要善于识别和选择可靠的思想教育信息，以确保获得健康的信息流，促进自身理想信念体系的完善。教师教育者可以通过组织红色实践活动、开展主题讲座、开办工作坊等方式，让教师在健康的信息环境中，树立正确的世界观、人生观和价值观，并在实践中不断地坚定理想信念，为我国的社会主义现代化建设贡献力量。

### 三、贯通教师理想信念发展的教育路径

党的十九大报告指出："人民有信仰，国家有力量，民族有希望。"为了保障教师理想信念的坚定性，教师教育者要在教师职业发展的各个阶段持续地开展理想信念教育。

首先，教师教育者应当带领教师，审视已有理想信念的根基，并展望理想信念的未来发展趋势。在回望过去时，教师教育者可以鼓励教师思考人们已经形成并确立的思想框架，识别出过往思想的主流趋势以及遗留的问题，加深教师对自身理想信念体系的认识。例如，强调理性与自由的启蒙运动的思想遗产在今天可能体现为对批判性思维的培养和对个性解放的倡导。这就意味着自由的价值观念，对于当今的教育实践发展有着新的时代意义。教师可以通过阅读积累或者与其他人交流探讨，深入理解传统价值观对当今教育实践的影响，从而获得更加坚实的思想基础，建立更加坚固的理想信念体系。与此同时，教师教育者应当鼓励教师立足当下，对社会中的多元化思想有全方位的把握。这意味着教师不仅要审视历史遗留问题，还要不断地洞察新时代涌现的新问题。比如，当前社交媒体的普及为我国的教育发展提出了新的挑战——无论是教师还是学生，都必须提升数字素养。因此，教师需要积极应对这一时代命题，发挥理想信念的引领作用，在教学活动中适当选入网络伦理和信息筛选方面的内容。在具体审视当前信息网络发展的挑战与问题时，教师教育者也应当关注这些问题是如何与时代背景交织在一起的，又是如何与其他社会问题相互影响

的，从而为教师的精神世界发展提出新的要求。只有在此基础上，教师才能够学着进一步放眼未来，不断预测已有社会问题的未来动向和发展态势，从而不断更新自己的思想观念，促进理想信念体系的完善。例如，随着人工智能的发展，关于机器伦理和人工智能在教育领域的适当应用等问题逐渐成为教育热点。基于这样的前瞻性分析，教师教育者可以为教师发展预设蓝图，确保教师教育的内容与未来社会的需求同步。

其次，在遵循教师理想信念阶段性发展规律的同时，教师教育者应当注重鼓励教师不断更新理想信念体系。教师教育者要综合考量理想信念在不同时间维度的发展问题，并以此为基础构建一个连贯的思想框架。这个思想框架要求教师不仅处理过去和现在的问题，还预设和准备应对未来可能出现的新挑战。例如，在处理过去的历史价值问题时，教师教育者可以通过关于历史的教育与讨论帮助教师理解不同历史时期的思想斗争和价值演变；在应对现在的时代社会议题时，教师教育者可以通过心理工作坊和道德教育帮助教师树立正确的价值观，形成应对现代生活压力的能力；在应对未来时，教师教育者可以通过培养教师的批判性思维和思辨能力发展教师的适应性和前瞻性。

最后，我们必须明白，教师理想信念的预防性教育和持续性教育虽各有侧重点，但实质上是一个连续体的两个方面。预防性教育着重解决教师的理想信念体系如何应对新兴的和将来可能产生的问题，如帮助教师建立坚实的思想基础，让教师能够从多元化的理论视角对新兴问题产生科学的认识，避免自身的理想信念体系轻易遭受新兴问题的负面影响。在职前教师教育阶段，高校教育者应加强学生的思想理论知识传授，让学生能够对我国的重要思想产生深刻认识，建构坚实的思想理论基础，并解决历史遗留或正在形成的问题，引导学生在反思的基础上吸收知识，形成批判性思维；在在职教师教育阶段，教师教育者可以加强教师多元思维能力的培养，使教师能够基于已有的思想认识对教育实践现实形成正确的认知，从而巩固并发展自身的理想信念体系。持续性教育则专注于在教师理想信念发生倒退时，适当地为教师提供理论支持与实践引导，为教师的理想信念发展提供持续性的帮助。预防性教育和持续性教育的结合使用不仅有助于深化教师对理想信念的理解，而且有助于提升教师理想信念体系的整体效能。

总之，预防性教育和持续性教育是贯通教师理想信念发展的两种重要方法。虽然，两种方法在具体的教育应用和发展目标上有所不同，但通过整合，它们能够为教师的理想信念发展提供全面、连贯、具有前瞻性的教育体验，从而使教师在理想信念的发展过程中，更好地适应快速变化的世界，使教师的理想信念具备可持续发展的能力，以指导教师的教育工作与生活。教师的理想信念教育是一项长期而艰巨的任务，它需要教师教育者深刻理解人的认识发展规律，耐心细致地进行教育，不断调整教育策略，创新教育方法，以适应不断变化的教育环境。只有这样，我们才能培养出具有坚定信念、能够担当民族复兴大任的时代新人，促进教师队伍的高质量发展。

## 小　结

教师理想信念的形成与发展是一个复杂的系统工程，需要教师自身的努力与社会环境的促进。教师理想信念的形成机制包括理论与实践相结合、主体因素与环境因素相互影响、现实性与超越性相统一。教师理想信念的发展具备互动性特征、一致性特征与阶段性特征。互动性特征体现为教师与教师教育者以及其他个体之间的互动，一致性特征体现为家庭、学校、社会等各方力量的协同合作，而阶段性特征则体现为理想信念形成的循序渐进与反复性。为了促进教师理想信念的发展，职前阶段可以通过马克思主义理论教育教师，使其形成正确的世界观、人生观和价值观；在职阶段则需要引导教师继续学习并践行这些理念，同时关注社会变化对教师的影响，设计与时俱进的教育内容。对教师理想信念的形成机制的探讨，不仅揭示了教师理想信念的形成过程，而且为教师理想信念的发展路径提供了重要的启示。我们应当遵循教师理想信念的发展规律，采取科学的教育方法，不断调整教育策略，以培养出具有坚定理想信念的高素质教师，推动教育事业的发展。

第六章

# 教师理想信念与教育高质量发展

党的二十大之后，推动教育高质量发展成为我国教育事业发展的核心任务。教育高质量发展以新发展观为指导，不仅意味着教育活动（结果）的高质量，而且意味着教育发展（过程）的高质量，本质上是一种新的教育发展观、一种新的教育发展模式和新的教育发展阶段，涉及教育发展动力、机制、内容、环境以及价值取向等发展因素。教育高质量发展必须以贯彻落实党的教育方针为根本依据，以教师集体建设为根本保障，以教育优质均衡发展为旨归。教师的理想信念推动着党的教育方针的贯彻落实，强化教师集体建设以及教育优质均衡发展，汇聚为教育高质量发展的不竭动力。

# 第一节　教师理想信念与贯彻落实党的教育方针

自党的十八大以来，教育高质量发展已经成为一种逐渐清晰的教育发展理念。习近平总书记在党的二十大报告中指出，"高质量发展是全面建设社会主义现代化国家的首要任务"，"教育、科技、人才是全面建设社会主义现代化国家的基础性、战略性支撑。必须坚持科技是第一生产力、人才是第一资源、创新是第一动力，深入实施科教兴国战略、人才强国战略、创新驱动发展战略，开辟发展新领域新赛道，不断塑造发展新动能新优势"。教育是国之大计、党之大计。教育系统要深刻领会以习近平同志为核心的党中央做出这一战略部署的深义和赋予教育的新使命、新任务，加快推进教育高质量发展，加快建设教育强国，办好人民满意的教育，有力强化现代化建设人才支撑，为全面推进中华民族伟大复兴贡献教育力量。百年大计，教育为本。习近平总书记对教育事业特别是培养社会主义建设者和接班人工作高度重视，围绕培养什么人、怎样培养人、为谁培养人这一教育的根本问题，就教育改革发展提出了一系列新思想、新观点、新论断，突出强调要坚持党对教育事业的全面领导，坚持把立德树人作为根本任务，坚持优先发展教育事业，坚持社会主义办学方向，坚持扎根中国大地办教育，坚持以人民为中心发展教育，坚持深化教育改革创新，坚持把服务中华民族伟大复兴作为教育的重要使命，坚持把教师队伍建设作为基础工作，为新时代教育发展提供了根本遵循。

中国共产党成立伊始，就在马克思主义的引领之下，通过制定教育方针来领导和推动教育事业发展。百年来，中国共产党的教育政策和实践表明，"党的教育方针是党领导中国教育发生历史性变革、取得历史性成就的灵魂和法宝，推动了我国教育事业从小到大、从弱到强的历史性跨越"①。这一跨越离不开数以千万计的拥有理想信念的人民教师的百年奋进，他们在理想信念的推动下自觉地贯彻落实党的教育方针，躬身示范，以自己的理想信念唤醒着一代又一代学生的理想信念。

## 一、贯彻落实党的教育方针是教育高质量发展的根本依据

"党的教育方针是党在一定历史阶段提出的有关教育事业的总方向和总指针，确定教育事业发展方向，是教育改革发展的指导思想、价值取向和根本要求，是教育基本政策的总概括，是指导整个教育事业发展的战略原则和行动纲领。"②中国共产党领导的百年教育事业发展的经验表明，正是在党的教育方针的指引下，中国教育事业才能从无到有，从弱到强。

1921年，在中国共产党第一次全国代表大会上通过的《中国共产党第一个决议》指出，成立工人学校，学校的基本方针是提高工人的觉悟。

---

① 宋德民：《深入学习贯彻党的教育方针 推动教育高质量发展》，载《人民教育》，2022(1)。

② 翟博：《新时代教育工作的根本方针》，载《中国教育报》，2019-09-16。

1925 年，在中国共产党第四次全国代表大会上通过的《对于青年运动之议决案》指出，要先调查青年工人的状况，再来定更适当的宣传、组织和教育方针。虽然这一时期的中国共产党还没有建立自己的政权，但已经充分认识到教育对于唤醒民众革命觉悟的重要价值，并用社会主义和共产主义精神启蒙和鼓舞革命民众。这奠定了中国共产党人对以教育方针引领教育工作、发展教育事业的基本认知。

1927 年，井冈山革命根据地建立，随后苏维埃政权、抗日革命根据地以及解放区政权相继建立。在执政区域内开展教育工作是中国共产党的必然之举。由于有了自己的政权、武装和土地，这一时期的中国共产党开始立足根据地并着眼全局，面向解放事业来擘画教育蓝图，制定教育方针。例如，1934 年 1 月，毛泽东在《中华苏维埃共和国中央执行委员会与人民委员会对第二次全国苏维埃代表大会的报告》中提出了教育总方针，即"在于以共产主义的精神来教育广大的劳苦民众，在于使文化教育为革命战争与阶级斗争服务，在于使教育与劳动联系起来，在于使广大中国民众都成为享受文明幸福的人"[①]。1940 年，毛泽东在《新民主主义论》中提出了新民主主义革命时期的文化教育总方针，即"居于指导地位的是共产主义的思想，并且我们应当努力在工人阶级中宣传社会主义和共产主义，并适当地有步骤地用社会主义教育农民及其他群众"[②]。在明确的教育方针的引领下，革命根据地的教育事业取得了快速发展。革命根据地对工人教育、农

---

① 《毛泽东同志论教育工作》，15 页，北京，人民教育出版社，1958。
② 《毛泽东选集》第二卷，704 页，北京，人民出版社，1991。

民教育、干部教育，基础教育、高等教育等不同类型的教育均进行了布局，列宁小学、苏维埃大学、中国人民抗日军事政治大学、陕北公学、鲁迅艺术学院等各类学校纷纷成立。这一时期的教育方针，已经自觉同中国以往的教育传统区别开来，自觉彰显民族性、科学性和人民性，引导着新文化和新教育的发展。

1949 年，中华人民共和国成立。《中国人民政治协商会议共同纲领》规定："中华人民共和国的文化教育为新民主主义的，即民族的、科学的、大众的文化教育。"在这一教育方针的指引下，新中国改造旧教育，发展新教育，探索构建了中国特色社会主义教育制度的基本框架与雏形。1956年，中国共产党第八次全国代表大会宣布社会主义改造已取得决定性胜利，社会主义的社会制度在我国已经基本上建立起来了，要求必须大力地发展文化教育卫生事业。1958 年，《中共中央、国务院关于教育工作的指示》指出："党的教育工作方针，是教育为无产阶级的政治服务，教育与生产劳动结合。"受各种原因的影响这一教育方针并没有被贯彻落实，我国的教育事业发生了停滞甚至倒退。

1978 年，十一届三中全会召开，要求大力加强实现现代化所必需的科学和教育工作。1985 年，《中共中央关于教育体制改革的决定》，用"教育必须为社会主义建设服务"取代了"教育为无产阶级的政治服务"。1995 年，《中华人民共和国教育法》明确规定："教育必须为社会主义现代化建设服务，必须与生产劳动相结合，培养德、智、体等方面全面发展的社会主义事业的建设者和接班人。"2002 年，党的十六大报告指出："全面贯彻党的教育方针，坚持教育为社会主义现代化建设服务，为人民服务，与生产劳动和社会实践相结合，培养德智体美全面发展的社会主义建设者和接班人。"在这一教育方针的指引下，我国大力发展教育事业，为经济发展提供了高质量的人力资源和生产技术。在经济总量上，我国经济总量跃居世界第二位，成为仅次于美国的世界第二大经济体，人民的生活水平得到了极大改善，社会面貌也发生了翻天覆地的变化。毫无疑问，教育在其中发挥着令人骄傲的作用，而这又要归功于对党的教育方针的贯彻落实。

2012年，党的十八大报告指出："要坚持教育优先发展，全面贯彻党的教育方针，坚持教育为社会主义现代化建设服务、为人民服务，把立德树人作为教育的根本任务，培养德智体美全面发展的社会主义建设者和接班人。"2017年，党的十九大报告做出了"中国特色社会主义进入新时代"的重大判断。习近平总书记在报告中指出："中国特色社会主义进入新时代，我国社会主要矛盾已经转化为人民日益增长的美好生活需要和不平衡不充分的发展之间的矛盾。""必须认识到，我国社会主要矛盾的变化是关系全局的历史性变化，对党和国家工作提出了许多新要求。我们要在继续推动发展的基础上，着力解决好发展不平衡不充分问题，大力提升发展质量和效益，更好满足人民在经济、政治、文化、社会、生态等方面日益增长的需要，更好推动人的全面发展、社会全面进步。"2018年9月10日，全国教育大会召开，习近平总书记指出："全面贯彻党的教育方针，坚持马克思主义指导地位，坚持中国特色社会主义教育发展道路，坚持社会主义办学方向，立足基本国情，遵循教育规律，坚持改革创新，以凝聚人心、完善人格、开发人力、培育人才、造福人民为工作目标，培养德智体美劳全面发展的社会主义建设者和接班人。"①2021 年，新修订的《中华人民共和国教育法》将教育方针明确为："教育必须为社会主义现代化建设服务、为人民服务，必须与生产劳动和社会实践相结合，培养德智体美劳全面发展的社会主义建设者和接班人。""两个必须"和"劳"的增加体现了中国共产党对新时代的特点和精神的深刻把握，以及在此基础上的正确而科学的回应。党的十九大报告在"过去五年的工作和历史性变革"中如此总结教育："教育事业全面发展，中西部和农村教育明显加强。"党的二十大报告在"过去五年的工作和新时代十年的伟大变革"中如此总结教育："在幼有所育、学有所教……上持续用力"，"建成世界上规模最大的教育体系"，"教育普及水平实现历史性跨越"。2023 年 5 月 29 日，习近平总书记在中共中央政治局第五次集体学习时指出："据测算，我国目前的教育强国指数居全球第 23 位，比 2012 年上升 26 位，是进步最快的国家。"②这一时期的教育方针是党和国家根据国内、国际两个大局，根据我国经济、政治、文化等全方面发展的现状与趋势提出的，是对教育与国家建设、经济发展关系的规律的科学把握。因而，它在现实中发挥着引领国家教育事业发展的作用。换言之，新时代教育事业的成就是对新时代教育方针的贯彻落实和实践表达。

综上所述，我们发现每一时期的教育方针都是对时代所需、人民所

---

① 《习近平在全国教育大会上强调 坚持中国特色社会主义教育发展道路 培养德智体美劳全面发展的社会主义建设者和接班人》，载《人民日报》，2018-09-11。

② 《习近平在中共中央政治局第五次集体学习时强调 加快建设教育强国 为中华民族伟大复兴提供有力支撑》，载《人民日报》，2023-05-30。

想、国家所要的教育回应，是党和国家最高的教育纲领。只有严格遵循和落实这一最高教育纲领，才能促进教育事业的兴旺发展、可持续发展、累积性发展。一旦违反，教育事业就会停滞甚至倒退，这是已经被证明也被铭记的历史事实。因而，它是我国发展教育事业必须遵循的"金科玉律"。

教育高质量发展构成了一个新的话语体系，是应"我国经济已由高速增长阶段转向高质量发展阶段"这一现实而生的。教育高质量发展的政策内涵与经济高质量发展的内涵有共通之处，那就是体现和符合"创新""协调""绿色""开放""共享"新发展理念，只不过在对这五大新发展理念的内涵阐释和实践落实上，教育有其不同于经济的表达方式。"现代化理论是教育高质量发展的目的论基础，马克思主义人的全面发展学说是教育高质量发展的价值论基础，新发展理念是教育高质量发展的方法论基础。"[1]"大体而言，教育高质量发展至少应包含如下意涵：一是一定的数量规模；二是合理的结构；三是教育均衡发展与公平；四是推动社会进步；五是促进个人全面发展；六是面向未来的教育创新趋向。"[2]概括来说，"教育高质量发展实际上是一种新的教育发展理论，它所阐明的核心问题是：什么是新时代好的、理想的、值得追求的教育发展模式"[3]。综合来看，教育高质量发展是基于党的十八大以来我国教育事业发展所取得的成就、所面临的问

---

① 刘振天：《教育高质量发展的理论基础及其方向引领》，载《中国高教研究》，2022(5)。

② 张新平：《教育高质量发展之探究》，载《教育发展研究》，2020(20)。

③ 石中英：《教育高质量发展的政策内涵和实践路径》，载《人民教育》，2022(23)。

题、所迈向的未来的综合研判，是对当前和未来我国教育事业发展的界定和规定。对教育高质量发展的特征和理论框架所做的诸多分析，在根本上与党的教育方针高度符合。具体而言，在结果维度上，教育高质量发展所培养的一定是德智体美劳全面发展的社会主义建设者和接班人，而非旁观者；在方式维度上，教育高质量发展必须与生产劳动和社会实践相结合，只能是扎根中国大地、滋养中国大地并被中国大地滋养的发展方式；在立场取向维度上，教育高质量发展必须为社会主义现代化建设服务，为人民服务。

2021 年 5 月，中央教育工作领导小组印发《关于深入学习宣传贯彻党的教育方针的通知》，指出："党的教育方针是党的理论和路线方针政策在教育领域的集中体现，在教育事业发展中具有根本性地位和作用。"从历史角度来说，高质量发展只是当前和未来一段时期内，我国教育发展的阶段性要求，是我国教育发展史上的一个阶段，因而必然要遵循党的教育方针引领教育事业发展的历史逻辑。从理论阐释角度来说，教育高质量发展的内涵界定是指向新时代党的教育方针的，是新时代党的教育方针的分形表述。故而，贯彻落实党的教育方针是教育高质量发展的根本依据。

## 二、教师理想信念是贯彻落实党的教育方针的思想动力

教师是实施党的教育方针的依靠力量和主力军。建设一支师德高尚、业务精湛、数量充足、结构合理、充满活力的高素质、专业化教师队伍，

是办学之根本，也是落实党的教育方针的基石。[①] 在这诸多的素质要求中，坚定的理想信念是根本驱动力。虽然党的教育方针已经被写进教育法律中，虽然贯彻落实党的教育方针是每一位教师的工作必选项，但是，个别教师存在功利主义、精致的利己主义倾向，还有一些教师缺乏职业荣誉感，对教育事业的价值认识不足，职业倦怠情绪严重，这些都成为贯彻落实党的教育方针的阻碍因素。

对教师应有的理想信念常常有这样一些表述："好老师心中要有国家和民族，要明确意识到肩负的国家使命和社会责任。""我们的教育是为人民服务、为中国特色社会主义服务、为改革开放和社会主义现代化建设服务的，党和人民需要培养的是社会主义事业建设者和接班人。好老师的理想信念应该以这一要求为基准。""好老师要有'心有大我、至诚报国'的理想信念。"因此，教师必须有高远的境界和开阔的格局，不能仅着眼于书本知识或教学成绩，而应该深刻理解理想信念的内涵及所担负的教育使命。

石中英教授曾将学校的价值分为三个维度，分别是个体价值、社会价值和人类价值。学校的个体价值在于学校能促进、引导、规范学生个体的发展。学校的社会价值在于学校是社会生活的基础、社会团结的纽带、社会进步的有效工具。学校的人类价值在于学校是唤醒人类意识的场所、增进人类理解的工具、培育人类命运共同体的力量。学校的个体价值、社会价值、人类价值是相互联系、互为条件、不可分割的。[②] 大部分教师可能

---

[①] 瞿振元：《新时代党的教育方针的内涵与实施》，载《光明日报》，2022-04-12。

[②] 石中英：《论学校的价值》，载《中小学管理》，2009(1)。

更关注学校的个体价值，欠缺对学校的社会价值和人类价值的思考。教师只有自觉地认识到自己的教育教学行为不仅能改变学生，而且能改变社会，甚至还能改变世界，才会尝试去实现教育事业的三重价值。

理想信念将会帮助教师打开格局，使教师看到自己工作的社会价值和人类价值，从而在平凡的岗位上创造出伟大的功绩。时代楷模黄大年在入党志愿书中写道："若能做一朵小小的浪花奔腾，呼啸着加入献身者的滚滚洪流中，推动历史向前发展，才是一生中最值得骄傲和自豪的事情。"他用一生履行着入党誓言，秉持科技报国理想，把为祖国富强、民族振兴、人民幸福贡献力量作为毕生追求，把至诚报国作为毕生信念。这样的格局和信念投射到他的教师身份上，便化为他对学生的谆谆教诲，即要将个人价值与国家的前途命运紧密联系在一起。他时刻将"我是在为国家培养人才，马虎不得"①挂在嘴边。黄大年以其师者之魂育人，培养出了一批又一批"出得去，回得来"的人才。

理想信念能够保持教师的教育定力。定力指的是人们在改造客观世界和主观世界的过程中所表现出来的坚强意志、执着信念和高尚道德。教育定力则指的是教育者在从事教育工作的过程中所表现出来的坚强意志、执着信念和高尚道德。教育定力包括教育的政治定力、战略定力和育人定力。在中国，教育是国之大计、党之大计。教师一定要有从政治上看教育的觉悟，不断增强教育的政治定力，坚定社会主义办学方向，提高思想政

---

① 郭馨泽：《大我之心报国 师者之魂育人——从黄大年到"黄大年式教师团队"》，载《中国教育报》，2021-09-10。

治教育的意识和能力。教育的战略定力指的是教师在把握教育内外部环境和发展趋势的前提下，为实现教育战略目标所应具备的掌握全局的综合行动能力。坚持党对教育事业的全面领导、坚持扎根中国大地办教育、坚持遵循教育发展规律办学、坚持德智体美劳全面育人，是促进教育战略定力更好地发挥作用的科学路径。教育的育人定力指的是教师在立德树人、培养德智体美劳全面发展的社会主义建设者和接班人的过程中所表现出来的职业操守。当两个学生把她们要到西藏当兵的消息告诉张桂梅老师时，她因舍不得而掉泪，学生安慰道："您告诉过我们，祖国哪里需要，我们就上哪里去。"张桂梅老师的学生毕业后选择的职业大多是教师、医生、警察，还有的学生回到了张桂梅身边，和她一起为党育人、为国育才。看其生，可知其师所教。张桂梅老师跟学生们说得最多的就是：从大山里飞出去的那一刻，就要牢记肩负的使命——为家乡、为社会、为国家、为民族做贡献。

教师的理想信念能够赋能教育勇气，激励教师坚守育人使命。罗素将勇气视为一种教育品质，并指出，非个人主义的人生观能够帮助个人获得最大的勇气。这种非个人主义的人生观对于教师而言，便是理想信念。当理想、信念一同作为教师的职业概念合起来的时候，在内涵上已经实现了超越和突破。它不再仅仅是教师的职业理想或职业信念，也不再仅仅是教师个体的理想或信念，而是新时代中国特色社会主义这一独特的历史语境之下的中国教师的理想信念。在宏大的语境之下，它是国家需要与个体诉求的统一，是集体理想与个体理想的统一。它被统一到教师职业的规定性中，继而又被分配到每一个具体的教师身上，使教师具有了极强的行动力量。由于承受不住巨大的压力，在华坪女高建校半年后，17 名教师中有 9 名辞职了。张桂梅发现，剩下的人中有 6 名是党员，因此和那 6 名党员重温了入党誓词。当读到"为共产主义奋斗终身"时，张桂梅和 6 名党员都哭了。哭声传递的是中共党员在理想信念的支撑下对教育事业的坚守，正如张桂梅所言："我们有 6 个党员，在战争年代，阵地上只要有一个党员，这块阵地就不会丢掉。"擦干泪水之后，张桂梅和她的同事们，在华坪女高这块"阵地"上，再次坚定了"通过教育改变大山女孩的命运，进而改变三代人的命运，改变一方水土贫穷落后的命运"的为人师者和共产党人的初心。从那天开始，张桂梅带着老师和学生一起学《中国共产党章程》，看《焦裕禄》，听革命英雄故事，唱《英雄赞歌》《红梅赞》。在此过程中，张桂梅不断坚定为党育人、为国育才的理想信念。

习近平总书记深刻指出："有了坚定的理想信念，站位就高了，眼界就宽了，心胸就开阔了，就能坚持正确政治方向，在胜利和顺境时不骄傲不急躁，在困难和逆境时不消沉不动摇。"①

### 三、有理想信念的教师才能培养出有理想信念的社会主义建设者和接班人

习近平总书记指出："正确理想信念是教书育人、播种未来的指路明

---

① 习近平：《关于坚持和发展中国特色社会主义的几个问题》，载《求是》，2019(7)。

灯。不能想象一个没有正确理想信念的人能够成为好老师。"①诚哉斯言。再高明的智能机器都不能取代教师，因为教师不仅要传授知识，还要教授学习知识的方法，传递他们对这个世界的认识与看法。虽然知识与信息的获得渠道越来越多，越来越便捷，但是教师这一职业仍然不可或缺，因为学生需要的是具有蓬勃生命力的人的引导，他们可以从教师身上看到生命的质感，汲取向上的力量，获得真挚的情感。换言之，学生只能作为一个完整的人去接受教育。教师工作的这种特殊性要求教师必须具有坚定且正确的理想信念。只有这样的教师，才能成为真正的好老师，才能培养出有理想信念的社会主义建设者和接班人。

有理想信念的教师能自觉且理直气壮地表达他们对学生的期望。有理想信念的教师能够明确而坚定地回答"我是谁""我在做什么"的问题。他们深知自己是一名人民教师，所担负的是培养社会主义建设者和接班人的崇高使命，他们的行动关乎国家的未来。正如于漪老师所言，"（教师）一个肩膀挑着学生的现在，一个肩膀挑着国家的未来。"当教师有了这样一种关于自身教育使命的清醒的觉知后，就有了"风物长宜放眼量"的豁达，就有了"不管风吹浪打，胜似闲庭信步"的从容，就有了静心、精心、潜心教坛的信念。于是，培养什么人、怎样培养人、为谁培养人这一教育的根本问题，便如血肉般长进了他们的教育之躯，任何一切教育变革行为若要打动他们，须以对此三问的正确作答为门槛。换言之，有理想信念的教师是清

---

① 习近平：《做党和人民满意的好老师——同北京师范大学师生代表座谈时的讲话》，载《人民日报》，2014-09-10。

醒的、聪慧的，对于该做什么、能做什么都有清晰的认知。这样一种清醒是他们一切教育教学言行的底气和动力源。

有理想信念的教师知晓当前和未来的国家与社会需要什么样的人，他们无比期待，从自己班级里走出去的学生都是德智体美劳全面发展的社会主义建设者和接班人。"春风化雨润桃李，立德树人育英才。"有理想信念的教师真诚无我地深爱着自己的学生，希望他们在未来都能成为受人尊重的，对社会、对国家、对世界、对人类有所贡献的人；希望他们都能过上真正幸福的生活，享受完满的人生。因此，有理想信念的教师会始终"保持独立思考力，不被身边那些未经深思熟虑且传统的观念过分影响"[①]。他们会帮助和鼓励学生取得学业上的成功，让学生相信自己拥有为祖国、为人民、为人类社会服务的能力。于漪老师教学生"我善养吾浩然之气"时说："我的学生不求他们能显赫，但一定要成为社会的好公民，服务国家，服务人民。"张桂梅老师则把"我生来就是高山而非溪流，我欲于群峰之巅俯视平庸的沟壑；我生来就是人杰而非草芥，我站在伟人之肩藐视卑微的懦夫"的信念铭刻到学生的心中。

有理想信念的教师明白"贤者以其昭昭，使人昭昭"的道理。他们深知命令和要求是不起作用的，应该在学生心中埋下理想信念的种子。有理想信念的教师，不会对教育悲观失望，不会恣意指责，不会对教育丧失耐心，他们会去寻求解决问题的方法；有理想信念的教师，不会对学生弃之

---

① 赵显通：《道德教育、学校德育与教师——访约翰·怀特教授》，载《教师教育学报》，2019(1)。

不管；有理想信念的教师，会执着地去追求课程改革；有理想信念的教师，会对自己充满信心和力量。有理想信念的教师不会随波逐流，不会为世俗偏见所羁绊，他们会在专业成长的道路上，积极主动地学习教育教学理论，反思自己的教育教学工作，走出一条科研型教师的成才之路。

杨贤江以《学生杂志》为阵地，以文字为教育方式，以"怎样对待人生"这个青年乐于探讨的热门话题为主题，分析批判了当时的青年对人生目的的种种错误观点，如"做官论""发财论"等，继而以缜密的辩证逻辑、亲切的生活事例，从精神、情感、职业、生活、健康、恋爱与婚姻等多方面入手，向广大青年发出要成为"圆满发达"的人的号召。他在《中国青年之敌》一文中，借用马克思主义的概念工具阐明青年问题产生的社会根源。他认为帝国主义、资本主义是青年求学就业、恋爱结婚的最大阻碍。杨贤江告诫青年：要反抗资本主义，必须明白社会演化的规律，即革命和阶级斗争的历史，要援助被压迫阶级，不能为统治阶级张目作恶。[①] 杨贤江何以能关注青年问题，在同青年的交流中实现教育青年的目标，并提出"全人生指导"这一具有时代创新性的本土教育理论？他的这些教育思想、教育实践是建立在他本人对马克思主义的学习、理解和信奉的基础上的，源于他对马克思主义的人的全面发展学说的深刻认识及对阶级社会的深刻洞见。

夏丏尊先生在谈到著名美术教育家、艺术家李叔同时曾说过："李先生教图画、音乐，学生对图画、音乐，看得比国文、数学等更重。这是有

---

① 王康：《杨贤江：运用马克思主义研究青年问题的先驱》，载《团结报》，2020-04-16。

人格作背景的原故。因为他教图画、音乐，而他所懂得的不仅是图画、音乐；他的诗文比国文先生的更好，他的书法比习字先生的更好，他的英文比英文先生的更好……"①夏先生浑身散发着理想信念之光。"理想信念决定老师灵魂的纯度和温度，维系老师人性的高度和气度，影响老师言行的信度和效度，制约老师发展的速度和深度。"②身带理想信念之光的教师，对于学生而言，充满了无限的吸引力与感召力。黑格尔说，人总是需要一点精神的。人与其他任何生命的不同之处就在于人有精神追求，对崇高的理想具有天然的向往，这就是人性。具有理想信念的教师，会激活学生心中的理想信念，并引导学生将其变为行动。"教师与学生在教与学的过程中，随着知识的传播与信息的广泛交流，教师的思想意识、理想信念也会随之影响学生，使之滋生一定的政治观念。教师作为一种特殊的职业，其理想信念不仅影响自身的思想灵魂，同时也会以意识的、精神的形式影响到教育教学行为，并且通过教育教学行为影响学生的思想和行为。"③恰如袁采所言："己之才学为人所尊，乃可诲人以进修之要；己之性行为人所重，乃可诲人以操履之详。"理想信念作为一种价值观念，不是与生俱来的，而是在人们成长过程中通过后天学习、培养、教育和熏陶养成的。④个中密钥或者说中介因素，便是具有理想信念的教师。

---

① 钟桂松：《丰子恺·自述》，112 页，上海，上海三联书店，2022。

② 杨修平：《习近平总书记"四有"好老师的教育哲学意蕴》，载《中国教育学刊》，2018(7)。

③ 耿文侠、冯春明：《教师理想信念与教学行为的相关性分析》，载《教育评论》，2005(2)。

④ 潘晔、王维：《新时代高校青年教师理想信念认同特点探析》，载《学校党建与思想教育》，2019(6)。

# 第二节　教师理想信念与教师集体建设

尊师重教，是我国的优秀传统。党的十八大以来，以习近平同志为核心的党中央高度重视教师队伍建设，把教师工作提到前所未有的政治高度。习近平总书记多次做出重要指示，对广大教师提出做"四有"好老师、"四个引路人"和坚持"四个相统一"的殷切期望，将"坚持把教师队伍建设作为基础工作"作为教育改革发展的"九个坚持"之一。2023 年，习近平总书记在中共中央政治局第五次集体学习时强调："强教必先强师。要把加强教师队伍建设作为建设教育强国最重要的基础工作来抓，健全中国特色教师教育体系，大力培养造就一支师德高尚、业务精湛、结构合理、充满活力的高素质专业化教师队伍。"从而，又把教师队伍建设提升到教育强国建设的高度上。教师队伍建设包括质与量两个方面。面对实现中华民族伟大复兴战略全局和世界百年未有之大变局对教育内外环境带来的深刻变化，面对现代化经济转型升级对教育的迫切需求和人民群众不断提高的教育期盼，面对个别教师信念缺失、倦怠乃至逃离等现象，面对学生"越来越难教"的普遍困惑，彰显教师队伍建设中的质的规定性和内涵性特征的教师集体建设亟待被重视、被实施。

## 一、教师集体建设是教育高质量发展的根本保障

教师队伍建设是一个内涵丰富的概念。笼统地谈论加强教师队伍建设过于空泛，且对教师而言距离较远。因而，此处从教师常听常说的"教师集体建设"展开，探讨在教师理想信念和教育高质量发展的框架之下，教师集体建设具有哪些独到之处。

首先，教师集体建设是教师队伍建设的根本所在。教师队伍建设旨在通过培养、培训的方式，让每一位教师和准教师都具备胜任教育工作的能力。优秀而有胜任力的教师是一支优秀而有胜任力的教师队伍的基本要素，但绝不是全部，因为教育是需要集体协作的工作。对于任何一个学生来说，在共时性的维度上，他会受到来自不同学科、不同类型的教师的影响；在历时性的维度上，他会受到不同年级、不同教育阶段的教师的影响。这些教师如果在世界观、人生观、价值观、历史观、家国观上存在差异或冲突，那他们所教的学生就会不知所措，或者成为谁都信的"两面人"，或者成为谁都不信的"空心人"。一支优秀而有胜任力的教师队伍不仅需要教师个体优秀，而且需要教师之间形成一股合力。正如马卡连柯所言："凡是教师没有结合在一个集体里的地方，凡是集体没有统一的工作计划、没有一致的步调、没有一致的、准确的对待儿童的方法的地方，那里就不会有任何的教育过程。"①这是对教师之间的协作育人以及对教师集

---

① 《马卡连柯全集》第五卷，171页，北京，人民教育出版社，1956。

体建设的极大肯定。要加强教师队伍建设，我们需强调教师思想政治素质和职业道德水平的提高。因为，教师的思想政治素质越高，就越能站在高位看待教育工作，越能看到自己的教育教学工作与他人的教育教学工作的一致性所在；教师的职业道德水平越高，教书育人的格局就越大，境界就越高，教师也就越容易同其他教育工作者形成合力。

其次，教师集体建设是我国教师队伍建设政策的一贯价值取向。表彰与荣誉代表一个国家的价值取向。在我国教育的荣誉系统中，"集体"是一个重要的构成部分，如"全国教育系统先进集体""先进班集体"等。2019年，基础教育领域的教育机构参评"全国教育系统先进集体"的条件如下：坚持面向全体学生，认真实施素质教育，扎实推进教育教学改革，具有良好校风、教风和学风，具有鲜明的办学特色和育人文化，享有良好社会声誉，办学实绩卓著，起到引领示范作用。我们可以清晰地看出来，这些都是对一个集体而非个人的要求，且只有集体才能达到这些要求。当然，"全国优秀教师"等个人荣誉也很重要。在我国的教师荣誉评选系统中，能够被评为"全国优秀教师"的，一定是起到了突出的示范引领作用或突出的模范带头作用。这些标准其实是对该教师能不能、是不是起到了集体性作用的考量。所以，它们虽然看上去是在评价个人，但其实是在评价个人的集体性。在《教育部办公厅关于实施新时代中小学名师名校长培养计划（2022—2025）的通知》中，这种信号被充分地释放出来："'双名计划'旨在培养造就一批具有鲜明教育理念和成熟教学模式、能够引领基础教育改革发展的名师名校长，培养为学、为事、为人示范的新时代'大先生'。"这看上去是在支持个体的名师名校长发展，实际上是在鼓励他们勇于担当，带领一方教师构建以自己为中心的一个个教师集体。这一个个教师集体既可以是在一个学校之内的，也可以是在一个学区之内的，还可以是在跨场域的一个学科之内的。

最后，教师集体建设能够弥补个体教师数量不足和质量不佳的短板。教育工作的集体性决定了无论哪个教师都不能单独地进行工作，所有教师都应当成为教师集体的一分子。在教师集体中，"就是最年轻的、最没有经验的教师，如果在统一的、精诚团结的集体里，有很好的有才能的领导者来领导，那么，跟任何一个与教师集体分道扬镳的有经验、有才能的教师比较起来，也要作出更多的事情来"①。而那些能力较弱的教师，如果团结在一个集体里，受着一种思想、一种原则、一种作风的鼓舞，能齐心一致地工作的话，那就要比单独行动的优良教师要好得多。② 所以，我们需要优秀教师，但我们更需要优秀教师集体，后者的教育价值和社会价值更有广度，更有深度，更有高度。优秀教师集体既是教师自我教育和成长的前提和结果，也是优秀的学生集体成长的前提。教师和学生两个群体的成长，是教育高质量发展的题中之义。

## 二、教师理想信念推动教师集体建设的机制

集体是社会主义教育话语体系中的一个独特的概念，它不是松散的群

---

① 吴式颖等：《马卡连柯教育文集》上卷，218 页，北京，人民教育出版社，1985。
② 《马卡连柯全集》第五卷，171 页，北京，人民教育出版社，1956。

体，也不是目标导向的团队，而且是一种内蕴着理想、应然状态的正式群体。马卡连柯对集体所下的经典定义也揭示了这一点："集体是活生生的社会有机体，它所以是一个有机体，就因为它那里有机构、有权能、有责任、有各部分之间的相互关系和相互依赖，如果这样的因素一点也没有的话，也就没有集体了，而有的只是随随便便的一个人群罢了。"①马卡连柯指出，一个真正的教师集体"有共同的见解，有共同的信念，彼此间相互帮助，互不猜忌嫉妒，不追求学生对个人的爱戴"②。所以，我们可以看到的是，真正的教师集体是教师个体之间的主动的、永久的、具有内在传承性的结合。在根本上，它超越了教师个体的利益诉求。只有一种深沉、神圣的力量才能促使其产生，这便是教师的理想信念。教师的理想信念从个体教师的自我认知、情感归属需要以及行为自律三个方面，推动着教师集体的诞生。

教师的理想信念借助教师个体的自我认知来推动教师集体建设。教师的理想信念会提高教师个体的自尊。有理想信念的教师会深刻地认识到自己身上的使命，认识到教师工作是教好每一个学生，但又不仅仅是教好每一个学生，教书育人实际上是在为党育人、为国育才，自己所站的三尺讲台与国家民族的前途命运相连。这种使命感会让教师个体不再轻视自己，不再把教书仅仅视为一份挣钱养家的工作。它会让教师认同自己的身份，并因选择了这种身份而倍感自豪。面对培养德智体美劳全面发展的社会主

---

① 吴式颖等：《马卡连柯教育文集》上卷，106 页，北京，人民教育出版社，1985。
② 吴式颖等：《马卡连柯教育文集》下卷，81～82 页，北京，人民教育出版社，1985。

义建设者和接班人的重任，教师一方面会更加努力使自己胜任，另一方面又会理智地承认自己的渺小，产生自己难以完成重任的恐慌感。有理想信念的教师不允许自己知难而退，而是会和其他有理想信念的教师一起，努力构建一个志同道合的教师集体，以集体的力量来弥补个人力量的不足，共同完成为党育人、为国育才的使命。

教师的理想信念借助教师个体的情感归属需要来推动教师集体建设。坚守和践行理想信念体现的是"虽千万人，吾往矣"的决心，需要教师个体的勇气担当。工业化大生产带来了社会繁荣与经济发展，但也带来了工具价值至上而超越性价值缩水的"祛魅"时代。有理想信念的教师，既要在他人的嘲笑声中坚定自己的理想信念，又要忍受保持理想信念所导致的情感上的孤独，还要面对坚守和践行理想信念过程中可能会发生的挫折事件。教师自身也面临着评聘、竞争压力。在这诸多的现实困难之下，似乎坚守理想信念是一件奢侈的事情，虽有长远荣耀但缺乏当下利益。所以，如何在内外压力之下依然坚守理想信念呢？一个有理想信念的教师亟须另一个有理想信念的教师的理解和支持，当一群有理想信念的教师个体会聚在一起的时候，教师个体便可借用集体的力量来帮助自己抵御诱惑，驱赶孤独并被这个群体感召和鼓励，从而获得归属感。

教师的理想信念借助教师个体的行为自律来推动教师集体建设。行为自律是内在动机和外在表现的结合。有理想信念的教师，其一切教育教学行为都会有一个正向、积极的内在动机，即为党育人、为国育才，立德树人，培养德智体美劳全面发展的社会主义建设者和接班人。在教师需要做出行为选择与价值判断的时候，该动机便由潜变显，发挥方向引领作用。

习近平总书记指出："要把立德树人融入思想道德教育、文化知识教育、社会实践教育各环节，贯穿基础教育、职业教育、高等教育各领域，学科体系、教学体系、教材体系、管理体系要围绕这个目标来设计，教师要围绕这个目标来教，学生要围绕这个目标来学。凡是不利于实现这个目标的做法都要坚决改过来。"①但内在动机的正确并不能时时确保外在表现的正确，立德树人之心未必会导向立德树人之行，因为任何有教育意图的实践行为，都会受事先习得的习性的支配。②该习性之于立德树人之行而言，具有积极和消极这两种属性。就积极属性来说，立德树人之心落实到立德树人之行，需要教师集体来发挥作用。从历时空的角度来看，这样的教师集体本身就积累了大量的立德树人之行，并以社会性遗传的方式传递下去；从共时空的角度来看，这样的教师集体会关注教师个体的教育行为，或者奖励，或者指正，或者示范，使立德树人之行得到传播、扩散和改良。就消极属性来说，立德树人之心落实到立德树人之行，更需要教师集体来发挥作用。在教师个体认识到自己的教育教学行为不符合立德树人之心后，他在一时一事上的改变或许是容易的，但这种改变难以长久和持续。要对抗旧的不良习性，一定不能是一个人奋斗，而是一群人共同发力。每一个对抗者都需要看到同行者对正确行为的探索，于他而言，这既有工具性的行为示范价值，又有情感性的行为鼓励价值。

---

① 《习近平在全国教育大会上强调 坚持中国特色社会主义教育发展道路 培养德智体美劳全面发展的社会主义建设者和接班人》，载《人民日报》，2018-09-11。
② 石中英：《论教育实践的逻辑》，载《教育研究》，2006(1)。

### 三、教师理想信念推动教师集体建设的路径

同其他教师相比，有理想信念的教师会更为期待教师集体。他们深知，只有教师集体才能在认知、情感以及具体的教育教学行为上给予他们支持和力量。教师集体不是教师的聚集——不是身处同一时空的教师就能自然地组成一个教师集体——需要有组织、有意识地被建构且需要历经一段时日才可能形成。"集体是在共同的思想、共同的智力、共同的情感、共同的组织这几个基石之上建立起来的。"[①]

首先，加强理想信念的学习与研究，为教师集体建设铸魂。这里所说的理想信念指的是身为一位人民教师所应该具备的理想信念，它不同于一般的理想信念，也不同于教师的职业理想或职业信念，它是这两者的有机结合。目前，教师的理想信念主要活跃在教育政策话语体系中，还未成为教育研究的关键热词，因而还未能进入教师教育和教师培训的课程体系。虽然对教师理想信念的相关研究还不够成熟，未成体系，但既往的对理想信念、教师职业信念、教师职业理想以及教师集体的相关研究都可以提供理论滋养和实践启发。比如，通过对苏霍姆林斯基教育思想的学习，我们会发现，拥有相同的理想信念是教师集体的本质特征。他说："经验使我们相信，在对待全民利益的问题上思想一致是一种强大的力量，这种力量

---

① ［苏联］B. A. 苏霍姆林斯基：《给教师的一百条建议》，周蕖、王义高、刘启娴等译，163 页，天津，天津人民出版社，1981。

能使教师和学生彼此推心置腹，使我们为了实现一个共同的目标而团结起来。"①他还呼吁教师们要相信教育的力量，他说："相信教育的力量，就是相信自己的工作，相信我能够成为自己学生的思想和感情的主宰，相信我能使最难教育的学生成为一个真正的人。"②更让人动容的是，他认为教师集体的理想信念包括相信学生而不是否定学生，他说："只要学校工作组织得当、教学和教育协调一致，学生就能掌握比他现在要多好几倍的知识。"③目前，有一些教师缺乏理想信念，毫无教师集体建设的意识。有的教师否定教育的力量："好的生源都去城里了，剩下来的都很不好教。他们的家庭教育欠缺，完全指望老师改变他们的命运，太难了。"有的教师仅将教师工作视为不得不为的谋生手段："还是当老师好，收入有保障。"还有的教师区别对待同一班级的学生，对成绩好的学生就严格要求，对成绩差的就忽视。④ 因此，教师理想信念的学习和研究在当下亟待开展。

其次，重构教师专业发展组织，为教师集体建设健体铸魂。教师集体之魂在于教师的理想信念，它体现在各种各样的专业化组织中。时代越是向前，教师职业的专业性就越是凸显。"社会职业有一条铁的规律，即只

---

① ［苏联］瓦·阿·苏霍姆林斯基：《培养集体的方法》，安徽大学苏联问题研究所译，224 页，合肥，安徽教育出版社，1983。

② ［苏联］瓦·阿·苏霍姆林斯基：《培养集体的方法》，安徽大学苏联问题研究所译，221 页，合肥，安徽教育出版社，1983。

③ ［苏联］瓦·阿·苏霍姆林斯基：《培养集体的方法》，安徽大学苏联问题研究所译，224 页，合肥，安徽教育出版社，1983。

④ 王苏平、邬志辉：《乡村教师信念：精神价值、实践表征与重塑路径》，载《教育学术月刊》，2023(12)。

有专业化，具有不可替代性，才有社会地位，才能受到社会的尊重。如果一种职业是人人可以担任的，则在社会上是没有地位的。"①教师之间的相互吸引，大多也基于对他者的专业性的钦佩与向往。当然，教育教学工作关涉方方面面，这种专业性也体现在方方面面，如学科教学上的专业性、学生工作上的专业性、教育科研上的专业性，乃至基于本职但又超越本职的事情上的专业性（如在文学创作、科技发明、课程开发等方面的专业性）。其实，这里的每一种专业性，都对应着一类教师集体。当然，任何一所学校里都有学科组、教研组等教师专业发展组织，它们也分别是由数位教师构成的，但很难说它们是一个个教师集体，反而是学校之内的或者跨学校的名师工作室更有教师集体的意蕴，因为它们具有共同的"智力"特征。在这里，"大家都渴求知识，尊重科学思想、书籍，尊重聪明的、有教养的人"②。它们是一位有理想信念且有效践行理想信念的教师感召了一群有理想信念且想要践行理想信念的教师而形成的组织化、制度化的结果。因此，学校可重构校内既有的各类教师组织，以理想信念为其铸魂，将专业性作为其实质性而非形式化的特征，使其蜕变为各种类型的教师集体。在这个过程中，我们还需要注意两点。一是尽量使教师集体具有异质性。学校中应当有一定数量的有经验的年长教师，也一定要有一些刚刚从高等师范学校毕业、还没有工作经验的青年。二是要有真诚互助的人际关系。"在学校全体教师之间没有达到完全一致的地方，在彼此不互助并且

---

① 顾明远：《师范教育的传统与变迁》，载《高等师范教育研究》，2003(3)。

② ［苏联］B. A. 苏霍姆林斯基：《给教师的一百条建议》，周蕖、王义高、刘启娴等译，166页，天津，天津人民出版社，1981。

彼此要求不严格的地方，在不善于对自己同志谈不愉快的事情、要是别人对你谈不愉快的事情又善于生气的地方，在不善于命令同志（这是一件难事）或者不善于服从同志（这事更难）的地方——那儿就没有也不可能有教师的集体。"①

再次，探索微观机制变革，为教师集体建设提供制度支持。教师集体建设关乎一群人的抉择与组织，其内在的理想信念之魂决定了它不能是任性、自由的，其运行也是需要资源支撑的。因此，教师集体建设主要还是一个组织行为。具体而言，教育行政部门、学校这两大实体组织应承担起教师集体建设的主体责任。既为组织行为，就要在体制机制等制度变革上做文章。对教师集体建设而言，有了理想信念，有了教师组织载体，这些只是客观基础，是一种可能性的具备。若要使教师集体建设的可能性转变为必然性，那么准教师集体成员之间的交往互动是唯一桥梁。交往对教师个体的彼此认同以及集体认同有重要影响。布劳认为，社会整合取决于广泛的群际交往，取决于不同群体的个人面对面的交往。② 社会关系不是自生的，而是源于人们的实践活动，特别是和外部的互动，而人们之间的社会交往程度取决于社会接触机会。那么，可以推测的是，教育行政部门或学校在教师集体建设方面的制度探索，应以增加准教师集体成员之间的交往互动为旨归。

在这方面，清华大学附属小学探索出的"1＋X 角色"的管理方式对于

① 吴式颖等：《马卡连柯教育文集》下卷，268 页，北京，人民教育出版社，1985。

② 张文宏：《中国城市的阶层结构与社会网络》，18 页，上海，上海人民出版社，2006。

构建教师集体具有借鉴作用。具体而言，学校将组织架构去中心化，赋予教师不同角色的主体责任，由该角色来承担相应的管理工作。每一位管理者包括教师，对其所承担的项目角色是最高领导"1"，就近做出与此相关的任何决策，但同时还有其他相关工作"$X$"，需要其参与决策。如此一来，所有人都参与到不同的项目中，又在不同的角色间转换，彼此不断唤起同理心，促进情感连接、工作改进。[①]

需要指出的是，"1＋$X$ 角色"管理是在"成志教育"理念的指引下，完成办学使命"为聪慧而高尚的人生奠基"的方式。它是一种有着内在灵魂的管理方式。正是为党育人、为国育才的理想信念的指引，才使得清华大学附属小学愿意或者说非此不可地去探索、去尝试建设能够担当此重任的教师集体。

最后，发现并培育"教师的教师"，为教师集体建设凝心聚力。任何一个能够被称为集体的组织必然有一个灵魂人物，他是这个集体的精神载体，是这个集体的中心，其他成员都在被他感召，被他吸引。马卡连柯认为这个中心人物是校长。他指出："要想使从事教育工作的人员成为善尽职责、严肃认真的教师，只有一条路可走，那就是把他们团结在一个集体里，团结在教师集体里的一定中心人物——校长——的周围。"[②]苏霍姆林斯基则有所拓展，他认为教师集体的灵魂人物是校长但并不局限于校长，毕竟教师集体有多种类型和规模。但他也非常认同以校长为代表的灵魂人

---

① 窦桂梅：《重建为师之道：教师集体人格的养成与塑造——学校内部治理中教师发展机制的激活与创新》，载《人民教育》，2020(10)。

② 吴式颖等：《马卡连柯教育文集》下卷，83 页，北京，人民教育出版社，1985。

物对教师集体建设的重要价值，并且校长本身就起到了这种作用。我国学者陈桂生认为，名副其实的教师集体，大体上是三层或多层的塔形结构，包括有威望的带头人、与带头人志同道合的骨干教师和受到尊重的一般教师。[①] 无论是中心人物，还是带头人，都在教师集体中发挥"教师的教师"的作用。在一所学校中，他可以是校长，可以是获得公认荣誉的优秀教师，也可以是有担当、有威望的普通教师。不过，若一所学校的校长担当不了"教师的教师"之责，一所学校的获誉教师不能担当"教师的教师"之任，则很难说他们是称职的。因为，既为校长，既然获得荣誉，就必然要担当一份建设教师集体的责任。这种担当，更多的是以身示范带来的教育人格吸引。

易铁夫在回忆陶行知时说："他总是开朗、乐观、有信心、智慧光辉照人。同陶先生在一起，如坐春风，不知疲倦。为了扩大同学生的联系，陶先生在办公室里设置一个提问簿，鼓励大家向他提问题。提问簿很讲究，上好宣纸，皮纸封面，封面上有他的亲笔题字。要求提问的人，须先拟好提问稿，练习书写几遍，然后用尽可能美观的书法写上提问簿。陶先生抽暇同样郑重其事地在提问簿上做解答。这样获益的不仅是提问的人，而是更多的人。提问簿起到比讲义更实际的作用。""有个时期学校经济困难，有人主张把唯一的校工裁去。陶先生沉重地说：'打破我们唯一校工的饭碗，我心里不忍。我们的生命里有他的气力所变成的血液。他也是我们中间的一个，决不可召之即来，挥之即去，我们因经济的缘故而失去同

---

① 陈桂生：《"教师集体"辨析》，载《思想·理论·教育》，2002(4)。

志是可耻的。'为此，陶先生拟成一联：在立脚点要平等，于出头处求
自由。"①

# 第三节　教师理想信念与教育优质均衡发展

教育高质量发展离不开教育优质均衡发展，二者相互规定。教育优质
均衡发展是新时代中国特色社会主义对教育事业发展提出的新任务、新要
求、新使命。教育优质均衡发展的实现是经济社会发展条件、教育投入、
资源配置、体制机制变革、教师素质提升等各种要素共同作用的结果。在
促进教育优质均衡发展的各要素中，教师是第一要素。没有教师素质的普
遍提升，教育优质均衡发展就成了空中楼阁。说到底，教育优质均衡发展
的关键在于师资力量优质均衡发展。师资力量优质均衡发展，需要且也应
该通过教师工资待遇、教师荣誉等体制机制变革来保障，但从根本上来
说，教师理想信念是师资力量优质均衡发展的内生力量。

## 一、教育优质均衡发展是教育高质量发展的旨归

作为当前教育政策领域的两大关键词，教育优质均衡发展和教育高质

---

① 易铁夫：《回忆陶行知先生和晓庄学校》，载《重庆陶研文史》，2021(3)。

量发展虽然各自有独立的政策体系和话语体系，但就教育事业发展的特征而言，二者既是一致的，又是相互促进、相互规定的。在教育高质量发展的问题域中，在不同维度之下，教育优质均衡发展以不同的方式表现着、规定着教育高质量发展。

优质均衡发展是教育高质量发展阶段的关键特征。在时间维度上，教育高质量发展是一个历史和社会范畴，它是对一定时期内的教育的整体状态和期待的一种规定性表达。从新中国成立算起，在表现教育高质量发展的内涵的话语变迁中，我们能够大致看到四个发展阶段。首先是前教育高质量发展阶段，也可以被称为"有学上就是有质量"的发展阶段，即从新中国成立伊始直至义务教育普及。在这一阶段，我国教育追求规模化发展，因为只有成规模，才能满足所有人有学可上的需求。毕竟，面对新中国成立初期文盲率高达80%，小学的净入学率仅在20%左右，初中的毛入学率只有2.7%的巨大困难，教育普及自然会压倒其他一切诉求，所以那时候的教育还谈不上优质和均衡。① 其次是局部或点位的教育高质量发展阶段。这一阶段的教育质量和教育均衡之间是相互排斥的，也可以被称为非均衡发展合法化阶段。"在教育资源稀缺条件下，将公共教育资源集中向重点学校倾斜，通过教育资源重点投入，有利于推动重点学校办学条件的改善和教育质量的提高，并形成拥有优质教育资源的'重点校'、'名牌校'和'示范校'。"②虽然在政策上，从20世纪80年代开始国家教委就要求取

---

① 中国教育与人力资源问题报告课题组：《从人口大国迈向人力资源强国》，23页，北京，高等教育出版社，2003。

② 王善迈：《基础教育"重点校"政策分析》，载《教育研究》，2008(3)。

消小学和初中阶段的重点学校，一直到90年代末，国家对此都是明令禁止的，但是种种认识上或工作上的原因使一些地方义务教育阶段实际上仍有重点校和非重点校之分。[①] 再次是面上的教育高质量发展阶段，即基本均衡发展阶段。随着2001年《全国教育事业第十个五年计划》提出要"努力实现地区间教育事业的相对均衡发展"，我国义务教育均衡发展的大幕正式拉开。《2019年全国义务教育均衡发展督导评估工作报告》指出，截至2019年12月底，全国累计2767个县通过国家认定，占比95.32%。之所以将其命名为"面上的教育高质量发展阶段"，是因为这一阶段的政策侧重点是教育均衡发展，以教育资源均衡配置为主要手段和目标，尚未达到能对教育结果上的高质量做出政策规定的客观条件。最后是高质量发展阶段。2010年，江苏省教育厅等部门联合印发了《关于江苏省义务教育优质均衡改革发展示范区建设的意见》，首批设立了南京市、无锡市、苏州市等13个义务教育优质均衡改革发展示范区，强调要用3年左右的时间使示范区义务教育由基本均衡达到优质均衡。2013年，《浙江省人民政府关于深入推进义务教育高水平均衡发展的实施意见》出台，"高水平均衡发展"成为浙江省为自己制定的均衡发展目标。在地方经验的基础上，2017年，教育部印发《县域义务教育优质均衡发展督导评估办法》，并于2019年10月正式启动了全国县域义务教育优质均衡发展督导评估认定工作。有学者研究发现：从基本均衡到优质均衡，评估的要点是均衡指标范围的

---

① 王定华：《在中小学阶段设重点校、重点班是否符合国家规定?》，载《人民教育》，1997(6)。

扩展和均衡程度的提高。① 虽然从政策上看，优质均衡与基本均衡只有量上的差别，但是从学者们研究、总结的优质均衡与基本均衡在质上的区别来看，共识性的认识在于优质均衡更加强调教育发展在软件上的、教育过程中的、符合新时代要求的特征。所以，在政策和理论研究的双重规定下，当前我们所处的以及未来一段时间也将身处其中的教育高质量发展阶段的关键特征是优质均衡。

优质均衡是对教育高质量发展方式的规定性要求。教育高质量发展不仅是事实层面的一个发展阶段、一种发展结果，"是对教育发展状态的一种事实与价值判断，意味着教育在'质'与'量'两个维度上达到优质状态"，还"包含更公平、更均衡、更协调、更全面、更创新、更优质、更可持续及更安全的发展理念"。② 所以，它还是一种新的发展理论，即"什么是新时代好的、理想的、值得追求的教育发展模式"③。一旦上升为一种发展模式或发展理念（理论），它就会内嵌着一种规范性要求，就会对发展的动机、机制、动力等加以价值规约。就学者们对教育高质量发展的内涵分析来看，有的学者说："教育高质量发展至少应包含如下意涵：一是一定的数量规模；二是合理的结构；三是教育均衡发展与公平；四是推动社会进步；五是促进个人全面发展；六是面向未来的教育创新趋向。"④有的学者

---

① 杨清溪、柳海民：《优质均衡：中国义务教育高质量发展的时代路向》，载《东北师大学报（哲学社会科学版）》，2020(6)。

② 柳海民、邹红军：《高质量：中国基础教育发展路向的时代转换》，载《教育研究》，2021(4)。

③ 石中英：《教育高质量发展的政策内涵和实践路径》，载《人民教育》，2022(23)。

④ 张新平：《教育高质量发展之探究》，载《教育发展研究》，2020(20)。

说："基础教育高质量发展的时代内涵是公平与质量辩证统一的发展，是面向人人的发展，是促进学生全面而有个性的发展。"[①]还有学者把新发展理念作为教育高质量发展的重要特征。综合而论，我们会发现教育高质量发展与教育优质均衡发展的一致性，甚至可以用"优质""均衡"来规定高质量的教育发展方式的基本原则。这里将"优质均衡"连用，用意在于区别"优质的""均衡的"单一维度的规定，意指"优质的""均衡的"缺一不可，缺少任何一个，都不能称其为教育高质量发展。

教育优质均衡是对教育高质量发展内在的全域性规定的空间式回应。以空间维度看待高质量发展，必然是全域的，即整个中国大地上的教育都是高质量的，任何一个地区若存在低于特定水平的教育质量，都不能称整个教育是高质量发展的教育。从这个维度来看，教育优质均衡发展恰恰是从空间维度上回应了高质量发展的内在要求。在既有的研究框架中，优质均衡发展也具有较强的空间属性。无论是学校优质均衡，还是地区优质均衡，都表明优质均衡是一个自带空间规定性的概念和命题。更进一步而言，这里的空间规定性可用"一花独放不是春，百花齐放春满园"作隐喻，即优质均衡不仅仅是指一所学校的教育的优质，也不仅仅是指一个区域的教育的优质，而且是指某种优质教育渐次溢出并扩散到更大的空间内以实现更大范围内的教育的优质均衡。当然，这种优质均衡具有发展性和阶段性，有研究者将其概括为三级模态：尚未呈现明显区域协同发展样态，校

---

① 李宜江：《基础教育高质量发展：时代内涵、价值意蕴和实践取向》，载《教育与教学研究》，2023(7)。

际合作为主要协同方式；省市内初步形成协同关系，校际协同、区县协同为主，小范围协同；突破校际、区县之间的限制，类似于块茎结构，各主体利益共享、合作发展。① 若使用新发展理念的话语体系，那么教育优质均衡发展是不同空间内的教育之间的协调发展和共享发展，它回应并满足着高质量发展的协调发展和共享发展诉求。

## 二、教师理想信念推动教育优质均衡发展的机制

通过对教育优质均衡发展与教育高质量发展的关系的分析可知，教育优质均衡发展的推进其实也是教育高质量发展的过程。理念是行动的先导。我们只有把握了何为教育优质均衡发展，才能在现实中正确地、有目的地推进教育优质均衡发展。李廷洲指出："优质均衡发展更加注重内涵发展和软件建设，重点是落实有教无类、五育并举、因材施教等教育理念，将其融入教学体系、课程体系、管理体系，学校要围绕这些教育理念开展各项工作，学生要在这些教育理念的浸润下实现全面健康发展。"②褚宏启认为，教育优质均衡指向既公平又有质量的教育，而优质均衡不仅是物质资源和要素指标上的提升、高质量教育机会的平等分配，还包括教育

---

① 柳海民、杨宇轩、张晓梅：《优质均衡：义务教育发展的时代转换、学理阐释与现实指向》，载《现代教育管理》，2023(10)。

② 李廷洲：《优质均衡发展重点在内涵关键在教师》，载《人民教育》，2019(21)。

过程和结果的全方位均衡，最终实现所有人自由而全面的发展。[①] 李伟胜则指出，义务教育优质均衡是在资源均衡基础上追求教育质量的均衡，主要是以人的培养和发展为目标，办出学校特色，促进学生全面发展。[②] 柳海民等也指出："义务教育优质均衡一方面体现义务教育发展的必然趋势，即不断整合自身内外部资源，促进各要素、组织间达到平衡状态，即量的均匀；另一方面体现义务教育自身特质，即为适龄学生提供满足其自身发展需要、为社会提供促进其现代化发展的必要教育支撑，即质的优异。"[③] 综合来看，由于教育优质均衡是教育基本均衡实现之后的一种教育发展状态期许，因此，虽有过程方面的教育资源配置的相关表述，但教育优质均衡在内涵上更多表现为对结果方面——所有学生的全面发展——的关注，以及对发展方式的内涵的关注。至此，我们可以发现，教育基本均衡发展更依靠国家政策调控，是通过国家对教育资源进行更均衡的配置来实现的。但对于教育优质均衡发展来说，均衡的资源配置只是底线保障，它更多依靠的是人的主体力量和能动力量。换言之，"劳动力数量和劳动质量对义务教育均衡发展起着关键作用，特别是随着义务教育发展从外延均衡到内涵均衡、从注重外在要素投入到依赖主体自我发展能力的转变过程

---

① 褚宏启：《新时代需要什么样的教育公平：研究问题域与政策工具箱》，载《教育研究》，2020(2)。

② 李伟胜：《基础教育均衡发展所需的优质资源从哪里来?》，载《中国教育学刊》，2019(7)。

③ 柳海民、杨宇轩、张晓梅：《优质均衡：义务教育发展的时代转换、学理阐释与现实指向》，载《现代教育管理》，2023(10)。

中，这一要素的作用将更为明显"①。也就是说，优质均衡发展的关键在教师。必须指出的是，这里的教师、这个时候的教师，已经不再仅仅以一种可被配置的教育资源要素的方式存在着，而是成为一个个推进教育优质均衡发展的、具有能动性的主体，其"人"的属性被隐置于前台，而"资源"的属性被隐于后台，且依附于"人"的属性。当此之时，如何能够发挥教师推动教育优质均衡发展的"人"的力量呢？外在的激励和引导不可或缺，但教师的理想信念将发挥不可替代的推动作用。

理想信念可以激励教师个体主动提高育人能力，从而推动教育优质均衡发展。教育优质均衡不再被避而不谈，而是直指所有学生的全面发展。教师是促进学生全面发展的第一责任人。再高端的校园硬件设施，再完善的课程设计，若没有教师发挥专业智慧对它们进行利用、加工和创造，使它们转变为促进学生发展的教育资源，也只是摆设而已。梅贻琦先生对大学的判定——所谓大学者，非谓有大楼之谓也，有大师之谓也，用来评判教师在教育优质均衡发展中的作用也是适用的。为提高教师的育人能力，党和国家通过建立教师教育、教师培训、校本研修等多种机制，努力为教师营造持续学习的环境。然而，有些教师因缺乏学习动机不愿意参与学习活动，将那些学习活动作为一种被安置在那里的经验，认为学习是被别人期待的，而不是或者仅仅只是部分地被当事人所接受的。教育家们的经历告诉我们，那些持续的学习动机与学习需求，发端于教师的理想信念。

---

① 姚永强、范先佐：《论义务教育均衡发展方式的转变》，载《教育研究》，2013(2)。

"中国教育的本质是什么？培养有中国心的时代新人。我们从事的是有中国特色的社会主义教育。我们培养的绝对不是自私自利、见钱眼开的人，而是有仁爱之心、悲悯之心，为人民造福的人。所以，认真、深入地思考，就觉得身上挑着千钧重担，一个肩膀挑着学生的现在，一个肩膀挑着国家的未来，今天的教育质量就是明天的国民素质。"在这样的认识之下，于漪老师以"培养有中国心的时代新人"为理想信念，立志把语文教好。为此，她通过读古典诗文了解中国文化，对《千家诗》爱不释手，常读《世说新语》，常翻《四库全书简明目录》，通读陶渊明、杜甫和辛弃疾的诗词，走进他们的精神世界领略他们生命的光辉。为提高思想认识水平，她还读思想哲学方面的书籍，以提高自己生命的质感。不仅如此，她还抱持最简单、最质朴但最有力量的信念——"无论如何不能误人子弟"。她坚持每天晚上 9 点以前工作，9 点以后学习，两三年下来，把中学语文教师该具备的语法、修辞、逻辑知识，该具备的文、史、哲知识都掌握了，把该了解的中外名家名著都过了一遍。

人民教育家如此，乡村教师也是如此。张锦文老师扎根在大山里，在学习条件有限的情况下，把数学教材背得滚瓜烂熟，随便报页码，他就能说出这一页的知识点。写教案的习惯坚持多年，且一课多案，一个效果不好，下次就用另一个。他创造了"不到 270 口人，走出了 40 多名本科生、研究生"的乡村教育奇迹。看到学校里一多半学生都是留守儿童之后，他专门考取了国家三级心理咨询师证书，就为了更好地呵护学生们。他深知："留守儿童最需要的，就是心灵的陪伴。"①

正是心怀教育乃国之大计、党之大计的理想信念，心怀为党育人、为国育才的理想信念，对培养德智体美劳全面发展的社会主义建设者和接班人的使命心怀敬畏，正是对祖国、对孩子们深沉的爱，才使得以于漪老师为代表的倾心育人的教师们深有"教然后知困"之感，又在"学然后知不足"的过程中自觉进入更深、更远、更广阔的学习之境。可以说，教师的理想信念是教师主动学习和提高教书育人能力的最强、最持久的动力来源。每一位教师努力学习不辜负学生和祖国进而迈向教育家的路程，就是每一个学生全面发展的进路，更是教育优质均衡发展的进路。

理想信念能够开阔教师的教育格局，从而促进教育优质均衡发展。如果说理想信念促进教师个体主动、自觉地学习从而提高自己的育人智慧是以"成己"的方式来推动教育优质均衡发展的，那么自然也会存在与此相呼应的另一种方式，即"成人"。"成人"有多义，可以指成年人、成为一个人、成就别人等。在推动教育优质均衡发展的语境下，"成人"主要是指教师个体因受理想信念的影响而拥有开阔的教育格局，其表现就是出于自由意志地去成就他人。这个他人既包括教师，也包括学生。"成人"反映着教师"得天下英才而教育"的职业期待。诚然，这是君子师之成人之乐。在这个意义上，教师的理想信念能使他们摒弃同侪、同行之间的破坏性竞争意识。竞争有建设性和破坏性的分别，前者指的是竞争各方通过竞争获得共

---

① 《烛光，把每一个孩子的人生梦想点亮——致敬全国两百九十多万乡村教师》，载《人民日报》，2021-09-12。

同成长，后者指的是竞争双方因竞争而两败俱伤。教师之间的建设性竞争，使教师将注意力放在自己的短板上，其所思所想的是如何补上自己的短板，这必然将推动教师个体和教师集体的成长，使学生受益。教师之间的破坏性竞争使教师"把注意力放在'别人'身上。对外，它会使人们倾向于把其他人看成潜在的利益争夺者，始终对别人怀有敌意；对内，为了'略胜一筹'付出大量精力和资源，牺牲了其他方面的成长"①。这不仅损害了教师个体的专业成长与精神成长，造成教师之间的对立，给学生带来不良影响，而且与教育优质均衡发展的精神背道而驰。恩格斯在《国民经济学批判大纲》中对竞争所做的分析对我们的思考具有方法论意义。他指出："只要私有制存在一天，一切终究会归结为竞争。……因为私有制把每一个人隔离在他自己的粗陋的孤立状态中，又因为每个人和他周围的人有同样的利益，所以土地占有者敌视土地占有者，资本家敌视资本家，工人敌视工人。在相同利益的敌对状态中，正是由于利益的相同，人类目前状态的不道德已经达到极点，而这个极点就是竞争。"②教师个体之间的破坏性竞争之所以会存在，是因为教师认为他们之间存在"同样的利益"，包括职称、发展机会、荣誉、学生的成绩、升学情况等，这些利益具有强烈的"私性"，即它们是排他的：别人获得了职称自己就拿不到，别人的学生成绩好、升学情况好就意味着自己的学生成绩和升学情况落在他人之后。这时候，教师个体可能会陷入"私性"的"同样的利益"之争中，走上破坏性竞

---

① 牛楠森、易凌云：《中国校外学习的系统建构——基于四维学习理论视角》，载《湖南师范大学教育科学学报》，2021(3)。

② 《马克思恩格斯选集》第一卷，33～34页，北京，人民出版社，2012。

争之路。但是，我们不能忘记的是，恩格斯对竞争的批判性分析是在私有制的框架之下，脱离了私有制的框架，竞争并不会呈现那种"美杜莎的怪脸"，反而具有建设性意义。因此，教师一旦摆脱了短时的、"私性"的"同样的利益"，跃升到长期的、公共的共同的利益（即所有教师都是社会主义建设者和接班人的培育者，都是打造中华民族梦之队的筑梦人）时，也就是教师理想信念发挥作用的时候，"私性"及其不良后果便不攻自破。当此之际，教师受到理想信念的号召，会以更广阔的心胸去分享个人的教育教学心得，会主动去"流动"、去"轮岗"、去"支教"、去"帮扶"，在与其他教师开放而真诚的交流中成长。教师个体的共同成长之路就是教育优质均衡发展之路。

## 三、教师理想信念推动教育优质均衡发展的路径

在理想信念的作用下，教师们会自觉地提高自己的育人能力，与此同时去帮助别的教师提高育人能力，在"成己"与"成人"之间穿梭。这是教师理想信念推动教育优质均衡发展的微观机制。在此机制下，推动教育优质均衡发展的现实路径，无非就是最大化地促进教师"成己"和促进教师"成人"，但不是止步于"成己"，更不是强制性"成人"，而是在"成人"中"成己"，在"成己"中"成人"。这一路径体现了中国古代君子"修己以安人"的辩证智慧。教育优质均衡发展是由师资优质均衡、学校优质均衡、地区优质均衡三大模块支撑起来的。教师"成己式"教育均衡发展机制和教师"成人式"教育均衡发展机制可以具体落实到这三大模块上，从而构成教师理

想信念推动教育优质均衡发展的可行之路。

首先，理想信念赋能教师修己安人，推动师资优质均衡。对绝大多数教师而言，他们都具有一种职业道德感，"教师是个良心活""不能误人子弟"等心声便是对其朴素的表达。毕竟，无论是上学期间受教育熏陶，还是在职期间受培训涵育，教师总是在主动或被动地去"学做一名教师"，总是有"要有教师该有的样子"的自我要求。但是，在日常教育教学生活中，难教的孩子、难处的家长、难填的表格、难争的机会、难拒的非必要进校园等，使得教师疲于应付，使那颗教书育人、为学生托起一片天的初心渐渐蒙上了一层薄尘。对教师而言，理想信念就是拂去那层薄尘的工具，是教师教书育人的指路明灯。对处境不利的教师而言，理想信念使他们不安于现有的教育教学水平，而是主动借助国家搭建的在职学习平台提高自己。"一位从薄弱校轮岗到优质校的教师指出，原学校的节奏相对缓慢，有经验的教师往往比较'悠闲'；但新学校的文化完全不同，'每个年龄层次的教师都很拼'，且家长对学生也有更高的要求，这种文化使她产生了紧迫感，会努力向同事学习好的经验，避免'拖后腿'。""另一位从乡村校轮岗到城市校的教师同样表示，'来之后发现很多教师都非常认真负责，自己也会朝着这方面努力'。""还有教师表示，向上流动会进一步反哺薄弱校的发展，即通过到优质校学习先进经验，并在轮岗后将经验带回薄弱校，有助于教育均衡的实现。"①理想信念使他们安于自身的教育教学岗位，

---

① 张佳、刘智慧、夏美茹：《教师交流轮岗政策实施现状及优化对策——利益相关者视角下的混合研究》，载《教育发展研究》，2023(20)。

扎根乡村。最美乡村教师支月英一生只为一事来，41年坚守乡村小学。杨瑞清以陶行知为人生榜样，怀揣改变乡村教育落后面貌的心愿，扎根乡村40余年，只为了"大情怀育人"。对有一定成绩的教师而言，理想信念是他们取得既有成绩的不竭动力，而既有成绩又是他们帮助同行的底气，在理想信念的号召下，他们往往形成了"大家好才是真的好"的工作哲学。"自教育部2018年启动实施中小学银龄讲学计划、2020年启动实施高校银龄教师支援西部计划以来，一批又一批优秀的退休教师放弃闲适的退休生活，心怀烛火、满腔赤忱奔赴远方。迄今为止，已累计招募2万余名中小学退休教师，近1000名部属高校、部省合建高校等'双一流'建设高校退休教师开展支教支研。"①这些银发教师退而不休，继续为教育事业发光发热，诠释着教育界的"莫道桑榆晚，为霞尚满天"。对具有更高成就的教师而言，理想信念让他们具有不同于一般人的教育境界。对他们来说，此生要事是教书育人，但已经不仅仅是教书，还要著书立言，不是为了自己，而是为了中国的教育。李吉林老师说："不必一说教育思想就提国外的教育家，我们应该有自己的声音，应该有具有中国特色教育思想体系。"②于漪老师以"树中华教师魂，立民族教育根"为终生奋斗的目标，从"人文说"和"教文育人"的教育教学观出发，逐步构建了完整而系统的语文教育体系，并将其一直延伸到中国语文课堂教学的前线。该体系扎根本土，直指时弊，具有鲜活的独创性。他们所育之人，也不仅仅是学生，还有教师，

---

① 肖婷婷：《银龄教师续写"不老青春"》，载《科教新报》，2023-10-11。
② 施建平：《当代中国教育家李吉林的精神气象》，载《江苏教育》，2024(1)。

他们已经完成了从"学生之师"向"教师之师"的内在转变。他们"主动并愉悦地将自己的教育经验、教育思考公开表达，承担起一方教师发展、教育改革的引领担当，谨慎而科学地向社会介绍、展示国家教育"①。于漪老师说："我做校长，顶大的事情就是培养青年教师。"李吉林老师"几乎跟学校每位青年教师聊过天，谈过话。在 20 世纪 90 年代初，为帮助青年教师快速成长，她倡导并成立了全省首个青年教师培训中心，并亲任导师。校内外经她指导后来成长为特级教师的就有 10 余人"②。如果以教师所立足的空间为视角，教师的理想信念所发挥的作用有三种境界：第一种境界是在自己的教育教学岗位上做一名好老师；第二种境界是在别人的教育教学岗位上做一名好老师；第三种境界是超越具体岗位，立足天下，做一名好老师。

其次，理想信念凸显学校特色发展的本体价值，推动校际优质均衡。学校特色发展，虽然被提出了很多年，并且在政策中，在学术研究中，以及在部分学校的实践中成为关键主题，但总体而言，学校特色发展只具有工具价值。对大多数学校而言，特色发展是学校在传统的以生源和成绩竞争的标准化发展模式中处于不利地位时才会选择的发展方式。换言之，学校特色发展或者说办出学校特色，尚没有获得应有的本体价值。如果说在前教育基本均衡发展的阶段，学校特色发展还属于不可为之事或极少数学校的试点行为，那么在后教育基本均衡发展的阶段，也就是当下，在绝大多数中小学已经完成了标准化建设之后，在不平衡、不充分发展的时代教

---

① 牛楠森：《从"学生之师"到"教师之师"》，载《光明日报》，2019-09-10。
② 施建平：《当代中国教育家李吉林的精神气象》，载《江苏教育》，2024(1)。

育困境之下，彰显学校特色发展的本体价值不仅已经具备了现实基础，而且是办好人民满意的教育的必然之举。为何学校特色发展的本体价值一直未能被彰显？传统的标准化学校发展模式的惯性的力量自然不可忽视。在标准化的传统学校发展模式之下，人们只以标准化的分数教育目的观、标准化的好学生观、标准化的教育教学观以及标准化的好学校观来评判学校的发展。在工业化生产的标准逻辑之下，"千人一面"的工业化产品标准赋予了"千校一面"合理性与合法性，这也是学校特色发展不能被完整落实的教育文化心理基础。这里面反映出了一个深层次的问题，即理想信念未被激活进而落地。但当前社会经济发展整体已经进入后工业化时代，是在全面发展基础上的个性力量被彰显、被需要的时代。只有那些德智体美劳全面发展的社会主义建设者和接班人，才是当前这个时代所需要的人。因此，无论是时代的要求，还是教育的需要，都呼吁学校整体性地转向特色发展。如果没有理想信念的时时提醒和召唤，学校的办学者、管理者和一线教师就很难意识到学校特色发展在培育时代新人上的不可替代性，更不用说想尽办法去规划学校如何践行特色发展、办出特色来了。再退一步说，学校特色发展实际上是回归教育本源的发展方式。由于每一所学校都有其独特的历史、空间位置、文化环境、生源状况等，因此学校本就是有特色的，特色是学校的客观现实。如果学校能够自觉做到"满足这种各自不同的内外环境要求并善于利用各自具有的资源优势实现自己办学目标的结果"[①]，那么就会形成自己的特色，反之就会失去自己本该拥有的特色。

---

① 　石中英：《学校特色发展下一步怎么走》，载《人民教育》，2017(17)。

其实，看到学校中的一个个具体的学生、具体的教师，并基于他们的特色需求去办学治校，是教育理想信念发挥作用的最朴素、最日常的方式。实现基础教育均衡发展的核心是提高学校的自我发展能力，这就要求学校树立主动发展理念，发挥主体作用、提高自我发展能力、形成办学优势与特色。① 更有学者指出，优质均衡发展的学校维度指标就是学校有系统化、理论化的文化体系，办学特色明显。②

最后，理想信念变教育帮扶为"分内事"，促进薄弱地区、薄弱学校教育优质均衡发展。自 2012 年《国务院关于深入推进义务教育均衡发展的意见》首次在国家层面的文件中提及"探索集团化办学，提供对口帮扶，实施学区化管理"以来，集团化办学日益受到重视。《中共中央 国务院关于深化教育教学改革全面提高义务教育质量的意见》和《中共中央关于制定国民经济和社会发展第十四个五年规划和二〇三五年远景目标的建议》分别明确提出："发挥优质学校示范辐射作用，完善强校带弱校、城乡对口支援等办学机制，促进新优质学校成长。""坚持教育公益性原则，深化教育改革，促进教育公平，推动义务教育均衡发展和城乡一体化。"2023 年 6 月，中共中央办公厅、国务院办公厅印发的《关于构建优质均衡的基本公共教育服务体系的意见》，以及同年 8 月发布的《教育部 国家发展改革委 财政部关于实施新时代基础教育扩优提质行动计划的意见》，都对集团化办学提出了明确要求。概括起来，强校带弱校、对口支援、支教、集团化办学等方

---

① 姚永强、范先佐：《论义务教育均衡发展方式的转变》，载《教育研究》，2013(2)。

② 柳海民、杨宇轩、张晓梅：《优质均衡：义务教育发展的时代转换、学理阐释与现实指向》，载《现代教育管理》，2023(10)。

式都可以被归结为教育帮扶。教育帮扶是从中国教育实践中生发出来的教育现象和教育概念，有着扎实的制度基础和文化基础。它是我国扶贫政策的重要组成部分，也是我国制度优势的重要内容，还是中国扶贫经验的特色所在。从教育帮扶的原始发生来看，它主要是指一些具有坚定教育理想信念、博爱教育情怀的教师，出于"教好每一个孩子""办好每一所学校"的教育愿望，自发去帮助薄弱地区、薄弱学校教育的行为。之后，党和国家汲取民间教育的实践智慧，予以制度化的认同和优化，从而使教育帮扶成为一项充满教育理想信念之光的政策措施。然而，一种正当且正确的行为一旦被制度化，成为一项任务的时候，就可能会对某些行为主体造成一种压力，并被他们归结为不得不做的事情，即出于免于问责和非难的心理去执行该行为。但仍然有一些行为主体会感念于该行为的制度化，因为他们认为这会大大弥补他们个人力量的不足。两类行为主体的区别就在于有无、信否教育理想信念。

刘彭芝老校长感慨："我对东部、中部、西部地区教育发展的不均衡，对一线、二线、三线、四线城市教育发展的不均衡，对城乡教育发展的不均衡，对县中困境和乡村学校的凋敝，对推动实现教育优质均衡发展的重要性和紧迫性，有着真切的体认。"她认为教育优质均衡发展的关键在于教师队伍建设，特别是县域教师队伍建设。她是这样想的，也是这样做的。退休后，她以自己负责的创新人才教育研究会作牵头单位，联合河北省保定市人民政府、河北大学，共同创办河北大学双卓教育学院，专门为县域基础教育培养卓越校长、卓越教师。截至 2023 年 4 月，已有 600 多名学员进入双卓教育学院学习。面对良好的开局，刘老校长说："从现在到 2035

年还有12年的时间，只要我们在教师队伍建设特别是薄弱地区教师队伍建设上，有大投入，下大功夫，做好铺垫、打好基础，实现教育优质均衡、建设教育强国的目标就一定能够实现。"[①]

在这里，刘老校长对不均衡的真切体认、对县域教师队伍建设的执念、对教育优质均衡的畅想、对教育强国目标的信心，无不反映出她那坚定的教育理想信念以及由理想信念转化成的教育行动力量。同样让人感受到教师理想信念的磅礴力量的还有河北省石家庄外国语教育集团（以下简称"石外集团"）。

2014年起，"石外集团"与石家庄市行唐、灵寿、平山、赞皇、井陉、元氏6个县的12所义务教育中小学建立了"城乡学校教育帮扶共同体"，以"校长素质提升""教师素质提升""同步教学""创新人才培养""阳光小讲台""城乡学生手拉手共成长""职业规划""不出校门放眼世界""爱心助学捐赠"九大帮扶工程为推进路线，开展"手拉手、面对面、订单式、紧密型、全方位、常态化"的十年持续帮扶。在项目推进过程中，12所学校均获得"石家庄市学校文化建设实验校"称号，10名校长出版了学校文化建设个人专著，使"石外集团"和其帮扶的学校均迈上了更高的教育台阶。顾明远先生高度评价"石外集团"的教育帮扶，认为他们用10年的战略布局，以"路虽远，行则将至；事虽难，做则必成"的气魄，追求"大家好才是真的好"的办学境界，在历时10年的教育帮扶实践探索中，建构了"城乡学校教育帮扶共同体"实践模式，找到了城市优质学校助力农村教育优质均衡高质

---

① 刘彭芝：《基础教育高质量发展的"四梁八柱"》，载《中国基础教育》，2023(5)。

量发展的有效路径。①

　　"石外集团"党委书记强新志等人认为："新时代的'好学校'需要重新定义。真正的好学校，不仅能办好自己的事情，还能引领、协助、驱动其他学校向更好的方向发展；不仅自己好起来，还要与大家一起好起来，做有社会担当的学校，与其他学校一起走向'共同富裕'。"②在他们看来，教育帮扶，是学校的分内之事。若没有理想信念，如何能将教育帮扶视为分内之事坚持十年之久并将继续坚持下去呢？

## 小　结

　　本章探讨的是教师的理想信念和教育高质量发展的关系。人是社会生产的第一要素，也是教育发展的第一要素。因而，教师是教育高质量发展的关键要素，教师的理想信念又因其同党的教育方针、教师集体建设以及教育优质均衡发展的密切关联，将教育高质量发展的教师要素进一步聚焦到教师的理想信念之上。概括来说，本章写作的逻辑是先论证党的教育方针、教师集体建设、教育优质均衡发展同教育高质量发展的关系，分为根本依据、根本保障、价值基础。其次论证教师理想信念在贯彻落实党的教育方针、推动教师集体建设、促进教育优质均衡发展的机制。最后，基于

---

　　①　顾明远：《以城乡学校教育帮扶共同体助力农村教育现代化》，载《中国基础教育》，2023(9)。

　　②　强新志、裴红霞、李红霞：《"大家好才是真好"：城乡学校教育帮扶共同体实践模式探索》，载《中国基础教育》，2023(9)。

机制，结合实践经验，构建出教师理想信念贯彻党的教育方针，培养社会主义建设者和接班人的言传与身教两条路径；教师理想信念通过共同的思想、共同的智力、共同的情感和组织促进教师集体建设的四大路径；教师理想信念推动师资优质均衡、学校优质均衡和地区优质均衡三大路径。希望广大读者在阅读本章时，不仅要关注写作的内容和逻辑，还要通过具体的案例，结合自身的经历，体悟理想信念是精神之钙的意蕴，牢固树立为师从教的理想信念。

# 后 记

　　2014 年 9 月 9 日，习近平总书记到北京师范大学考察，并发表了《做党和人民满意的好老师》的重要讲话。9 月 10 日，他的重要讲话在《人民日报》上刊登，在广大教师中间和全社会引发了强烈反响。在这个重要讲话中，习近平总书记特别谈到了好老师对于个体发展、学校办学和民族复兴的极端重要性。他深情地说："一个人遇到好老师是人生的幸运，一个学校拥有好老师是学校的光荣，一个民族源源不断涌现出一批又一批好老师则是民族的希望。国家繁荣、民族振兴、教育发展，需要我们大力培养造就一支师德高尚、业务精湛、结构合理、充满活力的高素质专业化教师队伍，需要涌现一大批好老师。"[①]习近平总书记的深情讲话，让现场的很多师生都非常感动。他不仅指明了好老师的极端重要性，而且代表党和国家表达了对像北京师范大学这样的高水平大学为党和国家培养和造就大批好老师的殷切期望。

　　在这次重要讲话中，习近平总书记系统、深入地阐释了好老师的四个

---

　　① 习近平：《做党和人民满意的好老师——同北京师范大学师生代表座谈时的讲话》，载《人民日报》，2014-09-10。

标准，即要有理想信念，要有道德情操，要有扎实学识，要有仁爱之心。这些论述既很好地继承了中国几千年的师道传统，又发展了马克思主义的教师理论，还表达了加快实现教育现代化、建设教育强国、办好人民满意的教育对于广大教师的客观要求，构成了习近平总书记关于教育重要论述的内容，为新时代加强教师队伍建设指明了方向。在这次重要论述中，习近平总书记把"有理想信念"作为好老师的首要标准提了出来，足见它在"四有"当中的优先顺序和极端重要性。这个重要论述，与习近平总书记有关我国新时代教育的性质、任务、使命等的重要论述具有高度的一致性。习近平总书记反复强调，我们办的是社会主义的教育，中国共产党是我国教育事业的领导核心，为党育人、为国育才是教育工作的根本价值和使命所在。置身于这样的时代背景和社会环境中，广大教师必须始终同党和人民站在一起，自觉做中国特色社会主义的坚定信仰者和忠实实践者；必须忠诚于党和人民的教育事业，自觉把党的教育方针贯彻到教学管理工作全过程，严肃认真对待自己的职责；必须加强中国特色社会主义理论体系的学习，加深对中国特色社会主义的思想认同、理论认同、情感认同，坚定道路自信、理论自信、制度自信、文化自信，引导学生热爱祖国、热爱人民、热爱中国共产党；必须做中国特色社会主义共同理想和中华民族伟大复兴中国梦的积极传播者，帮助学生筑梦、追梦、圆梦，让一代又一代年轻人都成为实现民族复兴梦的正能量。习近平总书记的这些重要论述，深刻阐明了教师理想信念的时代内涵，是新时代加强教师理想信念教育的基本遵循。

今年是习近平总书记视察北京师范大学十周年，也是习近平总书记发表"四有"好老师重要讲话的十周年。在这个重要的年份，北京师范大学出版社计划以深入学习习近平总书记重要讲话精神为契机，出版系列理论和实践丛书，推动习近平总书记重要教育论述研究的学理化和普及化。本套丛书出版得非常及时，具有重要意义。其中，理论部分的丛书包括四本，分别是《理想信念是教书育人的指路明灯——做有理想信念的好老师》《道德情操是立德树人的重要条件——做有道德情操的好老师》《知识是老师的根本基础——做有扎实学识的好老师》《爱是教育的灵魂——做有仁爱之心的好老师》。丛书由我国著名教育家、教育学家顾明远先生担任总主编，我也很高兴受邀担任《理想信念是教书育人的指路明灯——做有理想信念的好老师》这一本书的主编。因为编写的任务比较紧，为了能够及时完成工作任务，我邀请了一些中青年学者加入编写组，具体分工是：第一章由清华大学石中英撰写，第二章由浙江师范大学李润洲、肖匀艺撰写，第三章由浙江师范大学李伟、宁波职业技术学院周思勇撰写，第四章由北京师范大学宋萑、荣晴撰写，第五章由清华大学周凌仪撰写，第六章由中国教育科学研究院牛楠森撰写，后记由石中英撰写。各位老师在百忙中支持本书的编写工作，表现了较好的学术水平。周凌仪协助我做了大量的工作，从前期的提纲拟定到后期的稿件审阅以及中间与参编老师、编辑老师的联系沟通等。在丛书编写的启动会上，顾明远先生提出了丛书编写要贴近广大教师思想和工作实际的要求，用通俗易懂的语言和丰富生动的案例，准确、具体地诠释教师理想信念的基本内涵、历史变迁、时代要求、实践机制和典型案例等，以便为广大教师结合实际进一步深入学习习近平总书记"四有"好老师的重要论述、不断提升自身的理想信念水平、加强师德师风修养提供思想和实践指引。最后，特别要感谢本书的策划祁传华老师和责任编辑陈倩老师，没有他们高水平的策划和认真负责的编辑工作，就没有本书的问世。对于本书中存在的不足之处，欢迎广大教师和读者朋友不吝赐教。

石中英

2024 年 5 月 20 日于清华大学

**图书在版编目（CIP）数据**

理想信念是教书育人的指路明灯：做有理想信念的好老师/
石中英，周凌仪等著 . —北京：北京师范大学出版社，2025.1.
（"四有"好老师系列丛书）. —ISBN 978-7-303-30126-3

Ⅰ. G40-03

中国国家版本馆 CIP 数据核字第 2024TW4560 号

营 销 中 心 电 话 010-58805385
北 京 师 范 大 学 出 版 社
主题出版与重大项目策划部

LIXIANG XINNIAN SHI JIAOSHU YUREN DE ZHILU MINGDENG

出版发行：北京师范大学出版社　www.bnupg.com
　　　　　北京市西城区新街口外大街 12-3 号
　　　　　邮政编码：100088
印　　刷：北京盛通印刷股份有限公司
经　　销：全国新华书店
开　　本：730 mm×980 mm　1/16
印　　张：18.25
字　　数：230 千字
版　　次：2025 年 1 月第 1 版
印　　次：2025 年 1 月第 1 次印刷
定　　价：88.00 元

策划编辑：祁传华　　　　　责任编辑：陈　倩
美术编辑：王齐云　　　　　装帧设计：王齐云
责任校对：陈　民　　　　　责任印制：马　洁　赵　龙